SRÁIDAINMNEACHA NA hÉIREANN

Eagarthóir
Breandán S. Mac Aodha

Brollach
Tomás de Bhaldraithe

AN GÚM
Baile Átha Cliath

An Chéad chló 1998
Athchló 1998

ISBN 1-85791-239-X

Grianghraf an chlúdaigh: Slidefile

Computertype Tta a rinne an cló
Leabhair Dhaite Tta a chlóbhuail in Éirinn

Arna fhoilsiú ag an nGúm i gcomhar le hOifig an tSoláthair

Le ceannach ón
Oifig Dhíolta Foilseachán Rialtais,
Sráid Theach Laighean,
Baile Átha Cliath 2
agus ó dhíoltóirí leabhar.

Orduithe tríd an bpost ó
Rannóg na bhFoilseachán,
Oifig an tSoláthair,
4-5 Bóthar Fhearchair,
Baile Átha Cliath 2.

An Gúm, 44 Sráid Uí Chonaill Uacht., Baile Átha Cliath 1.

Tiomnaítear an leabhar seo do Dheirdre Bean Uí Fhlanagáin a rinne cion céid ar son léann na hÉireann.

Go ndéana Rí na Cruinne trócaire ar a hanam uasal.

CLÁR

vii

BROLLACH

Is in 'áiteanna uirbeacha' atá an mhórchuid de phobal an domhain ina gcónaí. Más deacair féin sainmhíniú sásúil comhsheasmhach a thabhairt ar an téarma úd, is ríléir gur tábhachtaí anois ainm na sráide ná ainm an bhaile fearainn. I dtíortha áirithe (an Airgintín, an Bhrasaíl, an Astráil, an Bheilg, Ceanada, an Fhrainc, an Ghearmáin, an Ísiltír, an tSile, an Spáinn, an tSualainn) tá breis mhaith agus trí cheathrú den daonra ina gcónaí sna bailte. Fiú amháin anseo in Éirinn bhí tuilleadh is leath an phobail ina gcónaí i gceantair uirbeacha faoi 1970: d'éirigh an figiúr sin go 59% faoi 1990, agus meastar go sroichfidh sé 64% faoi dheireadh an chéid seo (*Philip's Geographical Digest 1994-95*, Oxford, 1994, 30). Níl de rogha ann, mar sin, ach aird nua a dhíriú ar na logainmneacha uirbeacha. De réir a chéile beidh logainmneacha na tuaithe ag dul in ísle brí agus logainmníocht na mbailte ag teacht chun cinn.

Ar ndóigh ní rud nua é an saol uirbeach in Éirinn agus tá stair fhada ag roinnt le cuid den tsráidainmníocht. Le blianta beaga anuas tá dianstaidéar ar siúl ag dreamanna áirithe (tíreolaithe, seandálaithe agus staraithe ina measc) ar stair na mbailte in Éirinn: mar fho-thoradh ar an obair sin tá eolas á aimsiú ar shráidainmneacha na Meánaoiseanna. Féach, mar shampla, an tsraith atlas de bhailte stairiúla atá ullmhaithe ag Acadamh Ríoga na hÉireann – Cill Dara, Carraig Fhearghais, agus bailte nach iad – ach is iomaí lonnaíocht nár scrúdaíodh fós. Dá bhrí sin fearaim fáilte ó chroí roimh an imleabhar seo. De réir m'eolais seo é an chéad saothar i dteanga ar bith a bhain go hiomlán leis an téama seo i gcomhthéacs na hÉireann. Nára fada go dtiocfaidh comharbaí air.

Tomás de Bhaldraithe
Cathaoirleach
An Coimisiún Logainmneacha

RÉAMHRÁ

Is beag taighde a rinneadh go dtí seo ar *genre* na sráidainmneacha d'ainneoin gurb aicmc í atá lán de spéis agus de luach staire. Ar ndóigh cuireadh saothair i gcló le leathchéad bliain anuas a ríomh foinsí na n-ainmneacha sráide i gcathracha ar leith, leithéidí Mhontréal (*Toponymie* le Georges-F. Seguin, Service d'Urbansime, Montréal, 1971), Chicago (*Streetwise Chicago: History of Chicago Street Names* le Don Hayner agus Tom McNamee, Loyola University Press, 1988), Londan (*Without the City Wall* le Hector Bolitho agus Derek Peel, John Murray, 1952). Ach níl i mórchuid an tsaothair seo ach iniúchadh ar fhoinsí na n-ainmneacha. Bhí taighdeoirí áirithe ann, áfach, a rinne iarracht an t-ábhar a phlé go córasach rianúil, m.sh. G. Thomas Fairclough a scríobh *Towards a Systematic Classification of Street Name Patterns in the U.S.A and Canadian Cities* sa bhliain 1974, Lou Torok a rinne léirmheas ar na heolairí *Zip Code* ag Post-Oifig na Stát Aontaithe ('On the Street Where I Live,' *Saturday Review*, 28 Lúnasa, 1971) agus Henry Louis Mencken, an scoláire clúiteach teangeolaíochta, a d'fhoilsigh alt dar teideal 'American Street Names' (*American Speech*, 22, lgh 81-88) chomh fada siar le 1948. Ar an taobh seo den Aigéan Atlantach rinne Kenneth Cameron plé stuama ar an ábhar i gcaibidil dá leabhar údarásach *English Place-Names* (Batsford, 1961). Is iontach go deo, áfach, a theirce is atá a leithéid de staidéar.

Dá dhonacht é an scéal thar lear, is measa i bhfad é anseo in Éirinn. Is teoranta an luach atá le tráchtas C. T. McCready

(*Dublin Street Names, Dated and Explained*, 1892, athchló 1987) ó tharla go bhfuil fás chomh mór tagtha ar an phríomhchathair ó aimsir an údair.

Tá dornán beag de shaothair dhíorthaíocha don slua ann, agus corralt sna hirisí áitiúla a chuireann síos ar na sráideanna i mbailte ar leith, ach tá na laigí céanna ag roinnt leis an mhórchuid acu – easpa criticiúlachta, ábhar seanchaite, dearcadh neamhchórasach.

B'eisceacht í an léacht úd 'Urban Placenames: Streets and Districts' le Liam Mac Mathúna a cuireadh i gcló ar *The Placenames of Ireland in the Third Millenium / Logainmneacha na hÉireann sa Tríú Mílaois* (An Coimisiún Logainmneacha, 1992). Bhí údarásacht agus ceannródaíocht ag roinnt freisin leis an sáralt úd de chuid Dheirdre Uí Fhlanagáin – go ndéana Dia trócaire ar a hanam uasal – i leith dara cathair na tíre 'Béal Feirste agus Áitainmneacha Laistigh' (*Topothesia*, Gaillimh, 1982), agus le roinnt scríbhinní de chuid T. S. Uí Mháille, de chuid an tSeabhaic agus de chuid an Chanónaigh de Paor. B'iarracht é chun dearcadh córasach a chothú an t-alt úd liom féin, 'The History and Nature of Irish Street Names' (*Names*, 37, Uimh. 4, lgh 345-66). Ar fhianaise na léarscáileanna go háirithe atá an dréacht sin bunaithe.

Léirigh ullmhú an ailt sin, áfach, nach bhfuil an buntaighde a bheadh riachtanach mar bhonn le staidéar córasach ceart curtha i gcrích go fóill. Sin é an fáth a bhfuil tábhacht chomh mór sin ag roinnt le haistí Mhainchín Seoighe, an Athar Séamas de Vál, Shéamuis Uí Choigligh agus Liam Mhic Mhathúna sa leabhar seo. Cuireann na húdair sin, trína dtaighde cúramach, an buneolas ar fáil i dtaobh sráidainmneacha bailte ar leith i dtreo is gur féidir le scoláirí eile amach anseo na comparáidí a dhéanamh agus na córais rangaithe a leagan amach agus na teoiricí a chumadh. Mar an gcéanna, ní féidir dul chun cinn a dhéanamh in éagmais na n-iniúchtaí a rinne Art Ó Maolfabhail agus Bearnárd Ó Dubhthaigh.

Ach tá a lán le déanamh fós agus tá bearnaí móra le líonadh i réigiúin áirithe den tír agus i ngnéithe áirithe den ábhar. Ní féidir a éileamh i leith an leabhair seo ach gur tús é. Le cuidiú Dé spreagfaidh sé scoláirí eile sna glúnta atá le teacht chun scéal iomlán na sráidainmneacha in Éirinn a léiriú agus chun na hiarrachtaí tosaigh seo a thabhairt i mbláth.

Agus an leabhar seo á ullmhú don chló tháinig an drochscéala gur cailleadh an tOllamh Tomás de Bhaldraithe. Is dóiche nár imir aon duine tionchar chomh dian ar shaol an léinn Ghaeilge lenár linn agus a d'imir Tomás. Ní hamháin go raibh sé féin ina údar raidhsiúil ach chuireadh sé spéis i gcónaí ina raibh ar siúl ag taighdeoirí eile. Bhí dúil ar leith aige in obair an Choimisiúin Logainmneacha, agus an brollach a chuir sé leis an leabhar seo, léiríonn sé an spéis a chuir sé i gcúrsaí comhaimseartha go dtí deireadh a shaoil. Ba scoláire den scoth é agus ba dhuine cineálta cneasta é. Go ndéana Dia trócaire ar a anam uasal agus go dtuga sé luach a shaothair ilghnéithigh dó.

Breandán S. Mac Aodha
Roinn na Tíreolaíochta
Coláiste na hOllscoile
Gaillimh

An Coimisiún Logainmneacha agus Sráidainmneacha

Art Ó Maolfabhail

Go luath tar éis a cheaptha fuair an Coimisiún Logainmneacha litir ó Bhardas Bhaile Átha Cliath faoi dháta 8 Deireadh Fómhair 1957 ag iarraidh ar an gCoimisiún obair a dhéanamh dóibh 'faoi ainmneacha Gaeilge a cheapadh do shráideanna nua', nó duine a mholadh don Bhardas a dhéanfadh an obair sin dóibh. Mheas buanchoiste an Choimisiúin nár chóir an obair sin a chur ar an bhfoireann taighde ar logainmneacha, foireann nuabhunaithe a bhí ina chuid d'fhoireann na Suirbhéireachta Ordanáis. Mhol an Coimisiún beirt scoláirí don Bhardas le haghaidh na hoibre 'dá mbeadh siad (i.e. an bheirt) sásta'. Níl aon fhianaise ar fáil go ndearna an bheirt obair den sórt sin do Bhardas Bhaile Átha Cliath.

Ag an am sin bhí taighde tosaithe ag an bhfoireann taighde ar ainmneacha oifigí poist na hÉireann d'fhonn teacht ar fhoirm cheart Ghaeilge na n-ainmneacha agus bhí tús áite tugtha don obair sin. Ar ndóigh, sna bailte móra agus sna cathracha is minic ainm sráide nó ainm ceantar tithíochta ina ainm ar oifig phoist. Ag cruinniú den Choimisiún ar 28 Meitheamh 1958 pléadh an pointe sin. Seo a leanas sliocht as na miontuairiscí:

> Rinne an tOifigeach Sinsearach Logainmneacha tagairt don deacracht ar leith a bhain le hainmneacha na

1

sráideanna a raibh post-oifigí iontu, agus dúirt go bhfacthas dó go raibh amhras ann an dtáinig siad laistigh de réim na dtéarmaí tagartha. Shocraigh an Coimisiún gan aon bhreith a thabhairt ar an gceist go fóill.

Is cosúil nár bhac an Coimisiún ag an am sin le hainmneacha den sórt sin ar an ábhar nár logainmneacha iad. Sa mhéid go mbíonn de cheart ag údarás áitiúil ainm den sórt sin a cheadú agus a chealú agus a athrú bhí réasún le dearcadh an Choimisiúin. Liostaítí ainmneacha den sórt sin in *Eolaí an Phoist* ach níl siad in *Ainmneacha Gaeilge na mBailte Poist* a d'fhoilsigh Oifig an tSoláthair i 1969. I gcomhthéacs theideal an leabhair sin, agus le cruinneas, ní 'baile poist' gach 'postoifig'.

Go ceann i bhfad ina dhiaidh sin fágadh sráidainmneacha agus ainmneacha ceantar tithíochta as an áireamh i ngnóthaí an Choimisiúin Logainmneacha.

I 1981 d'fhiafraigh Bord na Gaeilge den tSuirbhéireacht Ordanáis an bhféadfaí liosta Gaeilge de shráidainmneacha Bhaile Átha Cliath a chur ar fáil le léarscáil na cathrach. Míníodh don Bhord nach bhféadfaí sin a dhéanamh go dtí go gcuirfeadh Bardas Bhaile Átha Cliath foirmeacha údarásacha Gaeilge na n-ainmneacha ar fáil.

I 1982 ghlac an Coimisiún Logainmneacha leis gur logainm é sráidainm. Thairis sin measadh go bhfuil tábhacht ar leith ag baint le sráidainmneacha 'de bhrí gur mór faoi láthair, agus go bhfuil ag dul i méid i gcónaí, an codán den phobal a chónaíonn i sráideanna'. Aithníodh gur éagsúil an cás ag sráidainmneacha seachas ag logainmneacha sa traidisiún is seanda, agus aithníodh go bhfuil páirt mhór ag na húdaráis áitiúla i riar na sráidainmneacha. Ós rud é go bhfuil an ceart ann chun foirmeacha ainm sa dá theanga oifigiúla, socraíodh scríobh chuig Bord na Gaeilge agus an cheist a thógáil leis an mBord. Socraíodh freisin scríobh chuig an Aire Comhshaoil agus a iarraidh air féachaint chuige go gcuirfeadh na húdaráis áitiúla ar fáil, agus á n-úsáid, foirmeacha oifigiúla Gaeilge chomh maith le foirmeacha Béarla.

De thairbhe phlé an Choimisiúin leis an Roinn Chomhshaoil d'eisigh an tAire Comhshaoil ciorclán dátheangach i 1986 chuig na húdaráis áitiúla go léir sa stát, ciorclán inar iarr sé orthu ainmchláir chruinne sa dá theanga oifigiúla a chur in airde go poiblí ar shráideanna, ar bhóithre agus ar scéimeanna tithíochta. Iarradh ar na húdaráis, chomh maith, logainmneacha áitiúla a chaomhnú trí iad a úsáid nuair a bheadh ainmneacha á roghnú le haghaidh scéimeanna nua tithíochta.

Sa chiorclán sin dúradh gur thug an Coimisiún Logainmneacha le fios don Aire go raibh siad sásta comhairle a thabhairt d'údaráis áitiúla faoi fhoirm cheart Ghaeilge sráidainmneacha. De bhrí gurb iad an fhoireann taighde ar logainmneacha, ar bhaill d'fhoireann na Suirbhéireachta Ordanáis iad, a thabharfadh an chomhairle thar ceann an Choimisiúin do na húdaráis áitiúla, scríobh an tSuirbhéireacht chuig na húdaráis go léir á mhíniú sin dóibh. D'iarr an tSuirbhéireacht ar gach údarás saineolaí áitiúil a ainmniú ina chomhairleoir ar son cruinnis i dtagairtí do shloinnte agus do stair gach ceantair. Míníodh go n-úsáidfeadh foireann taighde na Suirbhéireachta na foirmeacha sealadacha agus an t-eolas a chuirfeadh an t-údarás áitiúil ar fáil, mar aon le comhairle ó Rannóg Aistriúcháin Thithe an Oireachtais faoin téarmaíocht chuí, chun foirmeacha oiriúnacha Gaeilge a dheimhniú. B'intuigthe, ar ndóigh, go mbíonn de cheart ag an údarás áitiúil a rogha ainm agus a rogha foirme sa dá theanga a chur in airde mar ainm oifigiúil ar shráid nó ar scéim tithíochta.

Sa bhliain 1987 d'ainmnigh an Coimisiún fochoiste chun scrúdú a dhéanamh ar chás na sráidainmneacha. Ar an bhfochoiste sin bhí an Dr Liam Mac Mathúna, Cathaoirleach, an tOllamh Breandán Mac Aodha agus an Dr Bearnárd Ó Dubhthaigh. Chuaigh an fochoiste i gcomhairle le hoifigigh de chuid Bhardas Bhaile Átha Cliath agus Chomhairle Chontae Bhaile Átha Cliath. De thoradh cruinnithe a bhí acu leis na húdaráis sin bheartaigh an fochoiste 'treoirlínte aistriúcháin do lucht ainmnithe sráideanna' a ullmhú. Tar éis don fhochoiste an dréacht a phlé le foireann taighde na Suirbhéireachta cuireadh an dréacht faoi bhráid gach údaráis áitiúil sa stát agus fuarthas roinnt moltaí agus ábhar breise.

Sa bhliain 1992 d'fhoilsigh Bardas agus Comhairle Chontae Bhaile Átha Cliath *Sráidainmneacha: Treoirlínte/ Streetnames: Guidelines* i bhfoirm leabhráin dhátheangaigh ar son an Choimisiúin Logainmneacha. Dheonaigh an tAire Comhshaoil, Micheál Mac Gabhann, brollach a chur leis an leabhrán agus sheol an tAire é go hoifigiúil mar chuid de sheimineár d'oifigigh san earnáil phoiblí agus go háirithe d'oifigigh de chuid na n-údarás áitiúil. Tionóladh an seimineár i dTeach an Ardmhéara i mBaile Átha Cliath 28 Feabhra 1992.

D'fhoilsigh an tSuirbhéireacht Ordanáis imeachtaí an tseimineáir sin ar son an Choimisiúin Logainmneacha faoin teideal *The Placenames of Ireland in the Third Millenium/ Logainmneacha na hÉireann sa Tríú Mílaois* (Eagarthóir: Art Ó Maolfabhail, ISBN O 904996 63 8). Tá an leabhar seo ar fáil ón tSuirbhéireacht Ordanáis, Páirc an Fhionnuisce, Baile Átha Cliath 8, praghas £4.00 móide £1.00 ar phostas, nó ó shiopaí leabhar. Tá *Sráidainmneacha: Treoirlínte / Streetnames: Guidelines* ar fáil saor tríd an bpost ón tSuirbhéireacht Ordanáis.

Sráidainmneacha i gContae Luimnigh

Mainchín Seoighe

Na sráidainmneacha is seanda i gCo. Luimnigh a bhfuil eolas againn fúthu baineann siad le Cill Mocheallóg, agus tá siad le fáil in *Leabhar Dubh Luimnigh* nó an *Black Book of Limerick*. Is é atá sa leabhar seo cnuasach de cháipéisí eaglasta agus sibhialta ón tríú haois déag, ina measc liostaí de thionóntaí a bhí ina gcónaí i gCill Mocheallóg ag amanna éagsúla sa chéad sin, mar aon le hainmneacha na sráideanna ina raibh cónaí orthu.

Tá liostaí eile de shráidainmneacha Chill Mocheallóg againn atá timpeall 400 bliain níos déanaí ná liostaí *Leabhar Dubh Luimnigh*. Is iad sin na liostaí atá sa *Civil Survey* de Cho. Luimnigh a deineadh sa bhliain 1654. Níl aon bhaile eile sa chontae a bhfuil an méid sin eolais ar a shráidainmneacha le fáil is atá i gcás Chill Mocheallóg. Ní haon chúis iontais é sin ar ndóigh.

Baile Normanach ba ea Cill Mocheallóg, a tógadh i mblianta tosaigh an tríú haois déag ar láthair seanmhainistreach Ceiltí. Ba é príomhbhaile Iarlaí Dheasumhan é, an baile ba mhó i gCo. Luimnigh, agus ceann de na bailte intíre ba thábhachtaí agus ba shaibhre in Éirinn, sráideanna de thithe móra galánta ann, agus ainm ar gach sráid acu. Bhí an chuid is mó de shean-sráidainmneacha meánaoiseacha an bhaile in úsáid go dtí an bhliain 1898 tráth a 'athbhaisteadh' ainmneacha tírghráthóirí Éireannacha orthu. Rachfar isteach níos doimhne i scéal shráidainmneacha Chill Mocheallóg nuair a bheidh sráidainmneacha na mbailte is na sráidbhailte éagsúla i gCo. Luimnigh á bplé níos faide ar aghaidh san aiste seo. *Main Street* an sráidainm is coitianta atá le fáil i mbailte Chontae Luimnigh. Tá sé le fáil in ocht gcinn déag de na bailte, mar atá: Ath Dara, Baile an Londraigh, an Brú (Brú na nDéise*), Brú Rí, Caisleán Uí Chonaill (Caisleán Ó gConaing*), Cathair Chinn Lis, an Cheapach Mhór, Cill Fhíonáin, Cromadh, Dún (Dún Bleisce*), Eas Géitine, an Gleann, Mainistir na Féile, an tOspidéal, Pailís Chaonraí, Ráth Caola, Seanghualainn agus Tobar Phádraig.

Bhí *Main Street* le fáil leis in Áth an tSléibhe agus i gCill Mocheallóg, ach tá malairt ainmneacha ar an dá shráid sin anois. D'ainneoin *Main Street* a bheith ar phríomhshráid Chill Mocheallóg in *Leabhar Dubh Luimnigh*, is *High Street* a thugtar uirthi sa *Civil Survey*. Ach b'ionann ciall don dá théarma sin 'High Street' agus 'Main Street', is é sin, an phríomhshráid. *Main Street* a bhí ar phríomhshráid Chill Mocheallóg arís sa chéad seo caite go dtí gur aistríodh an t-ainm go *Sarsfield Street*.

Tá *High Street* mar ainm ar shráideanna i gCromadh, i gCathair Chinn Lis agus i gCill Fhíonáin. Ach dhealródh sé gur airde atá i gceist sna cásanna seo mar go bhfuil *Main Street* chomh maith le *High Street* sna trí bhaile.

Tá *The Square* mar shráidainm nó mar sheoladh i naoi gcinn de bhailte an chontae, mar atá: Baile an Gharraí, an Caisleán Nua, Cathair Chinn Lis, Cill Fhíonáin, Drom Collachair, Eas Géitine, an Gallbhaile, Mainistir na Féile agus Ráth Caola. Tiarnaí talún a bhunaigh, nó a leag amach as an nua, ocht gcinn de na bailte sin, agus is dócha gurbh iad faoi deara na cearnóga a bheith iontu. An t-aon eisceacht ná Eas Géitine. Seanbhaile Normannach ba ea é seo, ina raibh caisleán mór suntasach ag Iarlaí Dheasumhan. Agus tá Eas Géitine eisceachtúil ar shlí eile, mar ní cearnóg amháin ach dhá cheann atá ann.

---

* Na leaganacha seo de na logainmneacha a bhfuil réiltín leo a bhí in úsáid sular deineadh caighdeánú orthu.

Fianaise ar shaol atá imithe atá i sráidainmneacha áirithe. Mar shampla, tá *Turnpike Road* i nDrom Collachair, agus bhí *Old Turnpike Road* sa Chaisleán Nua gur cuireadh *Church Street* air ní rófhada ó shin. Bhí tithe dolaí sna sráideanna seo tráth chun cánacha bealaigh a bhailiú. Agus is beag baile nach raibh póna ann sna drochlaethanta nuair ba mhinic ba agus ainmhithe eile á ngabháil in éiric deachúna nó cíosanna a bhí gan íoc. Tá cuimhne ar na laetha sin sa sráidainm *Pound Lane* atá le fáil i mBaile an Gharraí, sa Bhrú, i nDrom Collachair, agus i Ráth Caola.

Anois agus soláthairtí d'uisce reatha i ngach baile is deacair a shamhlú nach mar sin a bhí an scéal i gcónaí. Ach cuirtear i gcuimhne dúinn gur i dtaobh le toibreacha a bhíodh muintir na mbailte san am atá thart nuair a thagaimid ar ainm mar *Well Lane* i mBaile an Gharraí agus i Ráth Caola, nó ainm mar *Well Road* i gCill Fhíonáin.

Tá *Church Street* sa Chaisleán Nua, in Eas Géitine agus i Ráth Caola; agus tá *Chapel Street* i nDrom Collachair, i Mainistir na Féile agus i Ráth Caola. Tá *Chapel Lane* sa Bhrú. Bhí sé de nós, fad a bhí an Eaglais Phrotastúnach ina hEaglais Bhunaithe in Éirinn, agus go ceann tamaill ina dhiaidh, 'church' a thabhairt ar láthair adhartha na bProtastúnach agus 'chapel' a thabhairt ar láthair adhartha na gCaitliceach.

Tá roinnt bheag ainmneacha Gaeilge ar shráideanna nó ar eastáit tithíochta a thóg an Chomhairle Contae. Tá *Boherbuie* (i.e. Bóthar Buí) i Ráth Caola, agus *Boherbuie Road* (athluaiteachas an fhocail 'Road' sa chás seo) sa Chaisleán Nua. Tháinig an t-ainm 'Boherbuie' anuas ón am a raibh Gaeilge á labhairt ag muintir na mbailte sin. Chomh maith leis na hainmneacha seanbhunaithe sin, tá cinn nua ann a tugadh ar eastáit tithíochta in imeacht na mblianta: *Tithe Chraoibhín* i bhFaing; *Sráid na Faiche* i gCill Fhíonáin; *Cluain Mhuire* i bPailís Chaonraí; *Plás Mhuire* agus *Ard Álainn* sa Ghleann; *Cois Abhann* san Áth Leacach; *Cois Coillte* i Maigh Rua.

Tionsclaíocht áitiúil ba bhun le dornán beag eile sráidainmneacha: *Mill Street* i mBrú Rí agus sa Ghleann; agus *Brewery Lane* sa Chaisleán Nua agus in Eas Géitine. Tá

Mussel Lane freisin in Eas Géitine. Iascairí a bhíodh ag iascaireacht sa tSionainn a chónaigh anseo fadó.

Ar na daoine cáiliúla a bhfuil a n-ainm ar shráideanna nó ar eastáit tithíochta i gCo. Luimnigh tá Oilibhéar Naofa Pluincéid (Baile an Londraigh agus Eas Géitine); an Sáirséalach, William Orr, an Tiarna Éadbhard Mac Gearailt, Wolfe Tone, na deartháireacha Sheares, Emmet (Cill Mocheallóg); Conchúr Colbard agus an Chuntaois Markievicz (Áth an tSléibhe); Conchúr Colbard (Mainistir na Féile); de Valera (Brú Rí); Horace Plunkett (Drom Collachair). Agus tá sráid sa Ghleann, *Creagh Street,* atá ainmnithe as leifteanant ón gceantar a bhí ina *aide de camp* ag Wellington.

Tá *Moore Street* sa Cheapach Mhór. I gcuimhne ar John Moore, fear áitiúil a bhí sna hÉireannaigh Aontaithe agus a crochadh i Luimneach i 1798, a ainmníodh an tsráid seo. Cuimhneachán ar Fhínín agus ar Fheisire ón mbaile atá san ainm *O'Sullivan Terrace* i gCill Mocheallóg.

Sráidainm sa Chaisleán Nua, *Sheehan Terrace,* cuireann sé i gcuimhne dúinn fear eile a fuair bás aimsir na Cásca 1916. Ba é sin Donal Sheehan, as Móin Achaidh Ghae, láimh leis an gCaisleán Nua. Bádh eisean agus beirt óglach eile Aoine Chéasta 1916, nuair a chuaigh an gluaisteán ina rabhadar ag taisteal den ché i mBaile Uí Chíosáin, Co. Chiarraí, agus iad ar a slí chun teagmháil a dhéanamh leis an long Ghearmánach, an *Aud,* a raibh lasta arm agus armlóin ar bord aici le haghaidh Éirí Amach na Cásca.

Cuimhneachán ar bheirt fhear a fuair bás i gCogadh na Saoirse is ea *Dalton Street* agus *Dalton Terrace* in Áth an tSléibhe agus *Buckley Terrace* i nDrom Collachair.

Tá ainm Mhuire ar shráideanna nó eastáit tithíochta i roinnt mhaith bailte sa chontae. Tá *Marian Terrace* sa Cheapach Mhór, san Ospidéal, sa Ghallbhaile agus i dTobar Phádraig. Tá *St. Mary's Terrace* sa Chaisleán Nua, i mBéal an Átha, in Eas Géitine agus i Ráth Caola. Tá *St. Mary's Park* i Ráth Caola freisin; tá Plás Mhuire sa Ghleann, agus Cluain Mhuire i bPailís Chaonraí. Sa chomhthéacs seo na Maighdine Muire d'fhéadfaí a chur san áireamh freisin, is dócha, na hainmneacha seo: *Assumpta Park* sa Chaisleán Nua, agus *Assumption Park* i nDún. Ainmneacha cuibheasach nua is ea na cinn a bhfuil 'Marian' mar eilimint iontu, agus ainmneacha mar *Assumpta Park* agus *Assumption Park.*

Nuair a bhí ainmneacha á gcur ar chuid de na heastáit tithíochta roghnaíodh ainmneacha naomh dúchasach a raibh baint acu le stair nó le béaloideas na háite, nó a raibh seanchill nó tobar beannaithe ainmnithe astu ann. Tá Ardán Naomh Mainchín *(St. Munchin's Terrace)* i mBrú Rí; Ardán Naomh Íde *(St. Ita's Terrace)* sa Chaisleán Nua; Bóthar Naomh Íde *(St. Ita's Road)* i Mainistir na Féile; Ardán Naomh Seanán *(St. Senan's Terrace)* i gCromadh; Ardán Naomh Flannán *(St. Flannan's Terrace)* i gCaisleán Uí Chonaill; Ardán Naomh Fionán *(St. Finnian's Terrace)* i gCill Fhíonáin; Ardán Naomh Fiontán *(St. Fintan's Terrace)* i nDún. Agus tá *St. Patrick's Villas* i gCaisleán Uí Chonaill, agus *St. Patrick's Terrace* i bhFaing.

Tá eastát tithíochta amháin atá ainmnithe as an bPápa, is é sin *John Paul Terrace* i mBéal an Átha.

Ní miste anois féachaint ar liostaí sráidainmneacha a bhaineann le gach baile agus sráidbhaile ar leith i gCo. Luimnigh, agus eolas éigin faoi na hainmneacha a thabhairt aon áit a gceaptar gá a bheith leis.

Áth an Choite
Mulcair Drive   Ón abhainn áitiúil, an Mhaoilchéarn, an t-ainm seo.

Hawthorn Estate

Áth an tSléibhe
Colbert Street   Ainmníodh as Conchúr Colbard, duine de cheannairí Éirí Amach 1916, a cuireadh chun báis. Bhí cónaí air in Áth an tSléibhe óna óige. *Main Street* a bhí ar an tsráid seo roimhe sin.

Dalton Street   Ainmníodh mar chuimhneachán ar an gCaptaen Paddy Dalton, Áth an tSléibhe, a maraíodh ag fórsaí na Breataine ag Cnoc an Iúir, 12 Bealtaine 1920. *Barrack Street* a bhí ar an tsráid seo sular aistríodh an t-ainm go *Dalton Street.*

Dalton Terrace   On gCaptaen Paddy Dalton thuasluaite an t-ainm.

Countess
Markievicz Park
Hillside Drive

Áth Dara
Main Street
Avenue Row
Rathkeale Road
Station Road

Desmond Drive   Ó Iarlaí Dheasumhan an t-ainm, cé gur mhó go mór, agus gurbh fhaide go mór, an bhaint a bhí ag Iarlaí Chill Dara leis an áit. Ba iad Iarlaí Chill Dara a thóg caisleán Áth Dara agus na trí mhainistir atá ann. Ach dhealródh sé gur mheas muintir an bhaile ná beadh 'Kildare Drive' in aon chor chomh deas mar ainm le 'Desmond Drive'!

Abbey Estate   Ó na seanmhainistreacha na hainm-
Abbeyville Estate   neacha seo.

Deerpark Estate

An tÁth Leacach
Cois Abhann   Eastát beag tithíochta atá ar bhruach Abhainn na Camhaoireach.

Baile an Gharraí
The Sparr   Ar thaobh Bhrú Rí (via crosaire Uí Laoi)
nó Sparr Street   den bhaile atá sé seo. B'fhéidir go raibh geata (sparra) ann sa tseanaimsir.

*The Square
nó Village Green*

'The Square or Village Green' a thug
G.F. Hamilton ar an gcuid seo den bhaile
in *Records of Ballingarry* a foilsíodh i
1928. Is annamh a chloisfeá ceachtar
den dá ainm sin á thabhairt air anois,
mar nach bhfuil mórán de chuma
cearnóige air de bharr tógála a deineadh
ann.

Main Street

Turret Street

I dtreo na heaglaise Caitlicí atá sé seo.
Thóg sé a ainm ó theach mór ard atá
cóngarach don eaglais, a bhfuil an dáta
1683 air, agus a dtugtar 'The Turret' air.

Pound Street

The Mall

Tá sé seo in aice leis an abhainn bheag
a dtugtar an Ghreanach uirthi, abhainn
a ndúirt Dáibhidh Ó Bruadair fúithi 'Et
an Ghreadhnach glaisín ghlanfhuar
ghlionndrach isi atá ag snighe ré
sliosbhruachaibh Bhaile an Garrdha'
*(Duanaire Dháibhidh Uí Bhruadair,
Iml. I, 110)*.

Seanainm *The Mall*. Luaitear é sa
Civil Survey (1654): '... several
tenement houses ... in the towne of
Ballingarry contayning by repute a third
pte of the said two third parts of the
Mall of ye said town ...'

Castle Lane

An tslí isteach go dtí an caisleán a bhí
tráth ag na Léisigh, teaghlach oirirc
Normannach a raibh géaga eile díobh
lonnaithe i mBrú Rí agus sa Bhrú.
Throideadar ar thaobh na nGael i gcogaí
an 16ú agus an 17ú céad. Coigistíodh a
gcuid tailte agus d'imíodar leis na
Géanna Fiáine. Bhaineadar ardchlú agus

ardghradam amach ar an mór-roinn. Bhí duine acu, Peadar de Léis, ina mharascal in arm na Rúise.

Well Lane

Echo Lane   Seo ainm atá nach mór dearmadta anois. Bhí sé ar an seanbhóthar go Ráth Caola. Fuair sé a ainm ó theach darbh ainm 'Echo Lodge' a bhí ina sheasamh cóngarach don áit a bhfuil an clochar anois. Deir Hamilton, *op. cit.*, gurbh é an t-ainm Gaeilge a bhí ar *Echo Lane* ná 'Bóithrín an Treannta', ach nach raibh aon duine in ann a insint dó cad ba bhrí leis an ainm sin. B'fhéidir gur Bóithrín an Treantaigh a bhí ann, ón sloinne Treant.

Rud suimiúil é maidir le Baile an Gharraí go bhfuil taobh amháin de *Main Street* an bhaile i mbaile fearainn a dtugtar *Knightstreet* air, nó 'Sráid an Ridire' i nGaeilge. De réir *Logainmneacha na hÉireann,* Iml. 1, Contae Luimnigh (lch 249), faightear an chéad tagairt don ainm in *Peyton's Survey* faoin mbliain 1586. *Shradenruddery* an leagan den ainm atá sa *Survey.* Deirtear sa saothar réamhráite ar logainmneacha Chontae Luimnigh go gciallaíonn an focal 'Sráid' sa logainm 'sráidbhaile'. Ní fios cérbh é an ridire a bhí i gceist, murar dhuine de na Léisigh é.

Baile an Londraigh
Main Street
Knocklong Road
Bog Road
Oliver Plunkett Terrace

Béal an Átha
John Paul Terrace
St. Mary's Terrace

An Brú
Main Street

Crawford's Street	Thugtaí *Crawford's Lane* air seo ar feadh i bhfad; agus bhí *Roche's Lane* air roimhe sin. Ó dhaoine dar shloinne Crawford a tháinig ainm na sráide.
Old Chapel Lane *Pound Lane*	
Fair Green	An áit a raibh páirc an aonaigh tráth.
Collinstown	Eastát tithíochta a ainmníodh as teaghlach dar shloinne Ó Coileáin a chónaigh san áit tráth.
The Palatine Road	Cuid den phríomhbhóthar go Luimneach a ritheann ó thuaidh ón mBrú. Deirtear go raibh teaghlaigh Phalaitíneacha ón nGearmáin ina gcónaí anseo.
Mac Cormack's Lane	Ó theaghlach dar shloinne Mac Cormaic a bhí ina gcónaí anseo an t-ainm. Luaitear *Mac Cormack's Lane* in *Griffith's Valuation*.
Sycamore Drive *Green Cottage Place*	

Brú Rí
Main Street

Mill Street	An tsráid ar an gcúlbhóthar go dtí an Ráth. Bhí muileann anseo ag muintir Riain, ach tá sé leagtha le fada an lá.
Water Street	An tsráid is cóngaraí d'Abhainn na Máighe.
De Valera Park	Is i mBrú Rí a tógadh de Valera agus is ann a chuaigh sé ar scoil.
St. Munchin's Terrace	Is é Naomh Mainchín (St. Munchin) éarlamh pharóiste Bhrú Rí.

An Caisleán Nua
The Square
Bridge Street

Maiden Street

Níl a fhios ag aon duine sa Chaisleán Nua conas a fuair an tsráid seo a hainm. Bhí an t-ainm i bplean den bhaile a deineadh timpeall 1750 (*Vide* 'An 18th Century Plan of Newcastle' le Patrick J. O'Connor san *Annual Observer,* iris Chumann Staire an Chaisleáin Nua, Nollaig 1991). Dúirt cúpla duine liom gur chualadar gur truailliú ar fhocal nó leagan éigin Gaeilge atá ann. Thuairimigh duine amháin gur rud éigin cosúil le Sráid Meadhonach (Sráid Mheánach) a bhí ann i dtosach. Úsáidtear 'Sráid na Maighdine' mar leagan Gaeilge den ainm anois.

Bishop Street

Road to Town Fields a bhí mar ainm ar seo sa phlean ó c.1750 a bhfuil tagairt déanta dó thuas. Deirtear gur tugadh *Bishop Street* ar an tsráid toisc gur chónaigh an Dr Roibeard de Léis (Easpag Caitliceach Luimnigh, 1739-59) ann ar feadh tamaill.

North Quay

Suite ar an taobh thuaidh d'abhainn bheag na Dáire.

South Quay

Suite ar an taobh theas d'abhainn na Dáire. *Goat Street* a bhí air in 1853 de réir *Griffith's Valuation;* agus luaitear *Shraide Igower* a bheith sa Chaisleán Nua sa *Civil Survey* (1654). Is é is dóichí nach gabhar ach an sloinne Gower atá i gceist anseo.

Boherbuie Road	Ní thugann Griffith ach *Boherbuie* air.
Sheehan's Terrace	I gcuimhne ar Dhónall Ó Síocháin (Donal Sheehan), óglach ó Mhóin Achaidh Ghae, láimh leis an gCaisleán Nua, a bhfuil scéal a bháis tugtha agam thuas.
Brewery Lane	Bhí grúdlann anseo ag Dr Moloney áirithe.

St. Ita's Terrace
St. Mary's Terrace
Assumpta Park
Beechwood Gardens
Beechwood Avenue
Castleview Estate

Sharwood Estate	Cheannaigh Sasanach dar shloinne Sharwood talamh ar imeall an Chaisleáin Nua. Dhíol sé é níos déanaí leis an gComhairle Contae, a thóg eastát tithíochta ann. Cheap na tionóntaí gur dheas an t-ainm é Sharwood, agus sin an t-ainm a thugadar ar an eastát – d'ainneoin moltaí ó roinnt daoine ainm níos dúchasaí a thabhairt air.

Caisleán Uí Chonaill
Main Street
Castle Street
St. Patrick's Villas
St. Flannan's Terrace

Scanlan Park   Ainmnithe as Paddy Scanlan, cúl báire
                                  cáiliúil a bhí ar an bhfoireann iomána
                                  iontach a bhí ag Luimneach sna
                                  tríochaidí agus sna daichidí. Ba as
                                  Caisleán Uí Chonaill dó.

Tontines
Tonville
Cedarwood Grove
Maple Grove

Spa   Bhí spá clúiteach sa chuid seo den
                                  bhaile tráth, agus an-tarraingt air.

Cathair Chinn Lis
Main Street
High Street
The Square
Barrack Road
Old Terrace
New Terrace
Oakley Lawn

An Cheapach Mhór
Main Street

Moore Street   *Long Lane* a thugtaí ar an tsráid seo ar
                                  dtús toisc í a bheith chomh fada sin. Níos
                                  déanaí tugadh *Long Street* uirthi; agus sa
                                  bhliain 1898 athraíodh an t-ainm go *Moore*
                                  Street, in ómós do John Moore, fear ón
                                  gceantar, agus duine de na hÉireannaigh
                                  Aontaithe, a crochadh i gcathair Luimnigh,
                                  mí an Mheithimh 1794. Deir Lenihan ina
                                  History of Limerick faoi: 'John Moore,
                                  convicted of being a rebel captain, was
                                  hanged on the new bridge, and buried in
                                  the jail yard' (lch 403).

Marian Terrace
New Terrace
Convent Place

Mullaly Lawn   I gcuimhne ar an Athair Robert Mullally,
*Mullaly Grove*s   sagart paróiste, a ainmníodh *Mulally*
                 Lawn agus *Mulally Grove*.

Cill Fhíonáin
Main Street

High Street   Thugtaí *Barrack Street* ar an tsráid ón
                 uair a tógadh beairic don RIC ann. *High*
                 Street a thugann daoine uirthi anois.

Laught Street   '*Laght Street*' an litriú a bhí ag Griffith
                 (1852) ar an sráidainm seo. Ceaptar go
                 mb'fhéidir go raibh gallán nó cloch de
                 shaghas éigin sa tsráid seo tráth, agus
                 gurbh é sin ba chúis leis an ainm.

The Square

Sráid na Faiche   Tugadh an t-ainm seo timpeall daichead
                 bliain ó shin ar bhóthar a ritheann trí áit
                 ina n imrítí cluichí agus lúthchleasa sa
                 tseanaimsir.

Chapel Street

Castle Street   Osclaíodh an tsráid seo c.1850.

Captain's Lane   Sa lána seo a bhí cónaí ar an gCaptaen
                 Charles Oliver, duine de shliocht lucht
                 Chromail. Eisean a chroch Staker Wallis,
                 duine de na hÉireannaigh Aontaithe, i
                 gCill Fhíonáin i 1798.

Well Road
Spa Hill
St. Finian's Terrace
Forest View
Mountain View

New Terrace
Glebe Road

Cill Mocheallóg
Is iad seo leanas, de réir Begley *(The Diocese of Limerick Ancient and Mediaeval,* lgh 179-83), na sráidainmneacha de chuid Chill Mocheallóg atá le fáil in *Leabhar Dubh Luimnigh.*

Main Street

Fleming Street	Dream tábhachtach ba ea muintir Fleming i gCill Mocheallóg sna Meánaoiseanna. Tá *Flemingstown* mar ainm ar cheann de na bailte fearainn i bparóiste Chill Mocheallóg.
Water Street	Chuaigh an tsráid seo i dtreo na habhann, an Lúbach.
Blapat Street	Ainm an-suimiúil é Blapat, mar gur meascán de Ghaeilge agus de Fhraincis é: 'bláth' agus 'porte' (geata). Ón ngeata – ceann de cheithre gheata Chill Mocheallóg – a fuair an tsráid a hainm. Seasann an geata sin i gcónaí – an t-aon cheann de sheangheataí an bhaile a sheasann – agus is é ainm atá air anois *Blossom Gate.*

St John's Street

An chéad liosta eile de shráidainmneacha Chill Mocheallóg tá sé le fáil sa *Civil Survey* (1654). Seo iad na hainmneacha atá liostaithe ann:

High Street	É seo anois mar ainm ar an tsráid a bhfuil *Main Street* uirthi in *Leabhar Dubh Luimnigh.* Ach cosúil le 'Main Street', chiallaigh 'High Street' príomhshráid an bhaile.

Ivy Street	É seo mar ainm ar an tsráid a bhfuil *Fleming Street* uirthi i *Leabhar Dubh Luimnigh*. Bhí *Ivy Gate* sa tsráid seo.
Water Street	Gan aon athrú tagtha ar ainm na sráide seo.
Blae Street	Ba é seo 'Blapat Street' *Leabhar Dubh Luimnigh*. Is dócha go seasann 'Blae' do 'Bla' nó 'bláth'. Tá an 'pat', i.e. *porte*, fágtha ar lár.
St John's Street	Gan aon athrú tagtha ar ainm na sráide seo.
Church Lane	Ba é seo an lána go dtí Eaglais Naomh Peadar is Pól, eaglais an pharóiste, a tógadh sa chéad leath den tríú haois déag. Ardaíodh go gradam eaglaise coláistí (*Collegiate Church*) í.

Is iad seo na sráidainmneacha a bhí sa bhaile ag tús na bliana 1898:

Main Street	Cúl tugtha leis an ainm *High Street*.
Ivy Street	Gan athrú ón *Civil Survey*.
Water Street	Gan athrú ón *Civil Survey*.
Blossom Street	An sean-*Blapat Street* agus *Blae Street*.
John's Street	Athraithe ó *St John's Street*.
Church Lane	Gan athrú ón *Civil Survey*.

Sa bhliain 1898 deineadh comóradh ar Éirí Amach 1798 ar fud na tíre. Bhí coiste comórtha i gCill Mocheallóg, agus mholadar do mhuintir an bhaile go dtabharfaí ainmneacha laochra Éireannacha ar shráideanna an bhaile seachas na hainmneacha a bhí orthu go dtí sin. Thoiligh na daoine leis sin. Seo na sráidainmneacha atá i gCill Mocheallóg anois:

Sarsfield Street	In ionad *Main Street.* Ainmnithe as Pádraig Sáirséal, laoch Bhaile an Fhaoitigh agus Luimnigh; agus fós as géag de na Sáirséalaigh a bhí ina gcónaí sa tsráid sin tráth. Bhí duine de Sháirséalaigh Chill Mocheallóg, a raibh an teideal Lord Kilmallock aige, pósta le Proinséas, deirfiúir Phádraig Sáirséal. D'imigh sé leis na Géanna Fiáine.
Lord Edward Street	In ionad *Ivy Street.*
Wolfe Tone Street	In ionad *Water Street.*
Emmet Street	In ionad *Blossom Street.*
Sheares Street	In ionad *John's Street.*
Orr Street	In ionad *Church Lane.*
O'Sullivan Terrace	Ainmnithe mar chuimhneachán ar William H. O'Sullivan (1829-87), Fínín; Feisire 1874-85; tionsclóir a thug mórchuid fostaíochta; fear a dhein mórán ar a son sin a bhí bocht is in ísle brí.

Glenfield Estate
Gortboy Estate
Millmount Estate
River View Estate

I nGaeilge amháin atá na hainmchláir in airde sna sráideanna seo: Sráid an tSáirséalaigh, Sráid an Tiarna Éamon, Sráid Wolfe Tone, Sráid Emmet, Sráid Sheares, Sráid Orr. Comhairle Chontae Luimnigh a chuir na hainmchláir in airde i 1970, ar iarratas an choiste áitiúil de Ghlór na nGael. Tá na hainmchláir sna heastáit nua tithíochta dátheangach.

Cnoc Uí Choileáin
The Terrace
Riverside Drive

Cromadh
Main Street
Bridge Street
High Street

St Senan's Terrace	Éarlamh mhórthuath Uí Fidhgeinte, ina bhfuil Cromadh suite, is ea Senan, nó Seanán.
New Road	*Shea's Lane* a bhí air seo fadó.
River Lane	*Noonan's Alley* a bhí ar seo tráth. Níl aon duine ina chónaí ann anois; níl ann ach stáblaí.
Coshma Avenue	'Cois Máighe', litrithe de réir fhoghraíocht an Bhéarla, atá san ainm seo. Tá Cromadh suite ar bhruach na Máighe.
Glenma	Ó 'Ghleann Máighe' ainm an eastáit tithíochta seo.
Kylefea	'Coill Feá' is bun leis an ainm seo. Gaeilgeoir ó Chromadh a mhol an leagan 'Kylefea' den ainm. Dúirt sé liom dá molfadh sé 'Coill Feá' go mb'fhéidir nach nglacfaí leis

An tslí isteach go dtí na trí heastáit thuasluaite, *Coshma Avenue, Glenma agus Kylefea*, thugtaí *Bridewell Lane* uirthi tráth mar gur shlí isteach go dtí príosún ba ea í. Níos déanaí thugtaí *Maxwell Lane* uirthi toisc teaghlach den sloinne sin a bheith ina gcónaí in aice léi.

Drom Collachair
The Square

Chapel Street	Fonn ar dhaoine *Church Street* a thabhairt air seo anois.
North Road	Tugtar *Newcastle Road* air seo freisin.
Pound Street	
Turnpike Road	

Buckley Terrace	Mar chuimhneachán ar an óglach Patrick Buckley a ainmníodh an t-ardán seo. Loisceadh é sin ina bheatha nuair a chuir na hÓglaigh teach cúirte Dhrom Collachair trí thine le linn Chogadh na Saoirse.
Plunkett Place	Ainmníodh as Horace Plunkett, a chabhraigh leis an chéad chomharuachtarlann in Éirinn a bhunú i nDrom Collachair in 1889.
St Joseph's Park	
Carroward Heights	Ó Carroward (an Cheathrú Ard), an baile fearainn ina bhfuil sé suite, ainm an bhóthair.

Níl ach roinnt ainmchlár le feiceáil sa bhaile, agus iad sin go léir i nGaeilge: An Chearnóg, Sráid an tSéipéil, Bóthar Ó Thuaidh, Páirc na Coille. Comhairle Chontae Luimnigh a chuir in airde iad ar iarratas ón gcoiste áitiúil de Ghlór na nGael.

Dún

Main Street

Chapel Road

Monastery Road	Mainistir na mBráithre Críostaí atá i gceist.

Toher Road

Bank Place

Assumption Terrace

St Fintan's Terrace

Convent View

Eas Géitine
Main Street
Bridge Street
Church Street
East Street
West Square

Plunkett Square   Tógadh c.1950. Ainmnithe as Oilibhéar Naofa Pluincéid.

St Francis Avenue   Mar chuimhneachán ar na Proinsiasaigh, a raibh mainistir acu in Eas Géitine, an t-ainm seo.

William Street   Dream gallda éigin a raibh cónaí orthu sa tsráid seo a thug *William Street* uirthi i gcuimhne ar an Rí Liam. *The New Line* is gnách le muintir na háite a thabhairt uirthi anois.

St Mary's Terrace

Brewery Lane   Bhí grúdlann anseo fadó.

Mussel Lane   Lána de thithe beaga a bhí anseo ar dtús. Iascairí a bhíodh ina gcónaí iontu. Bhídís ag iascaireacht sa Daoil agus sa tSionainn.

The Quay   In aice le habhainn na Daoile.

Barrack Lane
Church Road
Church View

Alley Toque   Ní raibh aon duine in ann a insint dom cad a chiallaíonn 'Toque' san ainm seo. Tá an sloinne 'Toke' (Gaeilge: Tóc, g. Tóic) liostaithe in *An Sloinnteoir Gaeilge agus an tAinmneoir*. Tá an chuma air gur sloinne Lochlannach é.

Deirtear liom go bhfuil sé beartaithe ag Cumann Phobal Eas Géitine na céimeanna is gá a thabhairt le go dtabharfar *O'Hely Square* ar cheann amháin de chearnóga an bhaile, agus *O'Rourke Square* ar an gceann eile. Crochadh an tEaspag Ó hÉilí agus an tAthair Conn Ó Ruairc, beirt Phroinsiasach, i gCill Mocheallóg i 1579; agus, de réir traidisiúin láidir, tógadh a gcorp go hEas Géitine, mar ar adhlacadh iad i mainistir na bProinsiasach. Bhí an tEaspag Ó hÉilí agus an tAthair Ó Ruairc ar na 17 mairtíreach Éireannacha a fógraíodh beannaithe sa Róimh ar an 27 Meán Fómhair, 1992.

Faing
Main Street
St Patrick's Terrace
Brandon Terrace

Tithe Chraoibhín   Labhair an Dr Dúghlas de híde ('An Craoibhín Aoibhinn') ag feis nó aeraíocht a tionóladh i mblianta tosaigh an chéid seo sa pháirc inar tógadh scéim tithe níos déanaí. Mar chuimhneachán ar chuairt de híde tugadh 'Tithe Chraoibhín' ar na tithe.

An Gallbhaile
The Square
Old Street
Marian Terrace
Galtee View
Pine Avenue

An Gleann
Mill Street   Ceaptar gur sráid an-aosta í seo.

Mary Street   *Mary's Lane* a bhí mar ainm ar an tsráid seo go dtí gur atógadh í sna 1950í, agus gur tugadh *Mary Street* uirthi. Dúirt fear ón nGleann liom go bhféadfaí 'Cladach an Ghleanna' a thabhairt ar an seanlána, mar nach raibh ina gcónaí ann ach iascairí bradán. D'úsáididís sruthlíonta. Deirtear gurb í seo an tsráid is sine sa bhaile. Slí isteach ba ea í go dtí seanchaisleán Ridirí an Ghleanna a d'ionsaigh Carew sa bhliain 1600.

Creagh Street

An tsráid seo ainmnithe as Leifteanant Creagh, a bhí ina *aide de camp* ag Wellington. Bhí a mhuintir ina gcónaí in Cahara House, cóngarach don Ghleann.

Main Street

Tugtar *The Square* ar an tsráid seo leis, mar gur sráid an-leathan í.

The Mall

Le caoga bliain anuas nó mar sin is minice a thugtar *Upper Main Street* ná *The Mall* ar an tsráid seo.

Church Street

The Chapel Road a thugadh na seandaoine air seo.

The Terrace

Hamilton Terrace a bhí mar ainm air seo ar dtús ach ní thugtar ach *The Terrace* air anois. As an gCaptaen Hamilton, R.N., a thóg an t-ardán, a ainmníodh é. Mhair seisean i dtús an chéid seo caite.

East Mall

Ar an mbóthar go Baile Dhá Thuile.

South Mall

Ar an mbóthar go hÁth an tSléibhe.

Plás Mhuire
Ard Álainn

The Dark Road

Ritheann sé seo ó Shráid na hEaglaise go dtí an príomhbhóthar ó Fhaing go Tairbeart.

Corbry Estate

Ó sheanainm an bhaile, Gleann Corbraí, ainm an eastáit seo. Treibh Cheilteach ba na Corbraí.

Hamilton Terrace   As an gCaptaen Hamilton thuasluaite a mhair sa Ghleann sa chéad seo caite a ainmníodh an t-ardán seo.

Old Mall
New Mall

Gallery's Mall   Ceaptar gur as sáirsint earcaíochta a bhí sa Ghleann le linn Chogadh Chrimé a ainmníodh an malla seo. Gallagher ba shloinne dó ó cheart, ach truaillíodh sin go 'Gallery'.

Maigh Rua
Cois Coille   Ainm eastáit tithíochta.

Mainistir na Féile
Main Street
Bridge Street
Chapel Street
Church Street
New Street
The Square
St Ita's Road
St Ita's Terrace
Con Colbert Terrace

Collins Park   Ainmnithe as Jimmy Collins, ó Mhainistir na Féile, seanóglach, Comhairleoir Contae, Teachta Dála, agus athair Ghearóid Uí Choileáin, Teachta Dála agus Iar-Aire Rialtais.

The Kerry Road
Convent Terrace
Hill View Drive

An tOspidéal
Main Street
Emly Road

Bank Place

Curpin's Lane a bhí ar an gcuid seo den bhaile tráth, é ainmnithe as gníomhaire imirce dar shloinne Curpin a raibh oifig aige ann sa chéad seo caite. Leagadh an lána, agus thóg an Chomhairle Contae scéim tithíochta ann. *Bank Place* an t-ainm nua a tugadh ar an áit.

Marian Terrace
St Joseph's Terrace
Glen View Drive
Galtee View Close

Pailís Ghréine
New Terrace

Pailís Chaonraí
Main Street
Cluain Mhuire
Church View

Ráth Caola
Main Street
The Square

Thomas Street

As an Athair Thomas Hogan (1782-1847) a ainmníodh an tsráid seo. Bhí sé ina shagart paróiste ar Ráth Caola (1822-47), agus thóg sé séipéal sa tsráid a dtugtar *Thomas Street* uirthi anois. B'fhéidir go raibh an sloinne Hogan mar chuid d'ainm na sráide ar dtús, ach gur imigh an chuid sin den ainm as úsáid.

Church Street
Roches Road
Well Lane
Pound Lane
Boherbuie

Fair Hill	*Fair Green Hill* atá ag Griffith (1852) air seo.
St Mary's Terrace	
St Mary's Park	
Hill View Park	
New Road	
Abbey View	As an tseanmhainisir a ainmníodh iad
Abbeycourt	seo.

Seangualainn
Main Street

Shanid Gardens	Tá Cnoc Sheanaid (*Shanid Hill*) cóngarach do Sheanghualainn.

Tobar Phádraig
Main Street
Marian Park
Lisheen Park
Laurel Park
Sycamore Heights
Belgard Grove
Rossville

Tá, mar sin, meascán suimiúil de shráidainmneacha i gCo. Luimnigh. D'fhéadfaí a rá, is dócha, go raibh tionchar ag dearcadh na ndaoine i leith an chreidimh agus an náisiúnachais orthu agus ainmneacha á dtabhairt acu ar chuid mhaith de na sráideanna agus na heastáit.

Ar na saolta deireanacha seo, tá claonadh láidir ann, go háirithe sna cathracha agus sna bailte móra, ainmneacha a cheaptar a bheith galánta, nó ainmneacha iasachta, a thabhairt ar eastáit nua tithíochta. Truailliú ar an timpeallacht agus ar ár n-oidhreacht an nós seo. Faoi mar is léir ó na liostaí de shráidainmneacha atá i gcló san aiste seo, níl an claonadh sin róláidir i gCo. Luimnigh. Ach mar sin féin, tá sé suimiúil ainmneacha na n-eastát i gCromadh a chur i gcomparáid le hainmneacha na n-eastát i dTobar Phádraig.

B'fhiú go mór é dá bhféadfaí a áiteamh ar na daoine eilimintí dúchasacha a úsáid agus ainmneacha á roghnú acu do na heastáit nua ina bhfuil cónaí orthu.

Foinsí

Begley, J. *The Diocese of Limerick Ancient and Mediaeval*, Dublin: Browne and Nolan, 1906. (Le haghaidh sleachta as *Leabhar Dubh Luimnigh* faoi shráidainmneacha Chill Mocheallóg sa tríú haois déag.)

Cláir na dToghthóirí do Chontae Luimnigh, 1992.

Griffith's *Primary Valuation of Ireland*, 1852.

Hamilton, G.F., *Records of Ballingarry*, 1928.

O Connor, Patrick J., 'An 18th Century Plan of Newcastle,' *The Annual Observer*, An Caisleán Nua: Cumann Staire an Chaisleáin Nua, Nollaig 1991.

Ó Maolfabhail, A., eag., *Logainmneacha na hÉireann, Iml 1: Contae Luimnigh*, Baile Átha Cliath: Oifig an tSoláthair, 1990.

Simington, R. C., eag., *The Civil Survey County of Limerick*, Dublin: The Stationery Office, 1938.

Buíochas

Chabhraigh a lán daoine liom agus eolas á lorg agam faoi na sráidainmneacha i mbailte áirithe. Tá na daoine sin liostaithe agam thíos anseo (agus ainmneacha na mbailte ar thug siad eolas dom fúthu idir lúibíní i ndiaidh ainmneacha na ndaoine). Táim thar a bheith buíoch díobh go léir:

Pat Brosnan agus Mickey Liston (Áth an tSléibhe); an tAth. Ró-Oirmh. R. Mac Coisteala, S.P. agus an tAth Ró-Oirmh. S. Ó hEireamhóin, S.P. (Baile an Gharraí); Diarmuid Ó Maoláin (Drom Collachair agus Béal an Átha); Pádraig Ó Caoilte (an Brú); Tim Ryan (Baile an Londraigh agus an Gallbhaile); Seán Mac Amhlaoibh agus John Cussen (an Caisleán Nua); Piaras Mac Siacuis (an Cheapach Mhór agus Faing); Seán de Craig (Cromadh); Seán Ó hAoláin (Caisleán Uí Chonaill); Caitlín de Bhailís (Cill Fhíonáin); Peigí Mhic Suibhne (Dún); Micheál Ó Riain (Eas Géitine); John O Shaughnessy (an Gleann); Seán Ó

Bruadair (Mainistir na Féile); Michael O Sullivan (an tOspidéal); Frank Johnson (Ráth Caola); Micheál Mac Gearailt (Tobar Phádraig).

Na Leaganacha Béarla d'Ainmneacha na mBailte

Áth an Choite	Annacotty
Áth an tSléibhe	Athea
Áth Dara	Adare
An tÁth Leacach	Athlacca
Baile an Gharraí	Ballingarry
Baile an Londraigh	Ballylanders
Béal an Átha	Broadford
An Brú	Bruff
Brú Rí	Bruree
An Caisleán Nua	Newcastle West
Caisleán Uí Chonaill	Castleconnell
Cathair Chinn Lis	Caherconlish
An Cheapach Mhór	Cappamore
Cill Fhíonáin	Kilfinane
Cill Mocheallóg	Killmallock
Cnoc Uí Choileáin	Mountcollins
Cromadh	Croom
Drom Collachair	Dromcollogher
Dún	Doon
Eas Géitine	Askeaton
Faing	Foynes
An Gallbhaile	Galbally
An Gleann	Glin
Maigh Rua	Murroe
Mainistir na Féile	Abbeyfeale
An tOspidéal	Hospital
Pailís Chaonraí	Pallaskenry
Pailís Ghréine	Pallasgrean
Ráth Caola	Rathkeale
Seanghualainn	Shanagolden
Tobar Phádraig	Patrickswell

Sráidainmneacha i mBailte an Dúin

Breandán S. Mac Aodha

Tá stair uirbeach an-fhada ag roinnt le Contae an Dúin. Bhí cáil eaglasta ar áiteanna ar nós Dhún Pádraig agus Bheannchair ó luathré na Críostaíochta anall. Bhunaigh na hAngla-Normannaigh caisleáin ar an chósta gidh nár fhás bailte móra thart timpeall orthu ach amháin i gcás an Iúir, áit a raibh lonnaíocht sheanbhunaithe cheana[1]. Léiríodh Béal Feirste agus Baile Nua na hArda ar léarscáil Ortelius sa séú céad déag. Breacadh an Comar, Ard Mhic Nasca, Droim Mór agus Cill Chaoil ar léarscáil Mhercator (1630). Thug Vischer (1680) suntas do Dhomhnach Daoi agus don Chaisleán Nua. Taispeánadh Baile na hInse ar léarscáil Jaillot (1693) agus Droichead na Banna ar mhapa Senex is Maxwell (1712). Níor léiríodh an Pointe go dtí mapa Lizars (1830)[2]. Ar ndóigh bunaíodh a lán lonnaíochtaí tamall fada sular aithníodh ar na léarscáileanna iad, m.sh. téann Droim Mór siar go dtí aimsir Cholmáin Naofa agus creachadh a mhainistir go minic ag na Lochlannaigh[3]. Bhunaigh Walter de Burgh, Iarla Uladh, mainistir do na Doiminicigh ag Baile (Nua) na hArda sa bhliain 1244[4].

De réir dhaonáireamh Thuaisceart Éireann 1991 tá cúig bhaile dhéag le daonra os cionn 3000 duine i gContae an Dúin; is iad sin, in ord méide, Beannchar, Baile Nua na hArda, an tIúr, Dún Dónaill, Droichead na Banna, Dún Pádraig, Ard Mhic Nasca, an Comar, an Caisleán Nua, Cill Chaoil, an Pointe, Baile na hInse, Domhnach Daoi, Ceathrú

Aodha Duibh agus Droim Mór. Lena chois sin tá seacht mbaile eile a bhfuil idir 2000 agus 3000 duine ina gcónaí i ngach ceann acu: Port an Pheire, Baile Mhic Gabhann, Ros Treabhair, Cill Ó Laoch, Tamhnach Naomh, Caisleán Uidhilín agus Ráth Fraoileann[5]. Gan aon amhras is é Beannchar an baile is mó sa chontae: tá os cionn 52 000 duine ina gcónaí ann. Ní hamháin gur baile saoire é ach bíonn a lán comaitéireachta ar siúl idir é agus Béal Feirste. Tá Baile Nua na hArda (c.24 000) sa dara háit, ansin thig an tIúr (c.22 000), Dún Dónaill (13 000), Droichead na Banna (12 000), Dún Pádraig (c.10 000), Ard Mhic Nasca (9000), an Comar (8000) agus an Caisleán Nua (7200). Tá pobal na mbailte eile go léir faoi bhun 7000 duine, agus an mhórchuid acu faoi bhun 5000 duine.

Is féidir na sráidainmneacha sna bailte seo go léir a rangú de réir aicmí áirithe. Déanann grúpa líonmhar amháin tagairt don cheann scríbe. Mar sin de bíonn na hainmneacha seo bunaithe ar na logainmneacha áitiúla agus fágann sin blas an dúchais orthu d'ainneoin iad a bheith ar fáil faoi chruth truaillithe an Bhéarla. I mBaile na hInse, mar shampla, tá *Crossgar Road* agus *Dromore Road* san aicme seo. I nDún Pádraig tá *Ballyhornan Road*, *Saul Road*, *Ardglass Road*, agus *Killough Road*. Baineann *Newry Road* i gCill Chaoil agus *Rostrevor Road* ar an Phointe agus *Dundrum Road* sa Chaisleán Nua leis an ghrúpa chéanna sráidainmneacha. Fiú amháin sa leath thuaidh (i.e. an chuid is galldaithe) den chontae tá sráidainmneacha den chineál seo le fáil go fairsing, m.sh. *Donaghadee Road* i mBeannchar, *Bangor Road* in Ard Mhic Nasca, *Ballygowan Road* sa Chomar, *Portaferry Road* i mBaile Nua na hArda. Go hiondúil seachnaíonn a leithéid seo d'ainm an blas gallda a bhíos ag roinnt le cuid de na haicmí eile. Tharla gurb é Béal Feirste an baile is mó i gCúige Uladh déantar tagairt dó arís is arís eile: tá *Belfast Road* le fáil i mBaile na hInse, i mBaile Nua na hArda, sa Chomar, in Ard Mhic Nasca, i mBeannchar agus i mbailte eile. Cuidíonn an fhíric seo le bladhaire an dúchais a choinneáil beo.

Toisc eile a mbíonn an tionchar céanna aici ná an úsáid a bhaintear as an suíomh i gcúrsaí ainmnithe, mar tá ainmneacha Gaeilge ar an chuid is mó de na bailte fearainn. Tá ainmneacha Gaeilge ar nós *Rathgill, Ballymacormick, Balloo* agus *Ballyminetragh* mar chuid d'inneach na sráidainmníochta i mBeannchar; *Drumsesk, Clonallon* agus *Burren* ar an Phointe; *Derrybeg, Altnaveigh, Drumalane* san Iúr.

Neartaíodh blas na Gaeilge de bheagán freisin nuair a tarraingíodh as tobar Ghaeilge na hAlban faoi mar a tharla in Ard Mhic Nasca, áit a bhfuil ainmneacha ar nós *Kintyre Avenue, Rannoch Road, Lochinver Avenue, Strathleven Park, Invergarry Avenue* agus *Gairloch Park.* Ach b'eisceacht a leithéid.

Bealach amháin eile inar cuireadh go neamhchoinsiasach le blas an dúchais ná trí thagairt a dhéanamh d'áitainmneacha na hÉireann i gcoitinne, agus go háirithe dóibh sin a bhaineas le Cúige Uladh agus go speisialta le Co. an Dúin. Mar shampla, tá *Croob Park* (tagairt do Shliabh Crúb) i mBaile na hInse, *Mourne Green* agus *Spelga Avenue* sa Chaisleán Nua, *Donard Avenue, Rostrevor Way*, agus *Shandon Drive* i mBeannchar, *Mourne Drive* ar an Phointe, *Donard Place, Spelga Place, Mourne Esplanade*, agus *Finlieve Place* i gCill Chaoil, *Avoca Lawns* ar an Phointe, *Donard Avenue, Rathmullan Drive, Binnian Avenue* agus *Valencia Way* i mBaile Nua na hArda, *Oriel Drive, Dalriada Road* agus *Quoile Park* i nDún Pádraig, *Glenariff Drive* sa Chomar, *Kildare Street* san Iúr.

Cuidíonn corrainm atá bunaithe ar ainmneacha naomh na hÉireann leis an bhlas Ghaelach seo a chothú, m.sh. *St Colman's Park* san Iúr, ach in ainneoin na dlúthbhainte atá ag Contae an Dúin le luathstair na Críostaíochta is beag tionchar den chineál seo atá le fáil. Tá *St Patrick's Drive, St Patrick's Avenue, Ardpatrick Avenue* agus *Colmcille Road* i nDún Pádraig, agus *St Gallan Court* i mBeannchar. Is beag eile.

Os a choinne sin is gá a aithint go raibh sé mar pholasaí ag na húdaráis áitiúla anseo riamh anall súil an daill a chaitheamh ar a dtimpeallacht, ar fhaitíos go gcuirfeadh sé i gcuimhne dóibh gur coimhthígh iad féin agus gur le lámh láidir a ghabh a sinsir seilbh ar an tír. Fágann seo blas fíorghallda ar chuid den tsráid-dreach, go háirithe i mbailte áirithe ar nós Bheannchair. Sa bhaile sin bunaíodh a lán de na sráidainmneacha ar logainmneacha iasachta, go mór mór ó cheantar Londan (m.sh. *Knightsbridge Court, Bexley Road, Onslow Gardens, Sandringham Drive, Holborn Avenue, Wandsworth Road, Kensington Park, Bromton Road*) ach freisin ó Shasana i gcoitinne (*Rugby Road, Windsor Gardens, Windermere Drive, Coniston Road, Sandhurst Park, Westmoreland Crescent*). Tá a gcomhleithéid seo le fáil i roinnt eile de na bailte, go háirithe i dtuaisceart an chontae tharla gur líonmhaire iad sliocht na bPlandálaithe ansin. Mar shampla tá *Gloucester Avenue* i nDomhnach Daoi; *Windsor Avenue, Rugby Gardens, Sunderland Park, Lancaster Walk* agus *Bristol Park* i mBaile Nua na hArda; níos faide ó dheas castar ar *Carlisle Park* i mBaile na hInse agus ar *Windsor Hill* san Iúr. Mar bharr ar an donas baintear níos mó ná casadh amháin as an bhunainm chéanna, m.sh. *Belgravia Road, Belgravia Gardens, Belgravia Crescent* agus *Belgravia Avenue,* iad go léir le fáil i mBeannchar. Le cothrom na Féinne a thabhairt do Bhaile Nua na hArda, is cóir a admháil go bhfuil roinnt sráidainmneacha ann atá bunaithe ar logainmneacha neamh-Shasanacha (*Canberra Gardens, Dakota Avenue, Valetta Park*) ach níl siad seo sách líonmhar chun an t-atmaisféar Sasanach a mhaolú. Pé scéal é níl na hainmneacha úd chomh soineanta is a dhealraíonn siad ar an gcéad amharc: tá macallaí den bhladhmann is den impiriúlachas a bhain leis an Dara Cogadh Domhanda iontu go léir. Níor mhiste a shonrú freisin nach mbíonn a lán de na háitainmneacha seo chomh simplí is a dhealraíonn siad: bíonn *nuance* rúnda ag roinnt lena lán acu agus déanann siad tagairt os íseal don Impireacht, do theaghlach ríoga na Breataine, do Chomhlathas na Breataine, nó don Dara Cogadh Domhanda.

Léirítear dearcadh frith-Éireannach seo na nDílseoirí i bhfoirm níos treise fós sa líon mhór sráidainmneacha a thugann ómós díreach do rialtóirí agus do mhóruaisle na Breataine. Téann cuid acu seo siar go dtí an naoú haois déag (*Victoria Gardens* i nDomhnach Daoi, *Victoria Road*, *Victoria Park*, *Victoria Crescent* i mBaile Nua na hArda, *Great George's Street* ar an Phointe, *Victoria Road* in Ard Mhic Nasca, *Victoria Road* i mBeannchar) ach baineann a thuilleadh acu leis an fichiú céad (*Princess Gardens* agus *Elizabeth Road* in Ard Mhic Nasca) cé nach bhfuil an scéal chomh dona ón taobh seo de i mbailte an Dúin agus atá i mbailte Chontae Aontroma. Mar sin féin ní fhéadfaí a bheith in amhras faoi dhílscachtaí na n-údarás ansco: *Regent Street* i mBaile Nua na hArda, *Alexandra Road* i nDomhnach Daoi, *Queen Street* agus *Prince's Street* ar an Phointe, *Balmoral Avenue* san Iúr: insíonn siad seo go léir an scéal céanna. Treisítear an port sin ag leithéid *Marlborough Avenue*, *Tudor Green* agus *Churchill Crescent* i mBeannchar, *Jubilee Road* agus *Balfour Street* i mBaile Nua na hArda, *Winston Parade* sa Chomar. Sna bailte i ndeisceart an chontae, mar a bhfuil tromlach ag na Náisiúnaithe, tugtar onóir do laochra na hÉireann: *Russel Park* i nDún Pádraig, *John Mitchel Street* agus *John Martin Gardens* ar an Iúr, ach ní théitear thar fóir leis an ómós úd agus ar ndóigh bíonn na teidil seo fréamhaithe sa stair áitiúil, m.sh. crochadh an Ruiséalach i nDún Pádraig sa bhliain 1803; cuireadh an Mistéalach san Iúr sa bhliain 1875; agus saolaíodh an Máirtíneach in aice leis an bhaile chéanna.

Rud eile a chuidíonn leis an bhlas ghallda a ghreamú leis an tsráid-dreach ná an chaoi ina dtugtar buaine do chuimhne na dtiarnaí talún: *Londonderry Road* i mBaile Nua na hArda, *Downshire Road* agus *My Lady's Mile* in Ard Mhic Nasca, *Dufferin Avenue* i mBeannchar, *Brownlow Street* sa Chomar, agus mar sin de.

Ach bíonn ainmneacha neodracha le fáil go flúirseach freisin, mar shampla, an grúpa mór úd ina ndéantar tagairt do ghné chultúrtha éigin atá suite ar an tsráid nó go síneann an tsráid ina treo, leithéid *Spa Road* agus *Windmill*

Street (Baile na hInse), *Windmill Row* (Baile Nua na
hArda), *Gaol Lane*, *Well Lane* agus *Fountain Street* (Dún
Pádraig), *Bridge Street* (Cill Chaoil), *Well Road* (an Pointe),
Railway Street (an Comar, Domhnach Daoi, an Caisleán
Nua, srl.), *Station Road* (Ard Mhic Nasca), *Racecourse Hill*
(Dún Pádraig), *Church Hill Road* (an Caisleán Nua),
Church Avenue (Dún Pádraig), *Meeting House Lane* (Baile
Nua na hArda), *Chapel Island Park* (Baile Nua na hArda),
Abbey Street (Beannchar), *Townhall Lane* (Domhnach
Daoi), *Schoolhouse Brae* (Domhnach Daoi), *Moat Street*
(Domhnach Daoi), *Cromlech Park* (Cill Chaoil), *Harbour
Road* (Cill Chaoil), *Pound Street* (Baile Nua na hArda),
Pound Lane (Dún Pádraig), *Pound Road* (an tIúr), *Canal
Row* (Baile Nua na hArda), *Old Forge Court* (an Comar),
Castle Street (an Comar, Baile Nua na hArda, Beannchar,
srl.).

Lena chois sin tá na hainmneacha úd ina ndéantar tagairt
do ghníomhaíocht éigin: *Market Street* (Baile Nua na
hArda, Beannchar, srl.), *Merchants' Quay* agus *Buttercrane
Quay* (an tIúr), *Sugar Island* (an tIúr), *Quarry Court*
(Beannchar), *Brewery Lane* (Baile Nua na hArda), *Mill
Road* (Cill Chaoil), *Quay Brae* (Dún Pádraig), *South
Promenade* (an Caisleán Nua), *The Promenade* (an
Pointe), *Bridle Loanan* (an Pointe), *Dock Street* (an
Pointe), *Harbour Drive* (Cill Chaoil).

Na hainmneacha atá bunaithe ar ghnéithe fisiciúla an
cheantair, bíonn siad sin le moladh freisin mar ní chuirfidh
siad olc ar aon dream. Is leor dornán beag samplaí: *Shore
Road* (Ard Mhic Nasca), *The Drumlins* agus *Moss Road*
(Baile na hInse), *Stream Street* agus *Marsh Lane* (Dún
Pádraig), *Pool Lane* agus *Hillhead Road* (an tIúr), *Seacliff
Road* (Beannchar). Bíonn an bua céanna ag roinnt le
sráidainmneacha tuairisciúla (a lán acu fréamhaithe sa
suíomh) ar nós *East Street* (an Pointe), *New Street* agus
North Street (an tIúr), *East Mount*, *West Green*, *North
Road* (Baile Nua na hArda), *Riverside* agus *Brookview* (an
Comar), *Shore Street* (Domhnach Daoi), *The Esplanade*
agus *Marine Parade* (Ard Mhic Nasca), *East Way*, *Red*

Cottages, Riverside Park (Beannchar), *Hillfoot Crescent,*
Hillhead Crescent agus *Millstreet Drive* (Baile na hInse),
Sea Cliff Close (an Caisleán Nua).

Faoi mar a tharla i go leor bailte eile in Éirinn agus thar
lear bunaíodh a lán sráidainmneacha ar an fhásra. Ní bheadh
sin ródhona dá mba rud é nár imíodh thar fóir leis ach is
deacair srian a chur leis na hainmnitheoirí nuair a
bhuaileann fiabhras an fhásra iad. Is measa an scéal i
mBeannchar ná i mbaile ar bith eile, seachas Luimneach,
b'fhéidir. Tá 'Silverbirch' ceangailte le 'Avenue', 'Crescent',
'Drive', 'Gardens', 'Glen', 'Grove', 'Park' agus 'Road'. Tá
'Willowbrook' snaidhmthe le 'Court', 'Crescent', 'Drive',
'Gardens', 'Green', 'Grove', 'Park', 'Place'. Tá an baile breac
le leithéidí *Cedar Grove* agus *Birch Drive, The Pines, The*
Beeches, The Poplars, The Maples. Tá blas níos nádúrtha ag
roinnt le *Pine Grove, Daisy Hill* agus *Violet Avenue* san Iúr,
le *Crabtree Road* agus *Hawthorn Way* i mBaile na hInse, le
Beechfield Park agus le *Elmgrove Park* sa Chaisleán Nua, le
Heathermount Crescent sa Chomar, le *Whinpark Road,*
Hazelwood Drive agus *Hollymount Avenue* i mBaile Nua
na hArda. Ar an taobh eile den scéal tá *exotica* le fáil go
fairsing: *Juniper Avenue* i mBaile Nua na hArda, *Laburnum*
Grove sa Chomar, *Cedar Heights* i gCill Chaoil.

Is minic a bhí ainm na príomhshráide neodrach. Tugadh
Main Street air ina lán bailte, m.sh. i mBeannchar (agus i
bPort an Ghiolla Ghruama), i mBaile na hInse agus sa
Chaisleán Nua (*cf.* Cionn Aird i gCo. Thír Eoghain); *High*
Street a bhí air in Ard Mhic Nasca, i mBaile Nua na hArda
(*cf.* Muine Mór i gContae Dhoire), agus ar ndóigh i mBéal
Feirste. Ar ndóigh ba thagairt don tábhacht agus ní don
airde an 'high' úd. Baineann an neodracht chéanna le
hainmneacha na bpríomhspásanna oscailte i lár a lán de na
lonnaíochtaí, m.sh. *The Square* (Cill Chaoil, an Pointe,
Baile na hInse, an Comar). Níor baineadh úsáid as an
téarma 'diamond' i gCo. an Dúin mar a rinneadh i mbailte
eile ar fud Chúige Uladh, m.sh. sa Mhaigh nó in Inis
Ceithleann. Maireann blúire de stair na lonnaíochta in *Irish*
Street, Scotch Street agus *English Street* Dhún Pádraig, fé

mar a mhair in Ard Mhacha agus i gCarraig Fhearghais ach níl a leithéid le fáil in aon bhaile eile i gContae an Dúin féin.

Sna bailte beaga go léir tá a lán sráideanna, go háirithe mionsráideanna (lánaí agus a leithéidí) a ainmníodh as an tógálaí nó as gaol dá chuid, nó as duine a raibh cónaí air nó uirthi ann. Orthu sin tá *Hunter's Place* (Domhnach Daoi), *Breen's Lane* (Baile Nua na hArda), *Kelly's Road* (Cill Chaoil), *Small's Road* (an Pointe), *Fullerton's Road* (an tIúr), *Needham Court* (Cill Chaoil), *Audley's Drive* (Baile Nua na hArda), *Bennetts Avenue* (Domhnach Daoi), *Beverley Gardens* (an Caisleán Nua), *Trevor Street* (Ard Mhic Nasca), *Dornan's Hill* (an tIúr), agus *Murphy Crescent* (an tIúr).

D'fhéadfaí roinnt mionghrúpaí eile a phiocadh amach freisin ach sa deireadh thiar fágfar fuílleach nach féidir a chur isteach go sásúil i sainaicme ar bith. Orthu sin tá *Ten Acres*, *Lysander Park* agus *Alpine Road* (Baile Nua na hArda), *Harmony Place* (Domhnach Daoi), *First Avenue* (an tIúr), *Bull's Eye Park* (Dún Pádraig), *Primary Drive* agus *Troutbeck Avenue* (Beannchar), *Tudor Oaks* agus *Torgrange* (Ard Mhic Nasca).

Is féidir, mar sin, sráidainmneacha an chontae a rangú mar leanas:

1. Ainmneacha ceannscríbe, m.sh. *Donaghadee Road* i mBeannchar.
2. Ainmneacha suímh, m.sh. *Derrybeg Lane* san Iúr.
3. Iasachtaí ó Albain, m.sh. *Rannoch Road* in Ard Mhic Nasca.
4. Logainmneacha as Éirinn, m.sh. *Glenariff Drive* sa Chomar.
5. Ainmneacha na naomh, m.sh. *St Patrick's Drive* i nDún Pádraig.
6. Iasachtaí ó Shasana, m.sh. *Windermere Drive* i mBeannchar.
7. Ainmneacha dílseachta, m.sh. *Victoria Road* i nDomhnach Daoi.

8. Ainmneacha tírghráthóirí, m.sh. *Russel Park* i nDún Pádraig.
9. Ainmneacha tiarnaí talún, m.sh. *Dufferin Avenue* i mBeannchar.
10. Ainmneacha bunaithe ar ghnéithe cultúir, m.sh. *Windmill Row* i mBaile Nua na hArda.
11. Ainmneacha bunaithe ar ghníomhaíochtaí, m.sh. *Buttercrane Quay* san Iúr.
12. Ainmneacha tírghnéithíochta, m.sh. *The Drumlins* i mBaile na hInse.
13. Ainmneacha tuairisciúla, m.sh. *East Street* ar an Phointe.
14. Ainmneacha fásra, m.sh. *Cedar Heights* i gCill Chaoil.
15. Ainmneacha neodracha, m.sh. *The Square* sa Chomar.
16. Ainmneacha bunaithe ar an stair, m.sh. *English Street* i nDún Pádraig.
17. Ainmneacha sealbhóircachta srl., m.sh. *Small's Road* ar an Phointe.
18. *Pot pourri*, m.sh. *Zion Place*.

Ar ndóigh níl aon ní dosháraithe ag baint le teorainneacha na ranganna éagsúla seo agus luífeadh cuid de na hainmneacha isteach go néata i níos mó ná rang amháin acu, m.sh. d'fhéadfaí *Sandhurst Drive* (Beannchar) a áireamh go simplí soineanta mar áitainm Sasanach ar iasacht nó mar ainm a chuireann dílseacht an údaráis áitiúil don Impireacht in iúl, i.e. rang 6 nó rang 7. Mar an gcéanna d'fhéadfaí *Thorn Hill* sa bhaile chéanna a chur i ngrúpa 12 (tírghnéithíocht) nó i ngrúpa 14 (fásra). Is cuma. Níl sa rangú atá á mholadh anseo ach iarracht tosaigh chun struchtúr na sráidainmneacha a mheas agus bainfidh rian den tsuibiachtúlacht i gcónaí le roghnú an ranga chuí.

Tá sé cinnte nach bhfuil deireadh fós leis an bhorradh uirbeach i gCo. an Dúin. Tiocfaidh leathnú ar na bailte, go háirithe orthu siúd i dtuaisceart an chontae, agus beidh ainmneacha ag teastáil do na bóithre agus do na sráideanna nua. Ba mhór an trua é dá leanfaí den ghnás cumadóireachta a bhí faiseanta le céad bliain anuas, gnás a fhágann rian an ghalldachais ar na bailte agus a neartaíonn an deighilt idir na comhluadair. Ina ionad sin ba chóir ainmneacha a roghnú a bheadh ina n-íocshláinte ar na trioblóidí go léir a bhain do lucht an tuaiscirt le breis is scór bliain anuas. Tá an réiteach in aice láimhe – tobar comónta na Críostaíochta ag idir Ghaeil is Ghaill. Níl aon chontae in Éirinn a bhfuil rian na luath-Chríostaíochta chomh tréan ann, ach is beag lorg de sin atá le sonrú sna sráidainmneacha. Lena chois sin tá comhoidhreacht sa tírdhreach. D'fhéadfaí i bhfad níos mó tairbhe a bhaint as sa chomhthéacs seo. I mbailte dheisceart an chontae cá bhfuil na tagairtí do Shliabh Mhín, do Shliabh na gCloch, do Shliabh Rua, do Shliabh Mhíol, do Chreag Dhubh?[6] B'fhuras na scórtha sráidainmneacha a bhunú ar a leithéid. Mar an gcéanna i mbailte thuaisceart an chontae tá deiseanna ann chun saibhreas logainmníochta dúchais Chlann Aodha Buí a chur i mbéal an phobail. Tá faill iontach ann an tsráidainm-níocht a fhorbairt mar dhroichead idir chomhluadair atá deighilte le fada in ionad í a bheith ina constaic i mbealach na síochána.

Tagairtí
1 Canavan, Tony, Frontier Town: an Illustrated History of Newry, Belfast, 1989.
2 Mac Aodha, B. S., Fianaise Chartagrafach i dtaobh Ainmneacha Bhailte an Dúin, Ainm II (1987), lch 7.
3 Lewis, S., A Topographical Dictionary of Ireland, London, 1837, Iml. 1, lch 507.
4 ibid., Iml. 2, lch 434.
5 H.M.S.O., The Northern Ireland Census 1991, Belfast, 1992, Summary Report, lgh 14-17, Tábla 4A.
6 Tá na leaganacha Gaeilge seo le fáil sa leabhar le Mícheál B. Ó Mainnín, Placenames of Northern Ireland: Vol.3 County Down: III The Mournes (Institute of Irish Studies, Belfast, 1993). Is mór an gar é a leithéid de leaganacha údarásacha Gaeilge a bheith ar fáil sa deireadh thiar le haghaidh sciar mhór den chontae.

Sráidainmneacha Chathair Chorcaí

Séamus Ó Coigligh

That the Mayor shall be at liberty to have the names of the different Streets, Lanes, and Alleys, Quays and passages painted on boards and put up in such manner as he shall approve of, in such parts of said streets as may be thought necessary by him, and the houses numbered; and as a survey is now intended to be made of the City, it is further ordered, that proper names for such streets &c., as have not been already named or improperly named, shall be in like manner put up and adopted, and that the Mayor shall have power to confer and consult such persons as he shall think proper in the different parishes, in order that this undertaking may be more completely carried into execution, as a matter which will be in our opinion a great improvement to the City, and very useful to strangers who resort thereto. (Miontuairiscí Chomhairle an Bhardais, 8 Meitheamh, 1787)[1]

De réir an tseanchais, thaistil Naomh Fionn Barra ó 'Ghabhgán Barra i nDeasmhumhain ... gur bhunaigh sé mainistir cois abhann Laoi san áit a bhfuil cathair Chorcaighe anois. Dob é an chéad easbog é ar Chorcaigh agus is annsin a hadhlacadh é. Ceaptar gur timcheall na bliana 630 a d'éag sé'[2]. Ainmníodh a lán lán áiteanna i gCathair agus i gContae Chorcaí as Fionn Barra i gcaitheamh na mblianta. Sa chathair féin tá Ardeaglais, Eaglais, Cliarscoil – fiú amháin Reilig – Naomh Fionn Barra againn. Deir mana Choláiste na hOllscoile: 'Where Finbarr taught let Munster learn'. Agus ar ndóigh tá na 'Beathaí' againn a cuireadh le chéile an uair úd – 'The Life, Death and Miracles of Saint Somebody, / Saint Somebody else, his Miracles, Death and Life'[3] – agus an oiread sin cumadóireachta agus ceapadóireachta cráifí ag baint leo nárbh fhurasta aithint i gcónaí idir scéal Saint Somebody agus Saint Somebody Else. Pé scéal é, tá a fhios againn anois de thairbhe thaighde an Ollaimh Pádraig Ó Riain nach raibh Naomh Fionn Barra, Éarlamh Chorcaí, ann riamh.[4]

Rud eile de, ní ar láthair na mainistreach a bunaíodh an chathair. Bhí an mhainistir suite sa cheantar idir Loch Chorcaí, Ardeaglais (Phrotastúnach) Naomh Fionn Barra agus Coláiste na hOllscoile, is é sin, ar an taobh theas de chraobh theas na Laoi. Tógadh an chathair ar an talamh íseal idir dhá chraobh na habhann, idir Droichead an Gheata Theas agus Droichead an Gheata Thuaidh (Droichead Uí Ghríofa anois). Ba iad na ochlannaigh ('the Easterlings of Norwaie') a bhunaigh í, ní fios go baileach cathain.

Ní fios ach chomh beag cathain a tógadh balla thart timpeall uirthi. Is eol dúinn, ámh, gur atógadh an balla i dtús an cheathrú céad déag. Ghabh sé ó Dhroichead an Gheata Thuaidh timpeall na lúibe i Sráid Kyle chuig Cé Kyrl ('Robert Key otherwise known as Kearles Key' i 1694) agus shín feadh Shráid Mhargadh an Arbhair agus uaidh sin lastoir de Shráid an Chapaill Bhuí (*Grand Parade*) go dtí an chraobh theas den abhainn mar a raibh an City Club nó Daly's Club tráth – tá banc ann anois. Ansin chuaigh sé siar go dtí Droichead an Gheata Theas agus ar aghaidh chuig Faiche Crosse nó Faiche na Croise (*Crosse's Green*), áit ar iompaigh sé ó thuaidh chuig Sráid Mhig Reachtain (*Grattan Street*) agus lean sé leis go dtí a hacomhal sin le Cé na mBaitsiléirí agus uaidh sin go Droichead an Gheata Thuaidh.

In eolaire sráideanna don bhliain 1907 tugtar 'Port an Photha' (cibé brí atá leis sin) ar Ché na mBaitsiléirí. Maidir le *Crosse's Green* de, an ainm duine 'Crosse' (Cross) nó an cros atá i gceist? Deir na húdair gur duine é, duine a tháinig i seilbh tailte áirithe de chuid na Mainistreach Doiminicí, St Maries of the Isle(s), iar gcoigistiú na mainistreach. Cá bhfuil an fhianaise leis seo? Níl ainm Crosse ar liosta na ndaoine ar dáileadh na tailte coigistithe orthu. Ar tháinig Crosse i seilbh na faiche idir sin is tráthas? Tá tagairt do *Crosse's Green* i gcáipéis de chuid na bliana 1840 ach an gcruthaíonn sé sin tada? Agus má ba le Crosse an fhaiche, conas a tharla go ndearna 'coimín' di? I léarscáil, *A Plan of Cork* (1545), taispeántar an 'Town Crosse' ina seasamh i gceartlár na cathrach agus, gar go leor di, 'Crosse Green' (Faiche na Croise).

Shín tailte na mainistreach ó *Crosse's Green* go dtí Clochar Shiúracha na Trócaire an lae inniu, nach mór. Tá an clochar suite in aice le Sráid Sharman Crawford. Bhain Sharman Crawford le lucht stiúrtha Ghrúdlann Beamish and Crawford, sa Phríomhshráid Theas; chuidigh sé go fial le cúrsaí ealaíne agus ceardscolaíochta sa chathair.

Rinne Camden, staraí, cur síos ar chruth na cathrach mar leanas sa bhliain 1586:

> Oval in shape surrounded by walls and encompassed and intersected by the river which crosses it and is not accessible except by bridges; lying along as it were in one direct street with a bridge over it.[5]

Bhí an chathair 690 slat ar fad (is é sin, feadh na Príomh-shráide (*Main Street*) a ghabh caol díreach ón nGeata Theas go dtí an Geata Thuaidh) agus isteach is amach le 240 slat ar leithead. Bhí a lán bealaí cúnga, lánaí agus eile, ag imeacht ó dhá thaobh na Príomhshráide. Ainmníodh Droichead Uí Ghríofa (Droichead an Gheata Thuaidh) as Art Ó Gríofa, bunaitheoir Shinn Féin, agus duine de bhunaitheoirí an Stáit. Thart timpeall ar bhalla na cathrach bhí corcacha, bealaí uisce, sruthanna leisciúla. Diaidh ar ndiaidh ó lár an seachtú céad déag amach triomaíodh na corcacha agus líonadh agus clúdaíodh na bealaí uisce agus tógadh tithe orthu.

Ba í Sráid Mhig Reachtain (*Grattan Street*) an chéad sráid mhór a tógadh ar an gcuma seo. Bronnadh saoirse na cathrach ar Henry Grattan sa bhliain 1787[6] agus ainmníodh an tsráid nua as. Deich mbliana dá éis sin d'ordaigh an Bardas:

> that the Rt. Hon. Lord Viscount Duncan be presented with his freedom in a Gold Box as a token of the very high opinion this Board entertains of his great merit and Exertions, in gloriously defeating the Dutch Fleet.[7]

Athainmníodh an tsráid agus tugadh Sráid Duncan uirthi ach níorbh athrú gan agó é. Chuir Cooper Penrose, fear tábhachtach gnó (ball de Chumann na gCairde) dhá chloch mhóra ag dhá cheann na sráide agus 'Grattan Street' scríofa i litreacha órga orthu; ach mhair Sráid Duncan ar feadh i bhfad.

Ba le muintir Penrose an ché ar a dtugaimid Cé Penrose go fóill. Bhí gaol acu le muintir Penrose Phort Láirge.

Sa bhliain 1795 clúdaíodh bealach uisce ag Cé Fenn agus tamall tar éis do Nelson cath a bhriseadh ar chabhlach Napoléon i gcuan Aboukir, 1798, tugadh Sráid na Níle ar an tsráid nua. Corradh le coicís roimh an gcath seo is ea a crochadh na deartháireacha John agus Henry Sheares in Newgate. Ba bhaincéir agus ba bhall den pharlaimint a n-athair agus bhí banc príobháideach aige sa tsráid seo. Tugtar Sráid na Séarach (*Sheares Street*) uirthi anois. Tugtar Sráid na Saoirse (*Liberty Street*) ar an tsráid a ghabhann ó Shráid na Séarach go dtí an Phríomhshráid Thuaidh. Thugtaí Lána Fishamble (*Fishamble Lane*) uirthi roimhe sin. Taispeánann léarscáil Rocque, 1759, 'Mass House' Proinsiasach ag an Lána Leathan (*Broad Lane* – níl sé thar seacht dtroithe ar leithead) i ngar do Lána Fishamble. Tá Eaglais Mhór Bhiosántach Phroinsiasach ann anois agus tugtar 'Broad Lane' uirthi i gcónaí.

Taobh thoir de bhalla na cathrach bhí bealaí uisce mar a bhfuil Sráid Phádraig (nó Sráid Naomh Pádraig mar ba cheart a thabhairt uirthi), Sráid an Chapaill Bhuí agus an Malla Theas anois. Idir Sráid Phádraig agus an Malla Theas bhí corcach fhairsing Dunscombe. Ba dhream toiciúil iad muintir Dunscombe; bhí duine acu, Noblett, ina mhéara i 1665. Taobh theas den Mhalla Theas bhí corcach Dunbar agus taobh thuaidh de Shráid Phádraig bhí corcach eile a dtugtaí an 'Walkeabout' uirthi ar feadh tamaill tar éis a triomaithe.

Tógadh Sráid Phádraig ar chuisle inseolta uisce a líonadh isteach sa bhliain 1783. Leanann an tsráid cúrsa na cuisle go baileach agus is é sin an fáth go bhfuil lúb sa tsráid. Sheoladh soithí anoir go dtí an chomhla uisce (*The Watergate*) mar a bhfuil an ceann thoir de Shráid an Chaisleáin anois agus tríthi sin isteach sa chathair.

Bhí caisleáin ar an dá thaobh den chomhla uisce, Caisleán an Rí agus Caisleán na Banríona. Bhí Caisleán an Rí mar a bhfuil an siopa ar a dtugaimid 'The Queen's Old Castle' anois, agus bhí Caisleán na Banríona ar an taobh thuaidh den chomhla uisce, i ndeas do Shráid Mhargadh an Arbhair an lae inniu. Chuirtí na soithí ar ancaire i Sráid an Chaisleáin. Deirtear de ghnáth gurbh é seo an 'statio bene fida carinis' (áit shábháilte do shoithí) a mhaítear aisti in Armas na Cathrach ach ní móide é. (Bhaineamar casadh as *Aeniad* Virgil II, 22: 'statio male fida carinis'.) Bhí teach cúirte sa chúinne thuaidh den siopa, 'The Queen's Old Castle', agus ba anseo a shábháil an Fuascailteoir na fir as Dún ar Aill ar a gcrochadh.

Timpeall na cúinne ó Shráid Phádraig bhí an bealach leathan uisce ar tógadh Sráid an Chapaill Bhuí (*The Grand Parade*) air. Tá ainm ait in airde ar bhallaí na sráide seo, 'Rinn Mhóir Siubal', ach níor thug muintir na Gaeilge aon ainm eile seachas Sráid an Chapaill Bhuí uirthi riamh. Seo mar a tharla. Tógadh Droichead Tuckey trasna an bhealaigh uisce ó Lána Tuckey (Sráid Tuckey anois) go Sráid Sheoirse (Sráid Oilibhéir Pluincéid anois), agus sa bhliain 1762 cuireadh dealbh each-rach cré-umha den Rí Seoirse II in airde air. Tar éis tamaill nuair a rinne sráid den bhealach uisce, aistríodh an dealbh go dtí an cúinne thiar theas den tsráid. Le himeacht aimsire d'iompaigh an dath cré-umha ina bhuí agus dá thoradh sin ba mar Shráid an Chapaill Bhuí a d'aithin muintir na Gaeilge, a thagadh isteach sa chathair, *The Grand Parade*. (Dála an scéil, oíche dhorcha amháin caitheadh an rí agus a chapall isteach san abhainn.) Ba é an Breitheamh Berwick a thóg an fuarán atá i lár na sráide. Ainmníodh Lána Berwick as. (B'úinéirí tailte agus tithe iad muintir Tuckey. Ba leo an talamh ar ar tógadh Teach an Gharda ar Shráid Tuckey. Bhí duine acu, Timothy, ina mhéara i 1677.)

Bhí an Malla Theas faoi uisce go fóill nuair a tógadh tithe ar an mbruach thuaidh. Bhí céanna ar an mbruach eile ag corcach Dunbar. Bhí doirse na dtithe ar an gcéad urlár agus céimeanna cloiche ag teacht aníos ón uisce chucu. Cheanglaítí báid ag bun na gcéimeanna nó chuirtí i dteach báid ar an mbunurlár iad. Tá cuid de na céimeanna seo le feiceáil ag 73/74 an Malla Theas fós. Clúdaíodh an bealach uisce idir 1790 agus 1830 agus rinne sráid mhaisiúil de – í fada díreach agus crainn ina ranganna ar an dá thaobh. Ba shráid mhór spaisteoireachta í ('Grand Parade' mar a déarfá) ag lucht gnó, oifigigh airm agus a mbantracht agus eile, go háirithe ar an Domhnach. Is aithris ar *Pall Mall* iad na hainmneacha Malla Theas agus Malla Thuaidh, ar ndóigh.

Nuair a thosaigh an cogadh idir an Rí Séamas II agus a chliamhain (ba é a nia, leis, é) 'Dutch Billy' thaobhaigh na Corcaígh agus na Gaeil i gcoitinne le Séamas. Níorbh ionann is Tadhg na Cuaiche an tseanfhocail – Tháinig sé aniar aduaidh air mar do tháinig Tadhg na Cuaiche ar Chorcaigh – tháinig Marlborough anoir aneas ar an gcathair. Tháinig sé i dtír ag an bPasáiste agus i gceann cúig lá bhí an chathair ina sheilbh aige tar éis dá ghunnaí móra bearna a bhriseadh sa bhalla i Sráid an Chapaill Bhuí i ngar don áit a bhfuil an Leabharlann Phoiblí anois. Maraíodh Diúc Grafton, mac tabhartha de chuid an Rí Séarlas II, sa ruathar. Tugadh Sráid Grafton ar an áit ar maraíodh é – sráid chúng ghairid idir an Malla Theas agus Sráid Oilibhéir Pluincéid.

Gabhann roinnt sráideanna eile ón Malla Theas go Sráid Phádraig. Tugtar Sráid an Phrionsa ar an gcéad cheann acu seo (*Princes' Street*). An Lána Preispitéireach agus Lána na hAmharclainne is ea a thugtaí uirthi roimhe sin. Tá an uimhir iolra sa bhunleagan Béarla, an uimhir uatha sa Ghaeilge. Mac an Rí nó Mic an Rí? Nó sloinne? Shíleas ar feadh tamaillín go raibh réiteach na ceiste agam:

His Royal Highness Prince William Henry, third son to our Most Gracious Majesty, a notification thereof having been presented to his Royal Highness, was presented with his freedom in a Gold box when lately in this city. (Miontuairiscí Chomhairle an Bhardais, 8 Eanáir 1788)[8]

Ach ansin d'aimsíos tagairt eile do 'Princes Street' faoin dáta 8 Lúnasa, 1786! 'Tragedy is a beautiful theory spoiled by a fact,' arsa an t-eagnaí. Ach cá dhéanaí 'lately'?

Sráid Marlborough (*Marlboro Street* atá sa bhunleagan Béarla) an dara sráid, agus Sráid Chúc an tríú ceann (*Cook Street*). Cé go dtugann file Gaeilge den ochtú céad déag 'Sráid an Chócaire' ar *Cook Street*, is é is dóichí gur sloinne atá i gceist – (Richard) Cook, chomh dócha lena athrach. Is sloinnte atá againn i Sráid Pembroke agus Sráid Winthrop, leis. Ceannaithe ba ea iad sin. Bhí Thomas Pembroke ina mhéara i 1733 agus William Winthrop ina mhéara i 1744. San ochtú céad déag bhí an Amharclann Nua (*The New Theatre*) mar a bhfuil Ardoifig an Phoist faoi láthair – ag an gcúinne thiar thuaidh de Shráid Pembroke. Tá cruth agus fíor na sean-amharclainne ar an bhfoirgneamh i gcónaí.

Ar an taobh thiar theas den Mhalla Theas imíonn Sráid na Parlaiminte ó dheas go Droichead na Parlaiminte agus ar clé soir go Cé an Athar Maitiú; agus téann sí sin ar aghaidh go Cé an Mhuirgheasánaigh (*Morrison's Quay*) agus Droichead Pharnell. Ba de bhunadh leanúnaithe Chromail iad muintir Morrison agus a gcorcach féin acu. Tagann Sráid Oilibhéir Pluincéid aniar ó Shráid an Chapaill Bhuí go hArdoifig an Phoist agus leanann Sráid Oilibhéir Pluincéid Íochtarach léi go Plás Pharnell. Mar an gcéanna, gabhann an Malla Theas ó Shráid an Chapaill Bhuí go Plás Pharnell.

Idir an Malla Theas agus Sráid Oilibhéir Pluincéid tá Sráid Mhic Gabhann (*Smith Street*). Is sloinne ceirde 'Smith'. Bhí Mathias Smith ina mhéara i 1752 agus John i 1763. Is dóigh liom gurbh as John a ainmníodh an tsráid.

Gabhann Sráid Maylor agus Sráid na gCeannaithe (*Merchants' Street*) ó Phlás Pharnell go Sráid Phádraig. Is ait go deo an scéal é go bhfuil muintir Maylor á n-onórú go fóill againn inár sráidainmneacha. Níltear dearfa cé acu as Paul Maylor nó as a dheartháir Samuel a ainmníodh an tsráid. Sa bhliain 1762 fuarthas Paul 'guilty of several great and notorious frauds and forgeries'⁹. *Inter alia*, reáchtáil sé crannchur bréige 'in aid of charity and other useful purposes'. Ceithre bliana ina dhiaidh sin, rinne méara de Samuel, agus an té a léann miontuairiscí Chomhairle na linne sin ní bheidh a dhath dá amhras air go raibh Samuel lán chomh mímhacánta le Paul ach amháin gur mhó de *entrepreneur* é Paul i gcleasa ceirde na caimiléireachta.

Taobh thuaidh de Shráid na gCeannaithe tá Cé na gCeannaithe agus lastoir di sin tá Cé Anderson agus Cé Theach an Chustaim, agus siar ó dheas uaithi sin tá Cé Lapp. Ba é Anderson an té a bhunaigh Mainistir Fhear Maí. Bhí sé ina bhall de Choiste Riartha Mhargadh an Ime ar feadh tamaill. Bhí cáil na carthanachta ar mhuintir Lapp. Tá Cúirt Lapp, teach do Phrotastúnaigh bhochta sheanórtha, againn in aice le Bóthar Hartland anois.

Lastoir de Shráid an Chaisleáin agus lastuaidh de Shráid Phádraig tá Sráid Naomh Pól, agus idir Sráid Phádraig agus Sráid Phóil tá Plás Naoimh Peadar agus Pól, Lána Uí Chiardha (mar a raibh *Carey's Lane Chapel*), Sráid na hEaglaise Francaí agus Sráid an Acadaimh.

Eaglais na nÚgónach, na gCailvíneach Francach, is ea atá i gceist san ainm Sráid na hEaglaise Francaí. Nuair a bhí géarleanúint á himirt ar na hÚgónaigh sa Fhrainc – go háirithe tar éis don Rí Louis XIV Fógra Nantes (1598) a athghairm (1685) – theith suas le trí chéad míle Úgónach óna dtír dhúchais. Chuir cuid acu fúthu i gCorcaigh agus d'fhág siad a rian ar an gcathair ina lán slite, fiú amháin ar na sráidainmneacha: Cé Lavitt (Lavite, Lavit), Cé Lapp, Páirc Rochelle (mar a raibh Scoil Rochelle). Bhí a n-eaglais agus a reilig féin acu sa tsráid seo. Bhí *Mr. Foster's Academy* i Sráid an Bhrúnaigh san ochtú céad déag, in aice le Sráid an Acadaimh a dtugtaí 'An Lána Cam' uirthi tráth.

I bPlás Naoimh Peadar agus Pól tá Eaglais Naoimh Peadar agus Pól. Tógadh í seo ar chuid de láthair Sheanséipéal Uí Chiardha a tógadh sa bhliain 1786. Ba é Edward Pugin a dhear í agus ba iad an tEaspag Ó Dúshláine (Corcaigh) agus an tEaspag Ó Muircheartaigh (Ard Fearta) a choisric í sa bhliain 1866. Ba shuimiúil mar easpaig iad. Mheas duine acu ná raibh 'hell hot enough nor eternity long enough' do na Fíníní agus mheas an fear eile ná raibh i dteanga na Gaeilge ach 'that Hottentot language'.

Sráideanna eile a imíonn ón taobh seo de Shráid Phádraig: Sráid Liam a ainmníodh as Liam Oráisteach nó b'fhéidir as an Rí William IV, Sráid Fhaiche na mBollaí agus Sráid an Droichid Tógála. Nuair a bhíodh corcach tirim nó chóir a bheith tirim ba mhinic a dhéantaí Faiche Bollaí uirthi faoi mar a rinneadh sa Walkeabout anseo. Bhí a leithéid sin d'fhaiche ar chorcach Hammond leis, cóngarach do Theach an Mhéara (*Mansion House*) atá anois ina chuid d'Ospidéal na Trócaire i Sráid Anraí. Bhí Droichead Tógála trasna an bhealaigh uisce i Sráid Phádraig i ngar do Shráid an Droichid Tógála.

I ngar do Theach an Cheoldráma (*Opera House*) tá Sráid na Leathghealaí (*Half-Moon Street*), áit ar rugadh Seán Ó Faoláin. Tugtar 'Sráid an Chorráin' uirthi i nGaeilge go minic. Ní thuigim cén fáth. Ag an gceann thoir de Shráid Phóil tá Plás Emmet (Plás Nelson tráth). Gabhann Ascaill Naomh Pól agus Sráid an Bhrúnaigh ó Shráid Phóil go Cé Lavitt. Laistiar de Ché Lavitt tá Cé an Ghuail (*The Coal Quay*). Gabhann Sráid Adelaide ón bPríomhshráid Thuaidh go Sráid Mhig Reachtain. An Bhanríon Adelaide, céile an Rí William IV, atá againn anseo.

Ritheann Lána Troid Coileach (*Cockpit Lane*) ón bPríomh-shráid Thuaidh go Sráid Mhargadh an Arbhair. I dtosach an chéid seo caite (1801-30) tógadh bealach fada díreach ó Shráid an Chapaill Bhuí go dtí Eaglais an Chroí Ró-Naofa. Gabhann an chéad chuid de, Sráid Washington (thugtaí Sráid Mhór Sheoirse uirthi roimhe sin), trasna na Príomhshráide Theas siar go Cé Lancaster (bhí scoil de chuid Joseph Lancaster san ionad seo agus tugtar 'the Lanks' ar scoil Bhráithre na Toirbhearta atá suite san áit sin anois) agus uaithi sin go dtí an Bóthar Iartharach.

Gabhann Sráid Naomh Agaistín (Sráid Brunswick, roimhe sin), Lána Eaglais Chríost, Sráid Tuckey agus Lána (an-chúng) Oifig an Phoist (bhí Cé Oifig an Phoist in aice leis seo fadó) ó Shráid an Chapaill Bhuí siar go dtí an Phríomhshráid Theas. Deirtear gur pósadh Edmund Spenser le Elizabeth Boyle (deirfiúir Richard Boyle a ndearna an Bhanríon Eilís Iarla Chorcaí de tar éis dó dea-scéala bhriseadh Chionn tSáile a bhreith chuici) in Eaglais na Tríonóide Naofa sa Phríomhshráid Theas. Ní móide rud de. Cheiliúir Spenser an pósadh seo leis an dán álainn úd *Epithalamion*.

Is ar chorcach taoide Uí Thuachair (*Tooker's Marsh*) atá Halla na Cathrach agus gach a bhfuil idir Sráid Anglesey agus Bóthar Victoria suite anois. Thug daoine áirithe 'Sráid Mhóna' ar Shráid Anglesey i dtosach an chéid seo ach ainmníodh an tsráid go hoifigiúil as Marcas Anglesey, Fear Ionaid an Rí a raibh Comhairle an Bhardais báúil leis. Tá Ardán na Móna Rua (*Monerea Terrace*) sa chomharsanacht seo láimh le Bóthar Victoria. Thugtaí Droichead Anglesey ar an droichead a dtugaimid Droichead Pharnell anois air.

Taobh le Halla na Cathrach cois chraobh theas na Laoi tá Cé Thraolaigh Mhic Shuibhne (*Terence McSwiney Quay*). Ba é Traolach an tArdmhéara a fuair bás i bPríosún Brixton i 1920 tar éis dó 74 lá a chaitheamh ar stailc ocrais. Ansin, taobh le taobh, tá Cé Albert agus Cé Victoria. Lastiar díobh tá an *Marina*, focal breá Iodáilise ar bharr ghob an turasóra. Ciallaíonn sé, inter alia, 'la terra presso il mare' nó 'talamh cois farraige' agus má bhíonn Marina di Pisa nó Marina di Massa ag na hIodálaigh cén fáth ná beadh Marina (di Cork) ag na Corcagenses? Láimh leis an *Marina* tá Bóthar an Chaisleáin, i.e. Bóthar Chaisleán na Dúcharraige, 'Ye Blacke Rocke'. Deirtear 'an Charraig Dhubh' go hiondúil i gCorcaigh. Deir an Coimisiún Logainmneacha 'Dúcharraig'. In aice leis an mbóthar sin tá Rinn Mhachan (*Ringmahon*).

Gabhann Nascbhóthar Dheisceart na Cathrach ó acomhal Ché Thraolaigh Mhic Shuibhne le Cé Albert ó dheas go teorainn na contaebhuirge ag Droichead na Trá Móire. Taobh theas de Ché Albert tá Sráid agus Bóthar Albert agus ón gceann thoir den ché chéanna imíonn Bóthar Victoria soir ó dheas chuig Bóthar na Dúcharraige agus an Dúcharraig féin.

Gabhann Seanbhóthar na Dúcharraige ó chúinne Ospidéal Victoria go dtí Bóthar (nua) na Dúcharraige. Ó Bhóthar Victoria imíonn Bóthar na Lárpháirce (*Centre Park Road*). Is sa cheantar seo a bhíodh rásaí na gcapall i dtús an chéid.

Gabhann an bóthar seo leis go dtí go mbuaileann sé leis an Marina. Ar an taobh theas de tá Bóthar Uí Mhuineacháin (*Monahan's Road*). Bhí Pilip Ó Muineacháin ina Choimisinéir Cathrach i gCorcaigh 1924-29 agus ina Bhainisteoir Cathrach 1929-59. Tugann an bóthar seo sinn go Páirceanna Taispeántais Chumann Talmhaíochta na Mumhan agus go Páirc Uí Chaoimh. Ainmníodh an pháirc as Pádraig Ó Caoimh, Corcaíoch, sean-Óglach, Rúnaí Ginearálta Chumann Lúthchleas Gael.

Idir na Páirceanna Taispeántais agus Bóthar na Dúcharraige tá Ascaill Ard Fáil (*Ardfoyle Avenue*) agus Ascaill na Páirce. Gabhann Cabhsa (nó Céide) Beaumont ó Ascaill Ard Fáil go Bóthar na hEaglaise (Protastúnaí). Tagann an bóthar seo aduaidh ó Bhóthar na Dúcharraige go dtí Bóthar na Sceiche Airde (*Skehard Road*).

Gabhann Bóthar an Bhóithrín Mheánaigh (*Boreenmanagh Road*) ó Ospidéal Victoria go Lána na Reilige (*Churchyard Lane*). Tugann cáipéisí oifigiúla Bóthar Bhóithrín na Manach ar an mbóthar seo. Cá rabhadar na manaigh? Is bóithrín meánach é, is é sin, bóithrín idir dhá bhóthar: Bóthar na Dúcharraige agus Bóthar Bhaile an Locha. Ag an gceann thiar (geall leis) de Bhóthar na Dúghlaise mar a bhfuil Páirc an Halla Marmair ('I dreamt I dwelt ...' gan dabht) tosnaíonn Bóthar Bhaile an Locha agus gabhann sé soir go Bóthar na Sceiche Airde agus imíonn sé seo leis go Rinn Mhachan.

Idir Bóthar na Dúcharraige agus Bóthar an Bhóithrín Mheánaigh tá Ascaill Victoria, Ascaill Ashton agus Páirc Ashton (is logainm Sasanach é Ashton a chiallaíonn 'feirm na bhfuinseog'), agus Lána na bhFia-Úll (*Crab-apple Lane*). Idir Bóthar an Bhóithrín Mheánaigh agus Bóthar Bhaile an Locha tá Páirc Chaisleán na Gréine (*Castlegreina Park*), Bealach Bernadette, Yorkboro, Ascaill de Bhailís (*Wallace's Avenue*), Plásóg an Dúin Mhóir (*Dunmore Lawn*), Plásóg Pháirc na Darach (*Oakfield Lawn*) agus sa chomharsanacht, Páirc Ghleann Comhann (*Glencoo Park*) agus, 'breathing English air', Shrewsbury agus Dumhcha Shrewsbury. Is é brí atá le Shrewsbury ná 'Scrobbs Fort'.

Idir Bóthar na Dúcharraige agus Cabhsa Beaumont, Uachtarach, tá Bóthar an Dúin Dhaingin (*Dundanion Road*), Ascaill Beaumont agus Gairdíní Menloe. Agus sa taobh thoir thuaidh den leithinis tá Bóthar agus Ascaill an Chaisleáin, Bóthar Rinn Mhachan, Bóthar Choill na gCrann Feá (*Beechwood Road*), Siúl an Rópa, Bóthar agus Ascaill Nutley, Sraith Mhic Chlaochlaoigh (*Coakley's Row*), Garrán Éidin (*Eden Grove*), Bóthar Ghleann na bhFiach Dubh (*Ravensdale Road*) agus Corrán Thalamh an Locha (*Lakeland Crescent*).

Idir Bóthar na Sceiche Airde agus teorainn theas na contaebhuirge tá Plásóg na Seimre (*Clover Lawn*), Plásóg na Cille Brice (*Kilbrack Lawn*) agus Bóthar (Ascaill, Plás, Teachíní) Bhaile an Iúir (*Ballinure*).

Idir Bóthar Bhaile an Locha agus Bóthar na Dúghlaise tá Bóthar (agus Páirc) Somerton (logainm Sasanach a chiallaíonn 'feirm nach n-úsáidtear ach amháin sa samhradh'), Páirc an Chabhsa Gréine (*Sundrive Park*), Páirc (agus Ascaill) Belmont, Páirc Choill na gCrann Feá (*Beechwood Park*), Páirc (agus Clós) *Pic-du-jer*, Plásóg an Chnoic Riabhaigh (*Knockrea Lawn*), Plásóg an Locha, Bóthar an Tobair, Páirc Hetty (*Hettyfield*), Páirc Bhaile Mhic an Bhrúnaigh (*Browningstown Park* – ó tharla go dtagann Browning ó Bruning an tSean-Bhéarla, is é sin 'Brún' móide an iarmhír -*ing* (mac) cén fáth nach ndéarfaimis Mac an Bhrúnaigh?), Páirc Woolhara (pósadh 'Wooll', nó 'Wool', le 'O'Hara'?), Plásóg Halla na Dúghlaise, Radharc na Coille (*Woodview*), Páirc Endsleigh (is ionann 'leigh' agus 'coill') agus Páirc na Fordhrise (*Eglantine Park*).

Idir Bóthar na Dúghlaise agus Bóthar na Dúghlaise Theas tá Ascaill Clermont, Ascaill Mhachan, Ascaill na Trá Bige (*Trabeg Avenue*), Plásóg an Rátha Mhóir (*Rathmore Lawn*), Páirc Bhaile an Chorraigh (*Ballincurrig Park*), Páirc Bhruach na Rós (*Rosebank Park*), Páirc Ghleanntán na bhFuinseog (*Ashdale Park*), Páirc Loreto agus Crosbhóthar na Dúghlaise. Dála an scéil, ar na fearainn oidhreachta a luaitear sa 'Grant of Robert, son of Geoffrey Cogan, captain of his nation to James Fitz Gerald Earl of Desmond his heirs &c. of all his possessions in C.Cork' tá 'the Manors of … Carrigrothanmore, Duffglass, Shandon' (12 June 17 Henry VI)[10].

Idir Cabhsa Beaumont Uachtarach agus Bóthar na Sceiche Airde tá Gleanntán na Coille (*Woodvale*), Cabhsa Choill na bhFuinseog (*Ashleigh Drive*) agus Ascaill na gCrann Teile (*Linden Avenue*). Ón gcúinne thiar thuaidh de Shráid Anglesey gabhann Cé na hAontachta in araicis Shráid Copley ('an English toponymic in Co. Cork since the seventeenth century,' arsa Mac Lysaght). Ba cheannaithe iad muintir Copley agus a gcé féin acu. Is ón mbeairic a bhí ar Ché na hAontachta is ea a tháinig fórsaí míleata na Breataine chun Halla na Cathrach agus Leabharlann Carnegie a dhó go talamh ar an 11 Mí na Nollag 1920. Dódh Sráid Phádraig an oíche chéanna. Tá an ché seo suite ar chorcach Uí Aillín (nó Oileán na hAontachta).

Taobh thuaidh d'Ospidéal Victoria tá Bóthar na nHiberneach (*Hibernian Road*). 'Hibernian, Éireannach' dar le de Bhaldraithe, ach dar liom nach ndéanfadh 'Éireannach' cúis anseo, mar go bhfeictear dom go mbaineann an t-ainm leis an Ancient Order of Hibernians. Bhí baill den 'Ord Ársa' mós cumhachtach sa Bhardas lá dá raibh. (Cóngarach don bhóthar seo tá *Hibernian Buildings* agus ba sna foirgnimh sin a chuir cuid mhaith Giúdach fúthu i dtrátha thús an chéid seo tar éis dóibh éalú ó phogromaí is eile in Oirthear na hEorpa. Lonnaigh roinnt eile acu in Ardán na Móna Rua agus i bPlás na nGearaltach agus in áit nó dhó eile sa chomharsanacht i slí is go dtugtaí Baile na nGiúdach nó *Jewtown* ar an gcomharsanacht i gcoitinne.) Os comhair an bhóthair sin amach ag acomhal Shráid Anglesey le Bóthar na hOtharlainne, tá an tArdán Theas (*South Terrace*). Téann sé sin go Cé Sheoirse agus uaithi sin téann Cé Uí Shúilleabháin (Cé de Róiste tráth) go Droichead an Gheata Theas. Ceannaí beorach san ochtú céad déag ba ea Ó Súilleabháin. Gabhann Bóthar na hOtharlainne (*Infirmary Road*) go dtí an gabhal mar a mbuaileann Sraith Langford agus an Bóthar Theas (*Southern Road*) le chéile. Ba iad muintir an iarnróid a thóg an Bóthar Theas chun fónamh dá gcustaiméirí a bhíodh ag tabhairt earraí chun stáisiún traenach Mhaigh Chromtha nó á mbreith uaidh. Buaileann an bóthar leis an tSráid Ard (*High Street*) agus Bóthar Thobar an Chaipín (*Capwell Road*).

Fuarthas tobar agus caipín adhmaid air ag *Timber Cross* sa chomharsanacht seo tamall de bhlianta ó shin.

Gabhann an tSráid Ard siar go Sráid na Dúghlaise (Lána na Mainistreach Rua, mar a thugtaí uirthi tráth) agus téann Sráid na Mainistreach (*Abbey Street*) chuig an tSráid Shíorghlas. Na crainn ar dhá thaobh na sráide is cúis leis an 'síorghlas'. Thugtaí Lána an Chrainn Bhealtaine (*Maypole Lane*) uirthi uair amháin.

Laisteas den Ardán Theas tá Sráid an Mhuilinn Sábhadóireachta (*Sawmill Street*) agus uaithi sin imíonn Sráid Rutland ó dheas go Sráid na Dúghlaise. Bronnadh saoirse na cathrach ar 'His Grace, Charles, Duke of Rutland, Lord-Lieutenant' sa bhliain 1784.[11] Aimnníodh an tsráid as.

Idir Sráid na Dúghlaise agus Cé Sheoirse tá Sráid de Faoite (onnmhaireoir salainn agus eile ba ea de Faoite; Sráid Thomáis a thugtaí ar an tsráid roimhe sin), agus Sráid Dunbar (bhí muileann ag muintir Dunbar anseo agus ba leo an chorcach ar an taobh eile den abhainn). Thugtaí Lána an tSéipéil Nua uirthi roimhe sin; is inti atá an eaglais is sine sa chathair (1766). Agus tá Sráid Mhuire (nó Mháire) agus Sráid Mhaighréad againn, leis. Deirtear gur ainmníodh Sráid Mháire as an mBanríon Máire. As céile Liam Oráistigh? B'fhéidir é. Ní ainmneofaí as Mary Tudor í!

Ón tSráid Ard imíonn Bóthar an Mhuilinn Ghaoithe (*Windmill Road*) agus Bóthar Chumann na gCairde (*Quaker Road*) a dtugtaí Lána na Reilige air tráth, mar go bhfuil reilig an Chumainn laistiar de na tithe. Ansin, tá Sráid an Túir againn (*Tower Street*). Ba as Dún Cat (*Cat Fort*) a ainmníodh an tsráid sin i dtús báire agus tugtar Lána Cat ar an mbealach ó Shráid na Beairice chuig Sráid an Túir go fóill. Is as Túr Uí Challanáin atá sí ainmnithe anois. Tógadh an túr sin in 1860 chun radharc a sholáthar ar áilleacht ghairdíní fairsinge aeraíochta an Challanánaigh.

Thugtaí Sráid Cumberland ar Shráid na Mainistreach Rua (*Red Abbey Street*) ar feadh tamaill. Bhris 'Bloody Cumberland', 'Butcher Cumberland', cath ar arm an Phrionsa Séarlas ag Cùil Lodair sa bhliain 1746 agus chaith sé go brúidiúil leo. De réir mhiontuairiscí Chomhairle an Bhardais,

30 Aibreán 1746, d'ól an Bardas 'his Majesty's health this evening on the arrival of the joyful news of his Majesty's Army, having conquered and subdued the rebels in Scotland'[12]. Briseadh cath ar Chumberland bliain roimhe sin ag Fontenoy. Ba iad na Gaeil (na Géanna Fiáine) a bhris air é. Ba é dara mac an Rí Seoirse I é.

Ó Shráid an Túir imíonn Sráid na Manach ó thuaidh go dtí an tSráid Shíorghlas agus ó dheas go Siúl na Manach. Na hAgaistínigh ón Mainistir Rua is ea a bhíodh ag siúl anseo. Ba leo na tailte máguaird. Taobh thoir de Shiúl na Manach tá Bóthar Naomh Pádraig, Bóthar na Manach, Bóthar Ard an Aoibhnis (*Mount Pleasant Road*), Bóthar an Athar Maitiú, Bóthar Uí Dhúill, Ascaill Uí Chonaill, agus Bóthar Dhoire Fhionáin. An Dochtúir Séamus Ó Dúill, Easpag Chill Dara is Leithghlinne is ea atá anseo, mar is cuí, in aice le Dónall Ó Conaill. Is léir cathain a tógadh na bóithre deireanacha seo – agus Bóthar na Comhdhála (*Congress Road*) chomh maith. Taobh theas de Bhóthar Dhoire Fhionáin tá Páirc Naomh Anna (Joachim bocht, ní chuimhnítear riamh air), agus Páirc Beaufort, agus taobh thoir de Bhóthar an Chorraigh (*Curragh Road*) tá an Phlásóg Ghlas. Laisteas di sin tá Páirc Shliabh Mis. Tharla go bhfuil Sliabh Mis agus Beaufort chomh gar sin dá chéile anseo agus ar an léarscáil, cén fáth ná tabharfaimis 'Páirc Lios an Phúca' ar *Beaufort Park*?

I lár na ndaichidí bhí daoine agus dronga áirithe i gCorcaigh ar chúis náire leo ná raibh oiread is aon bhóthar (nó sráid nó ascaill nó lána) amháin sa chathair ainmnithe le honóir do Laochra na Cásca 1916. Chuir Ailtirí na hAiséirí, Glún na Buaidhe, Sinn Féin agus Fianna Fáil a gcomhairlí i gceann a chéile agus chinn siad ar sheacht sráid i lár na cathrach a athainmniú as sínitheoirí Fhorógra an Éirí Amach: Sráid an Chapaill Bhuí, an Malla Theas, Sráid an Phrionsa, Sráid Marlborough, Sráid Chúc, Sráid Pembroke agus Sráid Winthrop, agus rinne siad amhlaidh. D'athainmnigh an tArdmhéara na sráideanna ina gceann agus ina gceann agus cuireadh na hainmneacha nua (as Gaeilge amháin) in airde ar na ballaí. Cúpla lá ina dhiaidh sin tháinig searbhóntaí an Bhardais agus thóg anuas iad. Bhí teipthe ar an iarracht. Mar sin féin, níorbh iarracht in aisce í. Sa chéad scéim mhór tithíochta eile – an scéim bhreá i mBaile Feitheán – ainmníodh dosaen sráideanna as sínitheoirí Fhorógra 1916.

Gabhann Bóthar Mhic Phiarais (nó 'Bóthar Pádraig Mac Piarais' mar a deireann an pláta ar an mballa) ó Pháirc Ghleann Dá Loch go Bóthar an Chorraigh agus buaileann Bóthar an Chorraigh le Bóthar na Dúghlaise Theas in aice le Crosaire Turner mar a bhfuil an eaglais nua is ealaíonta sa chathair. (Bhíodh óstán ag muintir Turner ar an gcrosaire seo.) Taobh thoir de Bhóthar Pholl an Daimh (*Pouladuff Road*) – agus comhthreomhar leis – tá Bóthar Phluincéid agus uaidh sin imíonn Ascaill Chillín Rí an Domhnaigh (*Killeenreendowney*). Lastuaidh díobh sin tá Bóthar an Athar Doiminic (séiplíneach an Ardmhéara Toirdhealbhach Mac Suibhne) agus Plás Mhic Phiarais, agus laisteas díobh seo tá Bóthar Mhic Dhonnchadha agus Faiche Uí Chonghaile. Gabhann Bóthar Uí Chléirigh ó Bhóthar Uí Chonghaile go Bóthar Mhic Phiarais. Gabhann Bóthar Cheannt ó Bhóthar na Trá Móire (*Tramore Road*) ó thuaidh go Bóthar Mhic Phiarais. Téann Páirc Uí Chonghaile go Bóthar Mhic Phiarais, leis, agus téann Bóthar na Luibheanna (*Botanic Road*) ó Bhóthar Mhic Phiarais go Reilig Naomh Iósaf (Na Luibhghairdíní nó *Botanic Gardens* roimhe seo). Tá Bóthar Mhic Dhiarmada in aice le Bóthar Uí Chonghaile. Téann Bóthar Sheosaimh Uí Mhurchú ó Shráid na Manach soir trasna Shiúl na mBan Rialta (*Nuns Walk*). Fuair Seosamh bás i bPríosún Chorcaí tar éis dó seacht lá is seachtó a chaitheamh ar stailc ocrais. D'éag sé féin agus Toirdhealbhach Mac Suibhne an lá céanna.

Gabhann Bóthar na Trá Móire (thugtaí 'Bóthar Chrochadh an Mhadra' air go dtí le déanaí) ó Bhóthar an Tóchair (*Togher Road*) go Bóthar Chionn tSáile. Téann Bóthar an Bhiocáire (*Vicar Road*) ó Bhóthar Uí Chonghaile go Bóthar na Claise Duibhe (*Clashduv Road*) agus sroicheann sé sin Bóthar an Ghlaisín in aice le Reilig Naomh Fionn Barra. Is sa reilig seo atá an bheirt Ardmhéaraí, Tomás Mac Curtáin (a maraíodh ina theach féin) agus Toirdhealbhach Mac Suibhne, adhlactha. Cóngarach go leor dóibh ach lasmuigh den *Republican Plot* tá Tomás de Barra, laoch Chill Mhichíl agus Chros an

Bharraigh, ina luí. Achar gearr uathu tá uaigh Sir Arnold Bax, Master of the King's Music, cara le Pádraig Mac Piarais agus le ceannairí eile de chuid an Éirí Amach. Scríobh sé dánta is eile faoin ainm cleite 'Dermot O'Byrne'. Chuir Rialtas Shasana cosc le 'A Dublin Ballad – 1916' agus chuir 'sedition' i leith an údair. Chum Bax 'In Memoriam Pádraig Pearse'. Taobh theas den Reilig tá Eastát Radharc na hAbhann agus Ascaill (agus Cabhsa) Dhumhach Trá (*Sandymount Avenue, Drive*).

Idir Bóthar an Tóchair agus Bóthar Pholl an Daimh tá Páirc Boston, Ascaill Ard an Mhainnínigh (*Ardmanning Avenue*), Bóthar Chathail Uí Dhálaigh (óglach a maraíodh i 1921) agus Bóthar Mhichíl Mhic Gearailt (óglach as Mainistir Fhear Maí a fuair bás i bPríosún Chorcaí tar éis dó seacht lá is seasca a chaitheamh ar stailc ocrais. D'éag sé ocht lá roimh Sheosamh Ó Murchú agus an Suibhneach). Ina theannta sin tá Bóthar Éamoinn Bhreatnaigh (*Edward Walsh Road*) agus Plásóg na Rós. Chaith an Breatnach seal ina mhúinteoir i dTeach na mBocht i gCorcaigh. Bhí sé in Oileán Píc nuair a casadh John Mitchel air agus an Mistéalach ar a shlí go Van Diemen's Land. D'aistrigh sé dánta agus amhráin go healaíonta ón nGaeilge.

Os comhair Dhroichead an Gheata Theas amach tá bun Shráid na Beairice agus ar a lámh dheas tá Cé French (Cé an Fhrínsigh) agus Cé Proby, agus Dún Eilíse ag stánadh anuas orthu ón gcarraig ard mar a bhfuil sé bunaithe go daingean. Bhí Teampall an Chrógánaigh agus Eaglais Naomh Muire an Aird (nó *St Mary's de Nard* mar a thugadh na Gaill uirthi) ar an gcarraig sular tógadh an Dún sa séú céad déag.

Imíonn Sráid an Ghóilín nó Sráid an Chamais (*Cove Street*) ó bhun Shráid na Beairice soir go Sráid Naomh Nioclás mar a raibh cónaí ar Ghilbert mac Turgesius, an duine deireanach de 'mhéaraí' Ostmánacha na cathrach. I gcomhar le Gaeil Chorcaí chuir sé cath ar na hionróirí Angla-Normannacha ach briseadh an cath orthu agus maraíodh eisean. Gabhann Sráid Naomh Nioclás go Sráid Uí Dhraighneáin (*Drinan Street*) mar a raibh grúdlann ag na Draighneánaigh.

Buaileann Sráid na Beairice le Bóthar (Dhroichead) na Bandan ag a acomhal le Sráid na Faiche (*Green Street*) agus imíonn sé sin leis go dtí an gabhal mar a dtosnaíonn Bóthar an Ghlaisín ar clé agus Bóthar na hArmlainne ar deis. Thugtaí Cnoc an Dúin ar an gcuid sin de Shráid na Beairice atá idir bun na sráide agus an bealach isteach sa Dún. Tá Sráid an Dúin in aice an Dúin. Ón taobh eile den tsráid imíonn Cearnóg Reed agus Sráid Chaoimhín (thugtaí Lána na dTrí dTua – *Three Hatchet Lane* – uirthi tráth) agus níos sia siar tá Lána Cat. Bhí Dún Cat ina sheasamh ar leibhéal ab airde ná Dún Eilíse. 'The Cat is the Key to Cork,' arsa Marlborough agus dá chomhartha sin ba é an 'Cat' an dún ba thúisce a ghabh sé.

Ag an gceann theas de Shráid na Faiche tá Ard na Croiche (*Greenmount*). Crochadh fear anseo sa bhliain 1745 de bhrí go raibh sé ag gníomhú ar son an 'Pretender', 'Carolus calma croighe-mhear'. Thugtaí 'Gallows Green Lane' nó 'Lána Fhaiche na Croiche' air roimhe seo. Dealraíonn sé gur ceanglaíodh údar Aisling Meic Conglinne de chuaille cloiche i Rathin Mac nAedha, is é sin, in Ard na Croiche sa dóú céad déag – in éiric aoire, gan amhras.

Taobh thiar de Shráid na Faiche tá Cearnóg an Deasúnaigh, Plás Bonaventura, Bóthar Chnoc Síón, Bóthar Shliabh Chairmeil, Plás Townsend agus Plás na Toirbhirte. Cén fáth *Mount Carmel*? Scríbhinn Naomh Eoin na Croise? Nó an Bíobla – 1 Ríthe 18:41? Ceannaíodh an talamh ar a bhfuil na bóithre seo tógtha ó Bhráithre na Toirbhearta a raibh scoil acu in Ard na Croiche. B'fhéidir go míneodh sé sin cuid de na hainmneacha seo. Taobh thoir de Bhóthar an Locha (Lána an Locha roimhe seo) tá Ascaill (agus Corrán) Ard na Croiche agus Sráid Ghúl (Gould, 'an old English name derived from the word "gold", intimately associated with Cork since mediaeval times,' arsa Mac Lysaght agus b'fhíor dó – bhí méaracht na cathrach i seilbh mhuintir Goold nó Gould naoi n-uaire déag idir 1443 agus 1611).

Dála an scéil, is i ndúiche seo an Locha atá suíomh *The Threshold of Quiet* (*Log an Chiúinis* san aistriú Gaeilge), an t-aon úrscéal a scríobh Dónall Ó Corcora riamh. Bhí Dónall ina chónaí seal dá shaol i bPlás Ophelia, an Loch. Thug Pádraig Mac Piarais cuairt air. Mheas an Piarsach gurbh fhearr go mór an Loch a líonadh isteach! Is tearmann breá éan anois é.

Tugtar Crosaire Uí Dhuibhinnreachtaigh (*Denroche's Cross*) ar an ngabhal mar a dtosnaíonn Bóthar an Ghlaisín agus Bóthar na hArmlainne. Ba bhall de Chomhairle an Bhardais é Denroch(e) dhá chéad bliain ó shin. Ar an taobh clé de Bhóthar an Ghlaisín tá Cearnóg an Chrochta Mhóir (*Croaghtamore Square*). Is ionann 'crochta' agus 'croft' an Bhéarla: píosa crioslaithe talún nó píosa talún in aice an tí. Gabhann Bóthar Hartland agus Páirc Naomh Fionn Barra ó Bhóthar an Ghlaisín go dtí an Loch agus gabhann Ascaill Hartland go Páirc Ghleann Dá Loch (laisteas den Loch). Lastoir de Bhóthar an Ghlaisín tá Páirc an Chrochta, Cúirt (agus Plásóg) Theamhrach, Bóthar (agus Cabhsa) na Leirge (*Hillside*), agus Garrán (Cabhsa) Glendale. Is logainm ar bhcagán céille é 'Gleann an Ghleanna'. B'fhéidir go raibh Corcaíoch áirithe ar saoire san Eilean Sgiathanach am éigin? Laisteas de Ghleann Dá Loch tá Páirc Ghort an tSrutháin (*Brookfield Park*), Gleann na nDuilleog (*Leafdale*), Eastát Choill an Iarla (*Earlwood Estate*), Bóthar na gCrann Silíní (*Cherry Tree Road*), Bóthar an Choill (*Hazel Road*), Plás an tSeiceamair (*Sycamore Place*), Bóthar an Gha Ghil (*Whitebeam Road*) agus Bóthar an Leamháin (*Elm Road*).

Taobh theas díobh sin tá Ascaill Charraig an Déin (*Deanrock Avenue*), Cúirt Araglain (*Araglin Court*), Ascaill Choill an Déin (*Deanwood Avenue*) agus laistiar de Reilig Naomh Fionn Barra tá Plásóg Wilton (*Wilton Lawn*), an Pháirc Ghlas (*Green Park*), Bóthar (Garrán, Cabhsa) Bhaile Somers (*Summerstown Road, Grove, Drive*), Cúirt Wilton, agus Bóthar Southbury.

Idir Bóthar an Ghlaisín agus Bóthar na hArmlainne tá Bóthar Uí Dheargáin (*Dorgan's Road*), Páirc Chúil Ghartáin (*Coolgarten Park*), Páirc Cill Chré (*Kilcrea Park*), Páirc Lisieux, Ascaill na Scoile, Páirc Bendemeer agus Cnoc na Spideoige. Chuala mé duine á rá gurbh amhlaidh a bhí cleas á imirt ag úinéir na talún ar a bhfuil *Coolgarten Park* tógtha nuair a bhaist sé an t-ainm cros-síolrach Cúl-Garden (nó *backgarden*) air. Bhí an talamh laistiar dá theach agus dá shiopa féin. Más amhlaidh a bhí an scéal chuaigh a chuid grinn ar strae mar tugadh Cúil Ghartáin ar an bpáirc sa

Ghaeilge. Is é Gartan áit bhreithe Cholm Cille agus bhí Slí Ghartáin againn cheana ar an taobh eile den chathair – agus bhí Bóthar (Páirc, Plás, Faiche) Oileán Í agus Ascaill Cholm Cille againn.

Thugtaí Bóthar na Bandan agus Bóthar Mhaigh Chromtha agus Bóthar na hOirchille ar Bhóthar na hArmlainne tráth. Taispeánann léarscáil Holt (1832) go raibh dúnfort mar a bhfuil Cearnóg Wellington sa bhóthar seo anois. Is cosúil gurbh anseo a bhí an armlann. Chónaigh oifigigh airm sa Chearnóg.

Luaigh mé Cé French cheana. Bhí Pilib agus Abraham French ina méaraí san ochtú céad déag. Imíonn Cnoc (beag) Keyser ó dheas ón gcé. Is cosúil go mbaineann an focal Keyser leis na Lochlannaigh agus go gciallaíonn sé 'Cosán chun na Cé síos'. Gabhann an Ché ó Dhroichead an Gheata Theas siar go Sráid an Easpaig agus uaithi sin gabhann Cnoc an Easpaig suas go dtí Sráid na Mainistreach (*Gillabbey Street*) ar an taobh theas agus go Sráid an Déanaigh nó Sráid an Déin ar an taobh clé agus uaithi sin arís gabhann Sráid an Bhiocáire go Sráid an Dúin. Deir údair áirithe Sráid an Déanaigh (*Deane Street*) agus nach Sráid an Déin é – is é sin, gur sloinne agus nach gradam eaglasta atá i gceist anseo, agus gurbh as Sir Thomas Deane, ailtire, a ainmníodh í. B'fhéidir é ach tá cúis *prima facie* ann ar son an Déin – Easpag, Déan, Biocáire agus iad go léir le hais na hArdeaglaise Protastúnaí. (Ba é William Burgess ailtire na hArdeaglaise.) Ainmníodh *Gillabey Street* as 'abbey of Gillaeda without the walls of Cork', as an aba mór le rá Gilla Aedha Ua Maighin. Rinneadh dearmad ar an aba bocht sa leagan Gaeilge, Sráid na Mainistreach.

Idir an tsráid seo agus Bóthar na Bandan tá 'Sráid Nócha a hOcht', Bóthar Uí Nuanáin (óglach a maraíodh i 1923) agus Bóthar Naomh Fionn Barra (thugtaí 'Brandy Lane' air tráth). Ag an gceann theas den bhóthar sin tá Bóthar (agus Lána) an Úcaire (*Fuller's Road, Lane*). Ba chirte Bóthar Mhic an Úcaire anseo mar is léir gur sloinne ceirde Fuller. Bhí Fuller ina Sheanóir (*Alderman*) sa bharda thiar theas (is é sin, sa cheantar seo) agus bhí William Fuller ina mhéara i 1739. Ag an gceann thuaidh de Bhóthar Naomh Fionn Barra imíonn Ascaill Chonnacht (*Connaught Avenue*) ar deis agus téann Bóthar an Choláiste caol díreach siar. (Ní Cúige Chonnacht atá i gceist anseo, ar ndóigh, ach Arthur William, Duke of Connaught, treas mac Victoria.)

Ar an taobh theas de Bhóthar an Choláiste tá Tithe Mhic Curtáin a tógadh i dtosach na bhfichidí. Ainmníodh iad as an Ardmhéara ar mharaigh na póilíní é istoíche ina theach féin i 1920. I ngar dóibh sin tá Ardán agus Plás Wycherley. Is é an Ridire Seoirse Wycherley, M.D. atá againn anseo, dar liom. In aice na háite seo, imíonn Bóthar Uí Dhonnabháin le fána ó thuaidh go Droichead Uí Dhonnabháin agus an Bóthar Iartharach. Taobh thoir theas den Droichead tá Bóthar Uí Dhonnabháin Rosa. Dar le húdair áirithe go bhfuil Bóthar agus Droichead Uí Dhonnabháin ainmnithe as Ó Donnabháin Rosa ach níl aon dealramh leis an scéal sin. Ba é Thomas Donovan (Ard-Sirriam 1905, Ardmhéara 1908 agus 1909, úinéir talún sa dúiche seo) a thóg an bóthar agus an droichead.

Idir Bóthar an Choláiste agus Bóthar na hArmlainne tá Tithe Uí Argáin. Fear mór capall agus airnéise ba ea Ó hArgáin. Ba leis-sean an talamh. Ba é seo an chéad scéim tithíochta de chuid an Bhardais riamh (1892). Níos faide siar tá Ascaill an Ghoirt Aird (*Highfield Avenue*), Ascaill Naomh Clára. Os comhair Chlochar Shiúracha Bochta Naomh Clára amach agus in aice léi, mar is cuí, tá Ascaill Naomh Proinsias. Ón taobh thuaidh de Bhóthar an Choláiste imíonn Cosán an Phríosúin le fána faoi dhéin an Bhóthair Iartharaigh. Ag bun an Chosáin mar a raibh Clochar La Retraite go dtí le déanaí, bhí cónaí ar an Dochtúir Robert Emmet, athair an réabhlóidí. Is ann a rugadh Thomas Addis Emmet. Imíonn Bóthar an Úlloird ó Bhóthar an Choláiste go dtí Bóthar Chrosaire Victoria.

Gabhann Paráid na Díge (*Dyke Parade*) ó Shráid Wood (sloinne Sasanach) go dtí an Mhairdíog (*Meer Dijk*). Siúl an Tí Dheirg is ea a tugadh uirthi i dtosach. Tógadh í sa bhliain 1719-20 agus ba é Edward Webber, Cléireach an Bhaile, a bheartaigh é agus a ghlan costais a thógála. Ba de bhunadh Ollannach é. Ghabh an Siúl caol díreach chun an Tí Dheirg (nó an Tí Ollannaigh) mar a bhfuil Misinéirí an Chroí Ró-Naofa anois.

Gabhann an Bóthar Iartharach chuig Crosaire Victoria. Nuair a tháinig an Bhanríon Victoria go Corcaigh sa bhliain 1849 chun Coláiste na Banríona a oscailt, tugadh de sciuird i gcóiste feadh na Mairdíge í chun an Chrosaire agus ar ais chun an Choláiste. Is sa tslí sin a bronnadh *Victoria Cross* orainn.

Ó Chrosaire Victoria gabhann Bóthar Charraig Ruacháin (nó an Bóthar Díreach, tá sé díreach ar feadh corradh le dhá mhíle slí) siar go teorainn na contaebhuirge agus gabhann Bóthar Chrosaire Victoria ó dheas go Crosaire Uí Dhuineacha (*Denneby's Cross*). Ón gCrosaire seo gabhann Bóthar na Modh-Fheirme (*Model Farm Road*) siar go hInse Ghaigín (*Inchigaggin*). Idir dhá linn, imíonn Páirc an Fhearainn Léith ó thuaidh uaidh. Gabhann Bóthar Wilton ó dheas go Crosaire Leslie ag an Timpeall (*Roundabout*) mar a mbuaileann sé le Bóthar an Ghlaisín. Taobh thoir de Bhóthar Wilton tá Páirc Liam Uí Loingsigh (ceannaire poblachtach a maraíodh i 1923), Páirc Ruairí Mhic Easmainn (a crochadh in Pentonville Shasana i 1916) agus Páirc na Séarach (bhí teach cónaithe ag muintir Sheares i mBóthar an Ghlaisín timpeall céad slat ón bPáirc seo).

Ó Chrosaire Leslie téann Bóthar an tSáirséalaigh ó dheas go teorainn na contaebhuirge. Dílseoirí ba ea na Sáirséalaigh seo agus bhí cónaí orthu i nDamhchluain (*Doughcloyne*). Ba leosan an talamh ar a bhfuil an bóthar tógtha. Bhí Thomas Ronayne Sarsfield ina Ard-Sirriam in 1849 agus Thomas ina M.P. (ina fheisire parlaiminte) sa bhliain 1892.

Ag Crosaire Uí Luanaigh téann Bóthar an Chorraichín (*Curraheen Road*) ar deis go teorainn na contaebhuirge. Téann Bóthar Bhaile an Easpaig ar clé siar go Bóthar Thobar an Iarla (*Waterfall Road*) agus téann sé sin go teorainn na contaebhuirge chomh maith.

Idir Bóthar Wilton Thiar agus teorainn theas na contaebhuirge tá Cúirt an Chairdinéil agus, taobh leis, Faiche agus Cabhsa Chúirt an Easpaig agus taobh thiar agus taobh thiar theas den Ospidéal Réigiúnach tá Ascaill (Bóthar,

Bealach, Cnoc, Páirc agus Plásóg) Chúirt an Easpaig. Bhí
teach agus talamh ag an Easpag Protastúnach, Peadar de
Brún, anseo breis agus dhá chéad caoga bliain ó shin. (Ba ar
thalamh eile dá chuid a tógadh Eaglais Naomh Pól i Sráid
Phóil agus is as a ainmníodh Sráid an Bhrúnaigh.) Tháinig fear
grinn agus d'imir cleas 'one-upmanship': má bhí gradam
Easpaig ag baint leis na sráideanna seo go léir, bhronnfadh
seisean gradam ab airde ná sin ar a shráid féin: Cúirt an
Chairdinéil. Mar a deir Leabhar na Seanfhocal 10:23 (A.V.) …

Tharstu sin, tá Sruthán na Coille (*Woodbrook*), Ascaill an
Chéadrais (*Cedar Avenue*), Lána an Gharráin (*Garrane
Lane*), Dumhcha Tiffany (*Tiffany Downs*), Garrán an Labhrais
(*Laurel Grove*), Cúirt Brampton (logainm atá coitianta go
maith sa Bhreatain Mhór; ciallaíonn sé 'broom farm').

Idir Bóthar an Chorraichín agus Bóthar Bhaile an Easpaig tá
Lána an Bharóidigh, Lána Naomh Iósaef, Bóthar Hawke
(*Hawke's Road* – ba le muintir Hawke an talamh), Páirc
Gharrán na bhFuinseog (*Ashgrove Park*), an tArd (*The Rise*),
Ascaill (Bealach, Bóthar, Gairdíní, Garrán, Plásóg, Bailtíní)
Halldene, agus Eastát Benvoirlich. Taobh thuaidh de Bhóthar
an Chorraichín tá Garrán (Cabhsa agus Plásóg) Elton (logainm
Sasanach a chiallaíonn 'feirm Ella' nó 'feirm na bprionsaí')
agus Cabhsa (Clós agus Plásóg) an Chorraichín.

An té a chuimhnigh ar Benvoirlich agus Uam Var (Beinn
Mhúrluig agus an Uamh Mhór i nGaeilge na hAlban) is
dealraitheach go raibh véarsaí tosaigh 'The Lady of the Lake'
le Walter Scott léite aige – 'But, when the sun his beacon red
/ Had kindled on Benvoirlich's head' agus 'And stretching
forward free and far, / Sought out the wild heaths of Uam Var'
– ach is cosúil nár léigh sé na nótaí a chuir Scott leis an dán.
Mar shampla: 'Ua-var, as the name is pronounced, is a
mountain to the north-east of the village of Callander, in
Monteith … in latter times, it was *the refuge of robbers and
banditti*'.

Laistiar den Ospidéal arís, tá Ascaill Wilton, Plásóg Merlyn,
Gairdíní Gharrán na Giúise, Bóthar an Gheata Thiar
(*Westgate*, logainm Sasanach), Bóthar Melbourn (Melbourn,
Cambridgeshire Shasana agus ní Melbourne na hAstráile).

Ciallaíonn Wilton 'feirm an tobair' nó 'feirm na sailí' nó 'feirm cois abhann a bhíonn i mbaol a báite' agus is sloinne é chomh maith. Ní fios cé acu díobh sin atá i gceist anseo.

Idir na sráideanna seo agus Bóthar na Modh-Fheirme tá Plásóg an Laburnaim, Páirc Woodleigh (logainm Sasanach), Ascaill Rosa, agus ina gcúinne féin ('… some corner of a foreign field/that is forever …') tá Bóthar (Ascaill, Ciorcal, Clós, Cabhsa agus Arda) Kenley (logainm Londanach a chiallaíonn 'Coill Cena'):

> 'I am his Highness' sráid at Kew;
> Pray tell me, sir, whose sráid are you?'[13]

Taobh thuaidh den Laoi sula ndealaítear ina dhá craobh í, tá Bóthar na Laoi mar a bhfuil nó a raibh Ospidéal na Maighdine Muire agus óna acomhal sin le Droichead Thomáis Dáibhis gabhann Bóthar Thobar Rí an Domhnaigh soir go Cnoc Wise (Cnoc de Uidheas) agus an Malla Thuaidh. Bhí an Tobar suite mar a bhfuil Ospidéal na Seanchoille anois. D'ainneoin a ndeirtear de ghnáth, níor bhain an Tobar seo leis na Proinsiasaigh. Bhí sé ann sular bunaíodh na Proinsiasaigh. Tugtar 'Bithlan' air in *Aisling Meic Conglinne*. Luann taist-ealaí Francach (le Gouz) é sa bhliain 1644: 'Míle slí ó Korq tá tobar a dtugann na Sasanaigh "Sunday Spring" air agus a gcreideann na Gaeil gur tobar beannaithe é a leigheasann a lán saghas tinnis'.[14]

Lastuaidh de Ospidéal na Maighdine Muire gabhann Bóthar na Blarnan go dtí Sráid na Blarnan (an tsráid is Gaelaí sa chathair, dar le Seán Ó Ríordáin), agus gabhann sí sin go Gabhal na Spiora agus Sráid an tSeandúin (thugtaí Lána Mhala nó *Mallow Lane* uirthi seo tráth agus ar Shráid Ghearailt Uí Ghríofa leis).

Idir Bóthar Rí an Domhnaigh agus Sráid na Blarnan tá Bóthar na Seanchoille (*Shanakiel Road*), Gleann na Darach (*Oakdale*), Cúirt na nDris (*Briar Court*), Cnoc na Sútha Talún (*Strawberry Hill*), Ascaill an Chlochair (Chlochar an tSár-Aoire), Cnoc Blair agus Cnoc Charraigín na bhFia. De réir an tseanchais áitiúil chítí 'a stag at eve' ina sheasamh ar charraig sa cheantar seo go minic. B'in an fáth go dtugtaí

'Buckstone Hill' sa Bhéarla ar an gcnoc seo[15]. Athraíodh go 'Buxton Hill' é idir sin is tráthas d'fhonn an ceantar gona trí toibreacha 'leighis' a chur ar aon rian le Buxton na Breataine mar 'áit chun sláinte'!

Aduaidh ó Chnoc an Chuilinn (*Hollyhill*) tagann Bóthar Chnoc an Chuilinn trasna Bhóthar Radharc an Chuain go Sráid na Blarnan. Téann Bóthar Radharc an Chuain go dtí Ascaill Chnoc na hAoine (*Knocknaheeny*), agus gabhann Cabhsa Bhaile na Cúirte (*Courtown*) ó Bhóthar Radharc an Chuain go dtí Arda na Cille Móire (*Kilmore*). Laisteas de Bhóthar na Cille Móire, Íochtarach, tá Arda Chill Iníon Léinín (*Killiney*), Arda Fóite (*Fota*), Ascaill na hAirde Móire, Páirc Dhún Mánais (*Dunmanus*), Gairdíní Chill Ala, Faiche Chnoc na Cille (*Churchfield Green*), Arda na Deascabhála agus Bealach agus Bóthar Chnoc na Cille. Gabhann Bóthar Chnoc Úna (*Mount Agnes Road*: ní heol dom cé hí féin; ní móide gurb í mairtír an cheathrú céad í) go Bóthar na gCoimíní.

Taobh thuaidh de Bhóthar Chnoc na Cille tá Bóthar Sheáin Uí Chonghaile (*Connelly Road*). Gael Meiriceánach ba ea Connelly. Téann Cnoc an Aonaigh Uachtarach ó Ascaill Pháirc an Aonaigh ó thuaidh go Bóthar na gCillíní Íochtarach, agus laisteas de sin tá Gleann na Páirce, Cabhsa Chnoc an Acir, Cabhsa Radharc an Chnoic, Bóithrín Uí Ghélbheannaigh (*Geaney's Boreen*), Garrán Choill na gCrann Feá, Garrán Choill na Giúise, Garrán na gCrann Teile. Nuair a chuaigh den Bhardas cuimhneamh ar ainmneacha feiliúnacha, de dheasca leisce nó eile, chuaigh siad i muinín ainmneacha crann nó aibhneacha nó sléibhte nó fiú amháin ainmneacha bailte.

Bhí Mainistir ag na Proinsiasaigh mar a bhfuil Cearnóg na Mainistreach (*Abbey Square*) anois, lastuaidh de cheann thoir an Mhalla Thuaidh, i gcóngaracht Dhroichead Uí Ghríofa. D'iarr Siún, Cuntaois Dheasumhan, ar an mBanríon Eilís tailte áirithe de chuid na mainistreach coigistithe a bhronnadh ar Aindriú Skiddy, agus rinne Eilís amhlaidh. Ba dhream tábhachtach iad na Scídigh agus a gCaisleán féin acu ar an Phríomhshráid. Idir 1364 agus 1557 bhíodar ina méaraí 30 uair. Tar éis tamaill sannadh an mhaoin seo i bhfabhar Richard

Boyle, céad-Iarla Chorcaí (deartháir leis an *Sceptical Chymist* a thug *Boyle's Law* dúinn) agus d'fhág seisean ag a mhac Ruairí (Roger), céad-Iarla Orbhraí, é. Is minic ráite é gur éist an Rí Séamas II aifreann sa mhainistir seo agus é ar a shlí chun Cath na Bóinne ach is é is dóichí gurbh i séipéal ceann tuí de chuid na bProinsiasach i Sráid an tSeandúin a d'éist sé é.

Sna *Orrery Papers* tá tagairt do *Carreenebragher* (is é sin, Garrán na mBráthar) i gcáipéis dlí a bhain le cúrsaí cleamhnais mhuintir Boyle i ndeireadh an seachtú céad déag.[16] Tá Garrán na mBráthar taobh thuaidh de Shráid na Blarnan. Gabhann Bóthar an Bháicéara (sloinne ceirde: le Bakere) ó thuaidh ó Shráid na Blarnan go dtí Ascaill Chnoc na Cille. Imíonn Ascaill Shliabh Neabó (*Mount Nebo Avenue*) uaidh soir go Bóthar Gharrán na mBráthar. Ba mhaith an cuimhneamh é Sliabh Neabó an Bhíobla a lua leis an ionad seo. Ba ó ard Shliabh Neabó a thaispeáin an Tiarna an Tír Tairngire do Mhaois: 'Gileád go Dán Naiftáilí go léir, dúiche Eagráim agus Manaise, tír Iúda go léir go dtí an Fharraige Thiar, an Neiguib agus fairsinge Ghleann Ireachó ...'. Is iontach go deo an radharc é ó Ascaill Shliabh Neabó: an Cuan, Caisleán na Dúcharraige agus Dún Uí Choileáin ar do lámh chlé, fairsinge Ghleann na Laoi ar do lámh dheas agus os do chomhair amach ard Chrosaire na bhFeirmeoirí agus thíos fút sa log cathair Chorcaí.

Laisteas d'Ascaill Shliabh Neabó tá Ardán an Bharóidigh agus lastuaidh di sin tá Bóthar Orbhraí (*Orrery Road*). Imíonn Bóthar na hArdeaglaise ó Bhóthar an Bháicéara go dtí an Ardeaglais ag barr Shráid an tSeandúin. Téann Bóthar na Toirbhirte (tá clochar ag Siúracha na Toirbheartha sa chomharsanacht) agus Bóthar Chnoc Éidin (*Mount Eden Road*) go dtí Ascaill Theampall an Acra (*Templeacre*) agus taobh thuaidh di sin tá Bóthar Cholm Cille agus Bealach Chnoc na Cille.

Idir Bóthar Gharrán na mBráthar agus Sráid an tSeandúin tá Sráid Boyce, Bóthar Ghleann Uí Riain, Plás an tSean-mhargaidh, Bóthar Naomh Antaine, Plás Mháire Aikenhead (bunaitheoir Ord Éireannach Shiúracha na Carthanachta),

Bóthar Naomh Anna, Ascaill Naomh Ríta, Bóthar Naomh Bríd, Sráid Naomh Uinseann agus Ascaill Gharrán na mBráthar.

Gabhann Sráid Wolfe Tone ó Phlás an tSeanmhargaidh go dtí an crosaire ag a mbuaileann Cabhsa an Ghleanna (*Valley Drive*), Cnoc an Aonaigh (bhíodh aontaí sa bhall seo cúpla uair sa bhliain agus achrann agus rí-rá, 'disturbance of the peace', ar siúl lena linn uaireanta) agus Ascaill Ghearailt Uí Ghríofa (údar *The Collegians* ar a bhfuil *The Colleen Bawn* le Boucicault bunaithe, Bráthair Críostaí agus é ina mhúinteoir sa Mhainistir Thuaidh mar a bhfuil sé curtha) le chéile. Taobh thiar de Shráid Wolfe Tone tá Ascaill Naomh Muire, Ascaill Gharrán na mBráthar, Bóthar Spriggs (maraíodh an t-óglach Donncha Spriggs i mBóthar na Blarnan, 1921) agus Bóthar Naomh Éanna. Tá an Bardas chomh dall sin ar naoimh na hÉireann i gcoitinne go bhféadfaí a bheith deimhin de ná beadh Bóthar Naomh Éanna againn mura mbeadh Scoil Éanna an Phiarsaigh.

Taobh thiar de Chnoc an Aonaigh tá Bóthar Inis Cara, Bóthar Inis Eonáin (*Inishannon*), agus Bóthar Halla Chiarraí. Taobh thuaidh d'Ascaill an Chnoic Fhraoigh (*Knockfree*) a théann go hAscaill Chnapóg (nó Ascaill na Cnapóige: *Knock-pogue Avenue* – ainmníodh an tsráid seo as teach cónaithe sa cheantar) tá Ardán agus Plás Chnoc na Cille (*Churchfield*), Bóthar an Ghleanna Ghairbh, Bóthar Pháirc Bheanntraí agus Cnoc an Aonaigh Uachtarach. Taobh thoir de sin tá Bóthar Liam Uí Éalaithe (óglach a maraíodh 1923) agus Bóthar Uí Chluasaigh. Téann Bóthar Popham ó Ascaill Chnapóg go Bóthar na gCoimíní (*Commons Road*). Ceannaithe ba ea muintir Popham a raibh cónaí orthu sna bólaí seo. Bhí Bradshaw Popham ina dhéantóir cadáis.

Lastuaidh de Bhóthar Popham tá Plás Fhearann Phiarais, Plás na gCillíní, Plás Chill an Aba (*Kilnap*), Plás Chill Barra agus laisteas den Bhóthar céanna tá Faiche Fhearann Phiarais agus Bóthar Ráth Péacan (*Rathpeacon*) agus laistiar díobh sin tá Siúl na Cliarscoile (*Seminary Walk*) agus Bóthar (agus Plás) an Chúisínigh (*Cushing*). Dar le húdair áirithe, Sasanach ba ea an Piaras seo ach an bhfuil aon chruthúnas againn gur mó ná buille faoi thuairim é seo? Is fíor gur ainm Sasanach é a théann i bhfad siar: Pierce, Pearce, Perris, Perse agus ar ndóigh Piers Plowman. Ach is ainm Gall-Ghaelach é chomh maith agus throid na Piarsaigh ar son na hÉireann i gcogaí na nDeasúnach. Luaitear 'Radhibeccan' i litir de chuid an Phápa Innocent III sa bhliain 1199[17] – Ráth Péacan an lae inniu. Gael-Mheiriceánach arbh as Gleannamhair (*Glanworth*), Contae Chorcaí, dá mhuintir ba ea an tArdeaspag Risteard Ó Cúisín. Nuair a bhí cúig eaglais nua á dtógáil ag an Easpag Ó Luasa chuidigh an tArdeaspag go fial flaithiúil leis chun airgead a bhailiú chuige sin. Rinne cairdinéal de idir sin is tráthas.

Gabhann Siúl na Cliarscoile ó dheas go Cosán na Leannán (*Lovers Walk*) agus leanann sé sin leis ó dheas go dtí Bóthar Rí na hAoine (*Redemption Road*). Gabhann Sráid an tSeandúin (nó an tSeandúna) ó thuaidh ó Dhroichead Uí Ghríofa (nó ó Dhroichead an Gheata Thuaidh) go dtí Ardeaglais Naomh Muire. Cén dún atá i gceist san ainm seo? Ní fios go baileach. Dar le húdair áirithe, baineann an t-ainm leis an gcaisleán a thóg na Barraigh sa cheathrú céad déag. Ach tá tagairt do na 'Burgesses of Shendone' i gcáipéis de chuid na bliana 1290. Maíonn údar eile gurbh amhlaidh a tógadh caisleán na mBarrach ar fhothraigh dúin a bhí ann fadó. Ach cá bhfuil an fhianaise staire (nó sheandálaíochta) leis an sin-seandún úd? Tá tuairim eile ar fad ag Liam Ó Súilleabháin (an scoláire a scríobh stair eacnamaíochta Chorcaí): b'ionann *Shan* na Lochlainnise agus *John* an Bhéarla agus b'ionann *done* agus *town*. Dá bhrí sin, b'ionann 'Shandone' agus 'John's Town'[18].

Ar deis ó Dhroichead Uí Ghríofa feadh na craoibhe thuaidh den Laoi gabhann Cé Pope, Cé Camden, Cé Naomh Pádraig, Cé Penrose, Cé Uí Argáin agus ar a slí dóibh gabhann siad sin thar Droichead Chríostóra Uí Rinn (*Christy Ring*), Droichead Naomh Pádraig agus Droichead Bhrian Bóirmhe. Agus san áit a dtagann craobh thuaidh agus craobh theas na Laoi le chéile ina n-aon abhainn amháin arís tá Droichead Mhíchíl Uí Choileáin agus taobh theas de tá Droichead Éamoinn de Valera. *Vere dignum et justum est.*

Tugtar Caladh an Phápa ar Ché Pope de ghnáth ach ní hé Pápa na Róimhe atá i gceist anseo ach an 'widow Pope': 'That the Widdow Pope have liberty to build a quay between Ald Browne's Quay and Mr. Farren's Quay ...' (miontuairiscí Chomhairle an Bhardais, 3 Samhain 1718)[19]. Ba iad Maisiúin na cathrach a thóg Droichead Naomh Pádraig agus a bhaist an t-ainm sin air. Ba i gCé Camden a bhí 'the Tantiles' a luann Mr. Dedalus in *A Portrait of the Artist as a Young Man*.

Imíonn Lána Coppinger soir ó Shráid an tSeandúin. Ba dhream mór le rá iad muintir Coppinger i gCorcaigh ó thosach an ceathrú céad déag. Ba i dteach Coppinger i mBaile Uí Mhaoláin a lonnaigh Cromail le linn a chuairte ar Chorcaigh. Gabhann Sráid Naomh Doiminic ó Shráid an tSeandúin go Sráid Sheáin Réamoinn. (Tá Eaglais na nDoiminiceach, Eaglais Naomh Muire, suite ar Ché Pope). Ó Shráid Naomh Doiminic imíonn Lána Uí Mhaoileáin (*Moylan's Lane*).

Ba as an Easpag Ó Maoileáin (ba Dhoiminiceach é) a ainmníodh an lána. Seo mar a tharla. Ar an 22 Mí na Nollag, 1796 tháinig cabhlach Francach, agus Wolfe Tone agus saighdiúirí ar bord, isteach i gCuan Bheanntraí. Chuaigh na húdaráis i gCorcaigh chun scaoill láithreach. Chinn siad ar an gcathair a thréigean dá dtagadh na Francaigh i dtír agus cúlú go Cill Dairbhre mar a seasfaidís an fód. (*Oh, the French are on the say, said the Shan Van Vocht / they'll be here without delay, said the Shan Van Vocht.*) Thug an t-easpag foláireamh dá thréad inar bhagair sé 'tine agus ruibh ó Dhia as an spéir' ar aon duine a thabharfadh cúnamh dá laghad do na hionróirí 'aindiaga'. Chuir stoirm cosc leis an ionradh. Trí lá tar éis 'the late alarming crisis' bhronn Bardas seicteach Chorcaí Saoirse na Cathrach ar 'the Rev. Doctor Francis Moylan, in a silver box to perpetuate our grateful approbation of his pious exertions in promoting the peace and good order of his country at the moment of menaced invasion'[20].

Gabhann Sráid na hEaglaise soir go hEaglais (Phrotastúnach) Naomh Anna mar a bhfuil 'the bells of Shandon/ that sound so grand on/ the pleasant waters/ of the River Lee', mar a deir 'jingle' magúil de chuid an Athar Prout (an tAthair Francis Sylvester Mahony). I ngar don Eaglais agus do Sheanmhargadh an Ime, tá Cnoc Mhic Aoidh (*Eason's Hill*).

Ba chúipéirí iad clann Mhic Aoidh. In aice leis sin tá Sráid an Mhalartáin [Ime] (*Exchange Street*). Gabhann Sráid Sheáin Réamoinn ó thuaidh go Sráid Naomh Eoin (*John Street*), an tSráid Rómhánach (*Roman Street*) agus Sráid na hArdeaglaise. I ngar dóibh sin tá Sráid Sheáin Philpot Uí Chorráin. Bhí Eaglais Naomh Eoin Baiste sa cheantar seo sa tríú céad céag. Abhcóide den scoth, Protastúnach leathanaigeanta, dea-Éireannach, fear intleachtach macánta ba ea Ó Corráin agus, ar ndóigh, ba é athair Shorcha Ní Chorráin é. Is eisean a dúirt: 'The condition upon which God hath given liberty to man is eternal vigilance'.

Ó Ché Camden (bhí John, Earl of Camden, mar Fhear Ionaid an Rí i 1795) imíonn Sráid Pine (nó an Phaghanaigh) go Sráid Liatroma (thugtaí Sráid Thobar na Maighdine agus Lána Theach na mBocht uirthi seo tráth). Ina gcóngaracht sin tá Sráid Coburg (Albert, dara mac Victoria, Diúc Saxe-Coburg). Taobh thoir de Chnoc Phádraig tá Cnoc Richmond (Diúc, Fear Ionaid an Rí, 1807). Bronnadh Saoirse na Cathrach ar Chamden agus ar Richmond.

Imíonn Siúl na hArdeaglaise ó Shráid Ghearailt Uí Ghríofa (Sráid Clarence tráth: 'Duke of Clarence and St Andrews and Earl of Munster', tríú mac Sheoirse III, a pósadh le hAdelaide, iníon Dhiúc Saxe-Coburg Meiningen, agus a corónaíodh ina Rí William IV sa bhliain 1830; murab ionann is a dhearthaireacha, an Rí Seoirse IV agus Diúc Cumberland, bhí sé i bhfách le Fuascailt na gCaitliceach) go Bóthar Chúrsa an Uisce agus ón acomhal sin gabhann Bóthar Chúrsa an Uisce go dtí Eaglais na Linne Duibhe. Síneann Sráid Mhór Liam Uí Bhriain (*Great William O'Brien Street*) ó cheann Shráid Ghearailt Uí Ghríofa go dtí Bóthar na gCoimíní (*Commons Road*). Ba pholaiteoir tábhachtach náisiúnta é Liam Ó Briain. I gcomhar le Seán Diolúin thosaigh sé *The Plan of Campaign*. Thréig sé Parnell agus bhunaigh an United Irish League leis an mana 'Conference, Conciliation and Consent'. Nuair a bheartaigh an Bardas an tsráid seo a ainmniú as an mBrianach, chuir comhairleoir ceist: 'Would you mind telling us what is great about Willie O'Brien?' Tháinig an freagra go pras: 'Wasn't he as great a man as Queen Victoria anyway?' Ní mise a chum ná a cheap.

Idir Sráid Mhór Liam Uí Bhriain agus Bóthar Rí na hAoine tá Bóthar na Cliarscoile agus in aice leis sin tá Coláiste Fhearann Phiarais. Ó Eaglais na Linne Duibhe gabhann Sráid Thomás Dáibhis (rugadh an Dáibhiseach agus an Brianach i Mala) go Sráid Bhaile Átha Cliath agus uaithi sin téann Cnoc Bhaile Átha Cliath i dtreo an *Metropolis*. In aice leis an gCnoc seo tá Páirc Uí Dhúshláine (*Delaney Park*) a ainmníodh as beirt deartháireacha a maraíodh ina dteach féin an oíche a dódh an chathair.

Idir Bóthar na gCoimíní agus Sráid Thomás Dáibhis tá Páirc an Athar Ruairí (*Father Roger Park*), agus Teachíní Chill Barra. Imíonn Lána an Tobair (*Spring Lane*) ó Shráid Bhaile Átha Cliath go Bóthar Bhaile Uí Mhaoláin (*Ballyvolane Road*) agus teorainn na contacbhuirge.

Ó bhun Chnoc Phádraig gabhann Sráid Mhic Curtáin (an tArdmhéara atá i gceist: thugtaí Sráid King agus Sráid na Trá uirthi roimhe sin – ba shloinne é 'King') go bun Chnoc an tSamhraidh, ar clé, agus go Bóthar Ghleann Maghair Íochtarach soir. Téann Cnoc an tSamhraidh soir ó thuaidh go Crosaire Naomh Lúcás mar a mbuaileann sé le Bóthar Wellington a thagann aniar ó Chnoc Phádraig. Idir Sráid Mhic Curtáin agus Bóthar Wellington tá Cnoc Eabhrac.

Tagann Ascaill Uí Mhathúna aniar aduaidh ó Chrosaire Naomh Lúcás agus ón ascaill sin imíonn Cnoc Mhig Reachtain (*Grattan Hill*). Taobh thoir díobh sin tá Cnoc Beale agus Montenotte (ní fios cad as don ainm).

Taobh thoir de sin tá Siúl na Lobhar (*Lovers Walk*). Bhí ospidéal lobhra (*leprosy*) i nGleann Maghair. Níor ghalar Hansen é an lobhra seo (an galar a bhí ar an Athair Damien, mar shampla). Ba ghalar craicinn é. Is é an galar céanna atá i gceist san ainm *Leopardstown*, Baile na Lobhar. Is cuid de sheanchas na háite é go mbíodh coinní faoi choim ag Sorcha Ní Chorráin le Roibeard Emmet in *Lovers Walk* ach, ar ndóigh, bhí Emmet crochta marbh sular tháinig Sorcha chun cónaithe i dteach a cairde, muintir Penrose, in *Woodhill, Tivoli*. B'éigean di teitheadh ó dhíbheirg a hathar nuair a fuair sé amach go raibh a iníon geallta don 'rebel' Emmet. Chosain Curran Rowan Hamilton agus Wolfe Tone tar éis 1798 agus chuir sé go láidir i gcoinne Acht an Aontais. Dá bhrí sin bhí an rialtas amhrasach faoi cheana féin. Gabhann Bóthar Bhéal Átha hÚlla (*Ballyhooley Road*) ó Chrosaire Naomh Lúcás go Crosaire Uí Dhiolúin (Fínín ba ea Brian Diolúin; dódh teach a mhuintire an oíche a dódh Corcaigh).

Idir Seanbhóthar Eochaille agus Bóthar Wellington tá Páirc Sidney, Corrán Belleview agus Páirc Bellevue, Bóthar an Airm (*Military Road*) agus Bóthar Alexandra. Tháinig Alexandra go Corcaigh chuig Taispeántas Chorcaí 1883 (ba í Banphrionsa na Breataine Bige í an uair sin) agus arís i 1903 agus í ina Banríon chuig Taispeántas Idirnáisiúnta Chorcaí.

Gabhann Cnoc Gardiner (sloinne ceirde Sasanach) ó Bhóthar Bhéal Átha hÚlla go dtí Seanbhóthar Eochaille. Laisteas de Chnoc Gardiner tá Cabhsa Naomh Iósaf, Cabhsa Naomh Anna, Páirc Hoireabaird, Plás Adelaide (céile William IV). Tagann Bealach Naomh Críostóir ó Bhóthar Ghleann Maghair Meánach (*Middle Glanmire Road*), agus lastoir de sin tá Bóthar Naomh Críostóir. Laisteas de Sheanbhóthar Eochaille tá Ascaill (Bóthar, Ciorcal, Corrán, Páirc, Plásóg) Murmount. Murphy (Ó Murchú) is ainm do thógálaí an eastáit seo. Taobh thoir de sin tá Ascaill Cholm Cille a théann ó Sheanbhóthar Eochaille go Bóthar Bhaile na mBocht (*Ballinabought* agus *Ballinbought* sna seancháipéisí, *Mayfield*). Ansin tá Ardán na Luaití Bige (*Lotabeg*), Plás na Mainistreach Báine (*Tracton*), Bóthar (Plás, Gairdíní) Oileán Í, an Bóthar Buí (*Boherboy Road*), Páirc na Fo-Pháirce (*Byefield Park*), Bóthar Pháirc an Tobair (*Springfield Road*). Léiríonn ceann nó dhó de na hainmneacha deireanacha seo a dhíchéillí agus a bhíonn ainmniú na sráideanna ó am go chéile.

Idir Bóthar Bhaile na mBocht agus teorainn na contaebhuirge tá Bóthar (Ascaill, Cabhsa) Arda an Airgid (*Silver Heights Road, etc*), Clós an Bhóthair Bhuí (*Boherboy Close*) agus idir Bóthar Bhaile na mBocht Íochtarach agus Bóthar Ghleann Maghair Íochtarach tá Lána Thobar an Airgid (*Silverspring Lane*) agus Ascaill an Chaisleáin.

Taobh thuaidh de Sheanbhóthar Eochaille tá Dún Uí Choileáin agus taobh thiar de sin tá Páirc an Rátha Mhóir (bhí ráth mór thart timpeall ar an ionad a bhfuil Dún Uí Choileáin anois) agus Bóthar Pope. Taobh thoir den Dún tá Bóthar an Rátha Mhóir (*Rathmore Road*), Corrán Bréanainn, Ascaill Bhoirche (*Mourne*), Arda Earagail (*Errigal Heights*).

Taobh thoir de Chrosaire Uí Dhiolúin tá Bóthar (Ascaill, Páirc, Plásóg) na Cathrach Gile (luaitear 'Cahargal' sa seachtú céad déag), Corrán na Bóinne, Cnoc Gordon, Plásóg na Coirbe, Plás na hAbhann Móire (*Avonmore*), Páirc na Life, Ascaill Ghaoth Dobhair, Plásóg Ghleann na Muaidhe (*Glenmoy*), Plásóg na Sionainne, Garrán an Lagáin, Corrán Ghleann Criotaigh (*Glencree*), Garrán Eanach Lao (*Annalee*), agus Páirc Bhaile an Doire.

Sa Linn Dubh lastuaidh de Bhóthar na Deastógála tá Ard Fearainn (*Mount Farren*) agus Ascaill an Ghleanna. Lastoir de sin tá Clós na Mangartan agus Páirc an Chomaraigh (*Comeragh*).

Taobh theas de Bhóthar Bhaile Uí Mhaoláin (bheifí ag súil le hainm Coppinger áit éigin sa dúiche seo) tá Eastát Radharc na hAbhann. Ó Bhóthar Bhaile an Choiligh (*Ballincollie*) gabhann Stáblaí an Chrainn Sceiche (*Hawthorn Mews*) siar ó thuaidh go Cnoc Bhaile Átha Cliath agus in aice leis na *Mews* tá Bóthar Arda an Ghleanna.

Tá an focal 'mews' ag teacht i bhfaisean le déanaí. Ní fheadar an dtuigtear i gcónaí a bhrí nó a bhunús:

1. The Royal Stables at Charing Cross in London, so called because built on the site where the royal hawks were frequently mewed. 2. A set of stabling around an open space, yard or alley, and serving for the accomodation of carriage horses and carriages.

Agus ciallaíonn 'mew' (uimhir uatha):

1. A cage for hawks esp. when mewing or moulting. 2. A coop or a cage in which animals esp. fowls were confined for fattening. 3. In hiding or confinement, cooped up.

Agus ciallaíonn an briathar 'mew':

1. To put a hawk in a 'mew', or cage at moulting time. 2. To moult, shed or change (its feathers). (OED)

Tá cúpla ainm eile arbh fhiú iad a lua. Cúirt an Déin

Bastible mar shampla. Bhí an Dochtúir Séamus Bastible ina Shéiplíneach nó ina Dhéan Cónaitheach i gColáiste na hOllscoile le linn 'dheachtóireacht intleachtach' an Ollaimh Ailbhe Ó Raithile. Ba 'hardliners' iad araon. Ba de bharr a dhúthracht ar son na n-éagumasach a ainmníodh an 'Chúirt' as. (Bhí sé ina Dhéan Deoiseach nuair a fuair sé bás.) Is mithid sráid a ainmniú as Ó Raithile leis. Pé locht a bhí air b'institiúid ann féin i gCorcaigh é.

Tá Ascaill an Bhráthar de Rís againn agus Páirc Mhic Craith (seanóglach agus Ardmhéara groí geanúil a d'éag go tobann i 1956) agus tá Cúirt Chesterton againn i mBaile an Locha. Rugadh an péintéir cáiliúil, James Barry, i Lána an Uisce (*Water Lane*), Corcaigh, sa bhliain 1741, agus adhlacadh é in St Paul's, Londain, sa bhliain 1806. Ní thaipeántar an lána seo ar léarscáil na Suirbhéireachta Ordanáis. (Taispeántar lána eile i gceantar eile atá ar aon ainm leis.) Gabhann an lána inar rugadh James Barry ó acomhal Bhóthar Rí na hAoine leis an sean-Bhóithrín in aice le Cliarscoil Fhearann Phiarais síos le fána go dtí Sráid Ghearailt Uí Ghríofa.

'Céard é feidhm ainmneacha,' arsa Socrates le Cratylus, 'agus cén tairbhe iad?'

Tagairtí

1 R. Caulfield, *The Council Book of the Corporation of Cork*, Guildford, 1876, lch 1019.

2 An tAthair Benedictus, O.C.D., *An Leabhar Aifrinn*, 1952, lch 1596.

3 Robert Browning, *The Ring and the Book*, Bk.i, lch 80.

4 Pádraig Ó Riain, St. Finnbarr: a Study in a Cult, *JCHAS (Iris Chumann Staire's Ársaíochta Chorcaighe)*, LXXXII, 1977.

5 William Camden, *Britannia sive ... Angliae, Scotiae, Hiberniae chorographia descriptio*, London, 1586. Nó *Britannia Camdeni* mar a thugann Seathrún Céitinn air. I ndíonbhrollach *Foras Feasa ar Éirinn,* tá nithe suimiúla le rá ag an gCéitinneach mar gheall ar 'Camden foghlamtha féin' agus ar a shaothar.

6 Caulfield, *op. cit.*, lch 1025.

7 *ibid.*, lch 1121. Bhris Duncan cath ar an gcabhlach Ollannach ag Camperdown ar an 11ú Deireadh Fómhair, 1797.

8 *ibid.*, lch 1026.

9 M.V. Conlon, The Maylors, Lawton and Carleton, *JCHAS*, XLVIII, 1943.

10 Caulfield, *op. cit.*, lch *x*.

11 *ibid.*, lch 996.

12 *ibid.*, lch 637.

13 Féach Alexander Pope, *Epigrams*:
 I am his Highness' dog at Kew;
 Pray tell me, sir, whose dog are you?

14 Seán Ó Coindealáin, *JCHAS*, LI, 1946, lgh 58-63.

15 *ibid.*

16 E. MacLysaght, *Calendar of the Orrery Papers*, Dublin, 1941. Gach aon uair eile a luaitear MacLysaght san alt seo, is é a leabhar *The Surnames of Ireland*, 1978, atá i gceist.

17 Liam Ó Buachalla, The Ancient Lands of the Bishop of Cork in the Northern Suburbs, *JCHAS*, LXXI.

18 Liam O'Sullivan, The City of Cork, its Origin and its Growth, in *Cork, Our City*, Músaem Poiblí Chorcaí, 1980.

19 Caulfield, *op. cit.*, lch 402.

20 *ibid*, lch 1115.

Sráidainmneacha Chathair Luimnigh

Mainchín Seoighe

Sa bhliain 922 bhunaigh na Lochlannaigh coilíneacht ar oileán sa tSionainn darbh ainm Inis Sibhtonn. Thógadar baile ar an oileán, agus Luimneach a tugadh mar ainm ar an mbaile sin. Níl na húdair ar aon intinn faoi bhrí an ainm 'Luimneach', ach an míniú is coitianta a nglactar leis ná go dtáinig sé ó 'loimeanach' agus gur thagair sé, i dtús báire, do riasc lom ar bhruach na Sionainne, cóngarach don áit inar tógadh an baile.

Caoga éigin bliain tar éis do na Lochlannaigh Luimneach a thógáil, ghabh Dál gCais, sinsir na mBrianach, an áit, agus d'fhan sé ina seilbh siúd go dtí tar éis bhás Dhónaill Mhóir Uí Bhriain, Rí Thuamhan, in 1194. Na Normannaigh an chéad dream eile a thóg seilbh ar Luimneach. Bhí teorainneacha an bhaile fós cúngaithe taobh istigh de shean-Inis Sibhtonn, nó Oileán an Rí, mar a thugtaí air níos faide anonn. Na Normannaigh agus na Sasanaigh a chuir fúthu i Luimneach, chuireadar saghas *apartheid* i bhfeidhm agus dhiúltaigh cead d'aon Ghael lonnú san áit.

Ach de réir a chéile thosaigh Gaeil ag lonnú ar an taobh ó dheas den abhainn, lasmuigh de mhúrtha an bhaile, nó na cathrach, mar go raibh stádas cathrach bainte amach ag Luimneach faoi seo. B'in an t-am a baisteadh 'English Town' agus 'Irish Town' ar an dá roinn den tseanchathair, ainmneacha a thugtar fós orthu. Dob ionann *English Town*, nó Baile na nGall, agus an seanbhaile ar an oileán; agus ba é

Irish Town, nó Baile na nGael, an limistéar a bhí idir an Droichead Maol agus Teampall Eoin Baiste[1]. Go luath sa chiúgiú céad déag socraíodh ar Bhaile na nGael a ghlacadh isteach i limistéar na cathrach. Chuige sin tosaíodh ar bhallaí a thógáil mórthimpeall Bhaile na nGael, agus lean an obair sin ar aghaidh ón mbliain 1413 go dtí an bhliain 1495[2].

Baile na nGael agus Baile na nGall, b'in achar na cathrach a bhí faoi léigear ag arm Chromail i 1650-51, agus a bhí faoi léigear ag arm an Rí Liam i 1690 agus arís i 1691. Agus an tscanchathair sin, d'fhan sí cúngaithe laistigh dá cuid ballaí teorann go dtí an bhliain 1760 tráth a tosaíodh ar na ballaí a leagan. Ní túisce iad leagtha ná seo an chathair ag leathnú amach ar bhruach clé na Sionainne. An chuid nua seo den chathair bhí sé pleanáilte go healaíonta, agus leagtha amach go rialta i sráideanna breátha comhthreomhara. *Newtown Pery* a tugadh air mar gur tógadh é ar thalamh saoránaigh cháiliúil shaibhir de chuid na cathrach darbh ainm Edward Sexton Pery. Príomhshráideanna Luimnigh sa lá atá inniu ann, Sráid Uí Chonaill, Sráid Liam, Sráid Chaitríona, Sráid Anraí, Sráid an tSáirséalaigh, agus tuilleadh nach iad, tá siad go léir in *Newtown Pery*, cé nach gcloisfeá an t-ainm *Newtown Pery* á úsáid ag aon duine anois ach ag staraithe na cathrach.

Ní miste féachaint anois ar na sráidainmneacha atá le fáil sna limistéir éagsúla den chathair, agus sna bruachbhailte mar a bhfaightear meascán mearbhlach d'ainmneacha, cuid acu oiriúnach, cuid acu aisteach, cuid acu amaideach go leor. Baile na nGall an chuid is sine den chathair. Is ionann é agus Inis Sibhtonn, an t-oileán sa tSionainn inar lonnaigh na Lochlannaigh breis mhaith agus míle bliain ó shin. Seo thíos na sráidainmneacha a fhaightear ann.

Baile na nGall

Mary Street   Ainmnithe as Ardeaglais Mhuire atá in aice léi. Ba chuid de phríomhshráid na seanchathrach í seo; Sráid Niocláis (féach thíos) an chuid eile. Thugtaí 'the Great Street' ar an dá shráid le chéile.

Nicholas Street   Ainmnithe as Eaglais Niocláis a bhíodh sa tsráid seo uair. Ba chuid de 'the Great Street' í seo. (Féach an nóta faoi *Mary Street* thuas.)

Bridge Street   Ó Dhroichead Mhaitiú atá taobh léi an t-ainm. *Quay Lane* an seanainm a bhí uirthi. Bhí sí seo ar cheann de na sráideanna ba cháiliúla sa tsean-chathair. Thaithíodh *literati* na cathrach agus an cheantair máguaird í; agus bhailíodh na huaisle le chéile in *coffee house* galánta a bhí ann.

Bishop Street   As an Dr Ó Duibhir (1886-1917), Easpag Luimnigh, ainm na sráide. Thuill an Dr Ó Duibhir cáil náisiúnta de bharr na litreach a scríobh sé chuig an nGinearál Maxwell ag cosaint cheannairí 1916 tar éis an Éirí Amach.

Athlunkard Street   Tógadh an tsráid seo in 1824. Caisleán a sheasaíodh mar a bhfuil barr na sráide anois, leagadh é chun slí a dhéanamh don tsráid. As áth ar an tSionainn, in aice láimhe, Áth an Longfoirt, a ainmníodh í.

Dominick Street   Ó sheanmhainistir Dhoiminiceach a bhí sa cheantar an t-ainm.

Castle Street   Ainmnithe as Caisleán Eoin, an caisleán mór suntasach a chosain an bealach isteach thar Dhroichead Thuamhan go Baile na nGall.

Church Street   Ainmnithe as Eaglais Mhainchín Naofa.

Merchant's Quay	Ba é seo láthair an tseanchalaidh, ach chuaigh an caladh as úsáid nuair a tógadh *Arthur's Quay* sna blianta tosaigh den ochtú céad déag. Líonadh isteach an chuid sin den abhainn ina raibh an caladh, agus osclaíodh margadh prátaí ann sa bhliain 1843. Bhí sraith de thithe breátha ag féachaint amach ar an gcaladh cuain tráth. Ba le ceannaithe saibhre na cathrach na tithe; as sin an t-ainm, *Merchant's Quay*. Leagadh na tithe i lár an naoú haois déag, agus is cuid de chlós Ardeaglais Mhuire an suíomh anois.
George's Quay	Ón Rí Seoirse III an t-ainm. Níor ghlac gnáthmhuintir na háite riamh leis an ainm, agus fós is é an t-ainm a thugann siad air ná *Barrington's Quay*. Teaghlach cáiliúil a bhain le cathair Luimnigh ba ea muintir Barrington. Ba iad a thóg Ospidéal Barringtons sa chathair.
Sir Harry's Mall	Ó Sir Henry Hartstonge, a toghadh ina fheisire do Cho. Luimnigh i 1776, an t-ainm. Thóg Sir Henry – nó Sir Harry – an malla ar a chostas féin.
Gaol Lane	Suite amach ó *Mary Street*. Ainmnithe as príosún a bhí in aice leis. Tugann roinnt mhaith daoine *Emly Street* air anois, i gcuimhne Thraolaigh Uí Bhriain, Easpag Imligh, a martraíodh ag fórsaí Chromail i 1657. Cheaptaí gur sa tsráid seo a martraíodh é, ach is in áit eile sa chathair a tharla sé sin.
Long Lane	Ritheann *Long Lane* agus *Gaol Lane* in aon líne sráide amháin. Tá *Long Lane* níos faide ná *Gaol Lane*; uaidh sin an t-ainm *Long Lane*.

Aherne's Row	Tagann an t-ainm ó dhuine darbh ainm Aherne a thóg na tithe sa rae.
St Augustine's Place	Ón tseanmhainistir Agaistíneach a bhíodh tráth ar thaobh amháin den phlás an t-ainm. Bhí bogha idir an mhainistir agus Ardeaglais Mhuire, agus sin an fáth go dtugtaí *Bow Lane* ar an bplás sular baisteadh *St Augustine's Place* air.
St Peter's Street	Ainmníodh as *Peter's Cell*, clochar a bhí anseo fadó ag banchanónaigh Naomh Agaistín.
Abbey Court Row	Ón tseanmhainistir Agaistíneach thuasluaite an t-ainm.
Castleview Avenue *Castleview Terrace*	Radharc ón dá shráid ar sheanchaisleán Eoin.
Crosbie Row	Síltear gur as eaglaiseach Protastúnach de chuid Ardeaglais Mhuire an t-ainm.
Exchange Street	Is sa tsráid seo a bhí an seanmhalartán.
St Francis's Place	
St Bridget's Avenue	
The Island Road	Shín an bóthar seo go dtí Geata an Oileáin, ceann de sheangheataí na cathrach.
Island View Terrace	Tá an t-ardán seo ar bhóthar Chorrbhaile, agus tá radharc le fáil uaidh ar an gcuid is mó d'Oileán an Rí.
Verdant Place	Is é is dóichí gur ainmníodh an plás seo as gairdín an easpaig, a shíneadh chomh fada leis an tSionainn sular tógadh an cé.

Barrack Street	Ó bheairic mhíleata a bhí ar an láthair mar a bhfuil clochar Shiúracha na Trócaire anois, an t-ainm.
Kelly's Lane	Ó ainm an duine a thóg na tithe sa lána.
Convent Street	*Nunnery Street* a bhí ar an tsráid seo ar dtús. Ainmníodh í as clochar Shiúracha na Trócaire atá in aice láimhe.
Curragour Avenue	Ó chora ársa ar an tSionainn a dtugtaí Cora Dhobhair uirthi, an t-ainm. Tá an chora faoi urchar cloiche den ascaill a ainmníodh aisti. Bhí crainn leamháin ag fás ar dhá thaobh na hascaille, ach tá siad sin, agus na tithe a bhí ann, imithe anois. Glanadh as an áit iad chun spás a dhéanamh d'Áras nua na Cathrach.
Keyes's Row	Ón bhfear a thóg an rae an t-ainm.
St Anne's Lane	Scéim bheag tithíochta a tógadh le déanaí atá anseo.
Bonfield's Lane	Seanlána amach ó *Mary Street* é seo. Luaitear *Bonfield's Lane* cúpla uair sa *Civil Survey*, 1654.
Creagh Lane	Ainmníodh as teaghlach cáiliúil a raibh baint fhada acu le cathair Luimnigh.
Assumpta Park	Scéim nua tithíochta. Ainmníodh in onóir do Mhaighdean na Deastógála, patrún an pharóiste.
Newgate Lane	Ó cheann de sheangheataí na cathrach an t-ainm.

Go luath i dtríochaidí an chéid seo, tosaíodh ar scéim mhór tithíochta ar an taobh ó thuaidh d'Oileán an Rí, nó de

Bhaile na nGall, i Luimneach. Tháinig tionóntaí na dtithe nua ó phlódtithe na cathrach, agus leagadh iad sin a thúisce a bhíodar folamh. The *Island Field Housing Scheme* a tugadh ar an scéim tithíochta. Leagadh amach na tithe nua ina sráideanna, agus baisteadh na hainmneacha seo thíos orthu – ainmneacha Gaelnaomh, cuid acu a raibh baint acu le Luimneach.

St Ita's Street
St Munchin's Street
St Senan's Street
St Colmcille's Street
St Patrick's Avenue
St Brendan's Street
Oliver Plunkett Street

Baile na nGael (agus ceantair cóngarach dó)

Tagaimid anois go dtí Baile na nGael (*Irishtown*), an dara cuid is sine den chathair. Ach chomh maith le féachaint ar na sráidainmneacha atá le fáil anseo, féachfaimid freisin ar na sráidainmneacha atá le fáil i limistéir eile den chathair atá cóngarach do Bhaile na nGael ach nach mbaineann le *Newtown Pery*, an chuid sin den chathair ar tosaíodh ar í a thógáil sa cheathrú dheireanach den ochtú céad déag. Maidir leis na sráidainmneacha i mBaile na nGael, tá cuid acu sean go leor, agus tá cuid eile atá réasúnta nua. Ar na cinn dheireanacha seo tá roinnt bheag atá ainmnithe as tírghráthóirí Éireannacha.

Broad Street	Bhí an tsráid seo ina cuid den *Great Street*, príomhshráid na cathrach, tar éis do Bhaile na nGael a bheith glactha isteach mar chuid den chathair.
John's Street	As Eaglais Naomh Eoin in aice láimhe an t-ainm.
Grattan Street	Ó Henry Grattan an t-ainm. Bhí *Miller's Row* air roimhe sin.

Charlotte Quay	Ón mBanríon Charlotte, bean chéile Sheoirse III, an t-ainm.
Lock Quay	Ó loc canála in aice leis a tháinig an t-ainm.
Old Clare Street *Clare Street*	Seansráid ar fad is ea *Old Clare Street*; ritheadh sí ó *Water Gate* go *John's Gate*. I gcuimhne ar Luimníoch nach bhfuil aon mheas air inniu, John Fitzgibbon, Céad-Iarla an Chláir (1749-1802), a ainmníodh an dá shráid, *Old Clare Street* agus *Clare Street*. Bhí scoil ag Brian Merriman in *Clare Street*, agus is ann a fuair sé bás sa bhliain 1805.
Curry Lane	Seansráid, nach bhfuil mórán di fágtha anois de bharr forbartha atá ar siúl sa chuid sin den chathair. Níl aon duine cinnte cad as ar tháinig an t-ainm. Mheas Lenihan, staraí Luimnigh, go mb'fhéidir gur tháinig sé ó *Tomcore's Castle*, a bhíodh ina sheasamh tráth ag an áit ar theagmhaigh *Broad Street* agus *Mungret Street* le chéile.
Mungret Street	Ainmníodh as *Mungret Gate* a sheas anseo. An bóthar a chuaigh trí *Mungret Gate* ba é an bóthar é go Mungairit, mar a raibh mainistir cháiliúil lá den saol. Tar éis don fhile, Seán Ó Tuama, Cromadh a fhágáil, chuir sé faoi i Sráid Mhungairit, mar a raibh teach tábhairne aige, agus is ann a fuair sé bás sa bhliain 1775.
High Street	Is toisc go ndeachaigh an tsráid seo in éadan na mala i dtreo *William Street* a tugadh *High Street* uirthi.

Back Lane   Ag bun *High Street*; lána caol atá ann.

Pike's Row   Tugtar *Pike's Bow* níos minice air. Fuair sé a ainm ó theaghlach dar shloinne Pike, a raibh teach agus stór mór gráin acu ann. De réir Lenihan, d'fhág muintir Pike Luimneach in 1803, agus nuair a bhíodar ag taisteal ina gcóiste trí Shráid Thomáis i mBaile Átha Cliath, thiomáin an cóiste thar chorp an Tiarna Kilwarden, a maraíodh tamaillín gairid roimhe sin in Éirí Amach Emmet.

Cathedral Place   Fadó, thugtaí *Nicholas Street* ar an gcuid sin den phlás, nó den tsráid seo, a ritheadh ó Ardeaglais Eoin go dtí an margadh féir; agus thugtaí *Rampers Road* ar an gcuid sin ón margadh féir go *Mulgrave Street*. Truailliú ar *Ramparts Row* ba ea *Rampers Road*, agus tháinig an t-ainm ó na rampair a tógadh mar thacaí do mhúrtha Bhaile na nGael le linn léigear 1690. Nuair a tógadh séipéal Caitliceach in *Nicholas Street* i 1753, tosaíodh ar *Chapel Street* a thabhairt ar *Nicholas Street* agus *Rampers Row* le chéile. Céad bliain níos déanaí, tógadh Ardeaglais Eoin ag bun *Chapel Street*, agus go luath ina dhiaidh sin tugadh *Cathedral Place* ar an tsráid.

Mitchel Street   Ainmníodh an tsráid seo i gcuimhne John Mitchel. Bhí *Clampett's Row* mar ainm ar an tsráid roimhe sin.

Davitt Street   Ainmníodh as Michael Davitt. *Forker's Lane* an t-ainm a bhí ar an tsráid roimhe sin.

Quin's Lane	As an Athair Ó Cuinn, sagart de chuid na hArdeaglaise a chónaigh sa lána, a ainmníodh seo.
Church Street	Ainmníodh as eaglais Phrotastúnach Naomh Eoin, atá ar thaobh amháin den tsráid.
Flag Lane	Ritheann an lána seo ó *Broad Street* go *Curry Lane*. Bhí teach itheacháin sa lána uair, agus ar crochadh os a chomhair amach bhí comhartha a dúirt:

> Boiling kettles all day
> By John O Dea
> Who sells good tay.

Tá sé intuigthe ón bpatrún ríme go bhfuaimnítí 'O Dea' mar 'O Day'. De réir bhéaloideas an cheantair, bhíodh bratacha ar foluain ag Ó Deá ó fhuinneoga a thí chun custaiméirí a mhealladh chuige. Uaidh sin an t-ainm *Flag Lane*.

O Sullivan's Lane *O Sullivan's Place*	Ainmníodh an lána agus an plás as Henry O Sullivan, ceannaí tobac, agus fear saibhir, a dhein an chuid seo den chathair a fhorbairt, agus a thóg *Clare Street*.
Bell Tavern Lane	Tháinig an t-ainm ó thábhairne a bhíodh sa lána san ochtú céad déag.
Campbell's Row	Ó Thomas Campbell, a raibh tábhairne aige ann.
Punch's Row	Ainmníodh as duine dar shloinne Punch a thóg tithe ann.

Sheehy's Lane	Ainmníodh an tsráid seo freisin as duine a thóg tithe ann.
Old Francis Street	Ó Francis Arthur an t-ainm. Teaghlach an-cháiliúil i stair chathair Luimnigh ba ea muintir Arthur. Ceannaithe saibhre ba ea iad, agus bhí ardmheas ag an bpobal orthu. Tá roinnt eile sráideanna sa chathair ainmnithe as baill den teaghlach seachas *Old Francis Street*.
Cabbage Market	Ón margadh glasraí a bhíodh anseo. Sholáthraíodh garraíodóirí na Páirce, áit ar imeall na cathrach, na glasraí don mhargadh.
Tara Court	Eastát nua tithíochta atá anseo. Agus níor tugadh cúl le dúchas nuair a baisteadh é!
Sean Heuston Place	Sa bhliain 1908 fuair Seán Heuston an chéad áit in Éirinn i scrúdú i gcomhair oifigeach cléireachais i gcomhlacht Great Southern and Western Railways. Cuireadh go stáisiún Luimnigh é. Bhí an-bhaint aige le Fianna Éireann fad a bhí sé i Luimneach. Glaodh ar ais é go Baile Átha Cliath i 1913. Trí bliana ina dhiaidh sin thug sé a anam ar son na hÉireann mar dhuine de cheannairí 1916.
Moore's Lane	Ón té a thóg an lána an t-ainm.
St Lelia's Street St Lelia's Place	Ó Naomh Liadhain, nó Lelia, na hainmneacha seo. Bhí seanchill, Cill Liadhaine, suite tamall gearr amach ó Gheata Thuamhan, ach níl fágtha ann anois ach an reilig a bhain léi. Deirtear sa bhéaloideas gur dheirfiúr do Mhainchín, pátrún Luimnigh, a thóg an chill.

James's Street	Deirtear gur as duine darbh ainm James Unthank an t-ainm. Bhí baint ag muintir Unthank leis an gcathair. Tá tuairim eile ann, áfach, gur as duine darbh ainm James Fox, braicheadóir, a raibh gnó aige sa tsráid, an t-ainm.
John's Square	Fuair an chearnóg a hainm toisc í a bheith láimh le hEaglais (Phrotast-únach) Eoin.
Cornmarket Row	Mar is léir ón ainm, bhíodh margadh arbhair anseo tráth.

Gerald Griffin Street

Little Gerald Griffin Street	As Gerald Griffin (1803-40), file, úrscealaí, drámadóir, Bráthair Críostaí, agus Luimníoch, a ainmníodh an dá shráid seo. *Cornwallis Street* a bhí ar *Gerald Griffin Street* ar dtús; *Play-house Lane* a bhí ar *Little Gerald Griffin Street* mar go raibh amharclann in aice leis, tráth.
Brennan's Row	Ainmníodh as James Brennan, a thóg na tithe ann.
Carr Street	As teaghlach tábhachtach sa chathair an t-ainm.
Robert Street	Ceaptar gur as duine de mhuintir Carr thuasluaite a ainmníodh é.
New Road	Tógadh an bóthar seo go luath tar éis do sheanbhallaí na cathrach a bheith leagtha i 1760. Rith sé ó Shráid Eoin (*John's Street*) go sráidbhaile Thobar na Pingine (*Pennywell*), agus go dtí an Clochán (*Claughaun*). Bealach tábh-achtach anois é a theagmhaíonn le bóthar Bhaile Átha Cliath.

Pennywell	Ceantar é seo atá ainmnithe as tobar cáiliúil. Ní dócha gur tobar beannaithe a bhí ann; níl sé liostaithe ag Caoimhín Ó Danachair in 'The Holy Wells of Limerick'.[3]
Sarsfield Avenue	I gcuimhne ar Phádraig Sáirséil, laoch Luimnigh, an t-ainm. Eastát tithíochta a tógadh i 1925 atá ann; an chéad iarracht ag rialtas Éireannach ar mhalairt tithíochta a sholáthar do dhaoine a raibh cónaí orthu i bplódtithe sa chathair.
Reidy Court	Ainmnithe as Mossie Reidy, fear a chónaigh i gcathair Luimnigh, agus a bhí ina Theachta Dála ar feadh roinnt mhaith blianta.
Garryowen	Ón nGaeilge, ar ndóigh, an t-ainm: Garraí Eoin. Ní ainm sráide atá anseo dáiríre, ach ainm ceantair, a shín soir ó theampall Eoin go Saingeal (*Singland*). Is é ba bhrí leis an ainm ar dtús ná garraí a bhí ag gabháil le seanteampall Eoin. Is minic a thugtar Garraí Eoin ar chathair Luimnigh í féin, go mór mór i ndánta agus in amhráin; mar shampla, an ceann clúiteach sin ón ochtú céad déag:

> Instead of spa we'll drink brown ale,
> And pay the reckoning on the Nail –
> No man for debt shall go to jail,
> From Garrdha Eoin na glóire.

Chum Gearóid Mac Spealáin, staraí Luimnigh, amhrán nua a ghabhann leis an seanfhonn. Seo ceathrú as:

Tráth leadair Liam's a ghramaisc
bhréan
Ár gcathair chaoin le clagar caor,
Ár sean do líon an bhearna bhaoil
I nGarrdha Eoin na glóire.

Garryowen Villas   Ardán de thithe deasa a tógadh i dtús an chéid seo, taobh leis an ngrúdlann a dtugtaí *Garryowen Brewery* uirthi.

Geraldine Villas   Ardán tithe in aon líne le *Garryowen Villas*. Ainmnithe as duine de theaghlach Mhic Gearailt, úinéirí deireanacha na grúdlainne thuasluaite.

St John's Avenue   Eastát beag tithíochta i Sráid Mulgrave. Is minic atá, nó a bhí, an t-ainm Eoin le fáil sa chuid áirithe seo den chathair: Geata Eoin, Eaglais Eoin, paróiste Eoin, Cearnóg Eoin, Ospidéal Eoin.

Mulgrave Street   As Iarla Mulgrave, Fear Ionaid Rí Shasana, a ainmníodh seo. Tháinig sé go Luimneach in 1835 chun an droichead nua, an *Wellesly Bridge* (Droichead an tSáirséalaigh anois) a oscailt.

Bengal Terrace   Sraith tithe a thóg rialtas na Breataine tar éis an Chéad Chogaidh Dhomhanda d'iarshaighdiúirí de chuid Arm na Breataine arbh as Luimneach iad. Cuimhneachán ar réim Impireacht na Breataine san India ainm an ardáin.

Markets Field Terrace   Ardán beag tithe a thóg Bardas Luimnigh go luath sa chéad seo. Ó sheanláthair mhargaidh in aice leis an ardán an t-ainm.

Rossa Avenue	As an bhFínín cáiliúil, Diarmuid Ó Donnabháin Rosa. Tógadh an ascaill sa bhliain 1932.
William's Lane	Bhí *William's Court* sa cheantar seo tráth; uaidh sin ainm an lána.
Summer Street	Tá an tsráid seo in aon líne le *William's Lane* thuasluaite. Mheas seanmhuintir na sráide gur *Somer's Street* a bhí uirthi ar dtús. B'fhéidir mar sin, gur dhuine dar shloinne Somer a thóg an tsráid.
Old Windmill Road	Bhí muileann gaoithe anseo uair. Is minice a thugtar *Tanyard Lane* ar an mbóthar seo anois, mar go raibh teanús ann níos déanaí ná an muileann gaoithe.
Sexton Street	As muintir Sexton Pery, teaghlach mór le rá i stair chathair Luimnigh.

Lastoir de Bhaile na nGael, agus Lastuaidh de *Mulgrave Street* agus *Ballysimon Road* – an chuid thoir thuaidh den chathair

Tá sráidainmneacha de chineálacha éagsúla le fáil sa limistéar seo: ainmneacha daoine a maraíodh i gCogadh na Saoirse nó sa Chogadh Cathartha; ainmneacha a cumadh as logainmneacha áitiúla; ainm amháin a raibh bunús neamhghnách leis; agus roinnt bheag a bhfuil cuma fhíorghallda orthu.

Downey Street *Downey Avenue*	Mharaigh na Dúchrónaigh Michael Downey i Luimneach, 3 Bealtaine 1921.
Keating Street	Ón bpéintéir Seán Keating a rugadh i Luimneach.

Keane Street	Cuireadh an Captaen Thomas Keane chun báis i Luimneach, 4 Meitheamh 1921.
Cathal Brugha Road	As an gceannaire cróga a throid in Éirí Amach na Cásca, agus a maraíodh sa Chogadh Cathartha.
Flood Street	As breitheamh den sloinne Flood a shuíodh sa chúirt i Luimneach.
Herbert Court	Ainmníodh i gcuimhne Robert Herbert, a bhí ina leabharlannaí cathrach i Luimneach.
Kilmurry Avenue *Kilmurry Court* *Kilmurry Road* *Claughaun Avenue* *Greenhill Road* *Reboge Road*	Ainmneacha bailte fearainn áitiúla atá sna hainmneacha seo.
Singland Road	Ainm an-scanda is ea *Singland* (recte Saingeal). Tá sé le fáil in *Bethu Phátraic* faoin bhfoirm 'Sangul'.
Pike Avenue	Bhí paidhc nó bearna chustaim anseo fadó ag a mbailítí dolaí nó 'tolls'.
Bloodmill Road	Seo an scéal atá taobh thiar d'ainm neamhghnách an bhóthair seo. In ochtóidí an naoú céad déag bhí ceithre cinn de mhonarchana bagúin i Luimneach, agus shocraigh comhlacht ó Bhaile Átha Cliath ar thionscal a bhunú chun an fhuil ó na monarchana a phróiseáil agus leasú a dhéanamh di. Chuige sin cheannaíodar seanmhuileann arbhair a bhí díomhaoin agus chuir an gnó ar siúl ann. Bhí an

muileann suite ar an mbóthar a dtugtar *Bloodmill Road* air anois.

Granville Park
Norwood Road

Windsor Close   Sampla maith den truailliú ainmneacha
Laurel Close   atá á dhéanamh inár mbailte agus inár
Devon Close   gcathracha na trí ainm dheireanacha
                         seo.

An Baile Nua, Newtown Pery

Tá tagairt déanta cheana do *Newtown Pery*, an chuid sin den chathair a tógadh nuair a leagadh ballaí cosanta na cathrach sa bhliain 1760. Ar ndóigh, níor tógadh é go léir ag an am céanna; bhí cuid de nár tógadh go dtí blianta tosaigh an naoú haois déag. Tugadh *Newtown Pery* ar an gcuid nua seo den chathair, mar gur ar thalamh Sexton Pery, saoránach saibhir de chuid na cathrach, a tógadh é. Sampla an-bhreá de phleanáil chathrach san ochtú céad déag atá in *Newtown Pery*; tá na sráideanna breátha leathana leagtha amach go rialta comhthreomhar, agus tithe áille maorga den ailtireacht Sheoirseach ar dhá thaobh na sráideanna. Is iad seo a leanas na sráidainmneacha atá le fáil ann

O Connell Avenue   Ó Dhónall Ó Conaill an t-ainm. *Military Road* an t-ainm a bhí air ar dtús.

Quinlan Street   Ainmnithe as an bhfear a thóg í. An tsráid is giorra i Luimneach.

The Crescent   Ó dhéanamh na sráideanna ar an dá thaobh. Thugtaí *Richmond Place* air ar dtús.

O Connell Street   Príomhshráid na cathrach; í ainmnithe as Dónall Ó Conaill. *George's Street* a bhí uirthi roimhe sin, in onóir don Rí Seoirse III.

Newenham Street	Ainmnithe as an bhfear a thóg na tithe ann.
Barrington Street	As an teaghlach cáiliúil a bhunaigh Ospidéal Barringtons i Luimneach an t-ainm.
Hartstonge Street	Ó Sir Henry Hartstonge, M.P. do Cho. Luimnigh, 1776, an t-ainm. Féach 'Sir Harry's Mall' sa roinn den aiste seo a bhaineann le Baile na nGall.
Mallow Street	Ainmnithe as Cecil Pery, Easpag Luimnigh agus Iarla Glentworth Mhala.
Cecil Street	Ón Easpag Cecil Pery thuasluaite.
Glentworth Street	Arís, ón Easpag Cecil Pery thuasluaite.
Roches Street	Ó theaghlach saibhir de chuid na cathrach, ceannaithe agus baincéirí.
Thomas Street	Dhá thuairim faoi cé uaidh a ainmníodh an tsráid seo: (i) ó Sir Thomas Drummond, Fo-Rúnaí na hÉireann, fear a raibh ardmheas air; (ii) Thomas Unthank, ball de theaghlach tábhachtach a raibh baint acu le cathair Luimnigh.
Shannon Street	Is é is dóichí gur ón tSionainn a ainmníodh an tsráid seo.
Bedford Row	Ó Dhiúc Bedford an t-ainm.
Henry Street	Ainmníodh as Edmond Henry Pery, an chéad Tiarna Luimnigh.
Sarsfield Street	Ainmníodh i gcuimhne Phádraig Sáirséil, 'grá ban Éireann', cosantóir calma Luimnigh le linn na léigear i 1690 agus 1691. Tá *Sarsfield Bridge* ar thaobh an Chláir den tsráid seo. *Brunswick Street*

a bhí mar ainm ar an tsráid sular athbhaisteadh í in onóir don Sáirséalach.

Catherine Street	Ó Catherine Unthank an t-ainm. Tá tagairt déanta don teaghlach seo cúpla uair san aiste seo. Dream tábhachtach i saol na cathrach ba ea iad.
William Street	Ón Rí William IV.
Cruises Street	An tsráid is nua i Luimneach. Tógadh í ar láthair sheanóstán Cruises, a leagadh. Osclaíodh an tsráid i 1991.
Rutland Street	Ainmníodh í in onóir d'Fhear Ionaid an Rí, Diúc Rutland, a thug cuairt ar an gcathair.
Chapel Street	Sráid bheag chaol a ritheann ó Shráid Liam go dtí Eaglais Mhichíl.
Denmark Street	Níl a fhios ag aon duine conas a fuair an tsráid seo a hainm. Teoiric amháin atá ann gur oscail mairnéalach darbh ainm Jorgensen tábhairne ann, agus gur uaidh sin an t-ainm. Ach níl an sloinne Jorgensen le fáil in aon taifead gnó a bhaineann leis an gcathair.
Arthurs Quay	Ó Patrick Arthur an t-ainm.
Patrick Street	Ón Patrick Arthur céanna an t-ainm.
Francis Street	Ó Francis Arthur an t-ainm.
Ellen Street	Ó Ellen Arthur an t-ainm. Mar atá ráite cheana san aiste seo, teaghlach gradamach saibhir ba ea muintir Arthur, a raibh baint an-mhór acu le cathair Luimnigh ar feadh na gcéadta bliain.

Michael Street	Toisc í a bheith i ngar do Reilig Mhichíl Naofa.
Parnell Street	Ainmníodh as Charles Stewart Parnell. *Nelson Street* a bhí uirthi roimhe sin.
Pery Street *Pery Square*	Ó mhuintir Pery, ceann de na teaghlaigh ba thábhachtaí i gcathair Luimnigh, an dá ainm seo.
Myles's Street	Ainmnithe mar chuimhneachán ar dhochtúir darbh ainm Myles, a mhair ann.
St Joseph Street	*Richmond Street* (ó Dhiúc Richmond) a bhí ar an tsráid seo ar dtús. Athbhaisteadh í nuair a tógadh Eaglais Naomh Seosamh in aice léi.
Wolfe Tone Street	*Colloney Street* a bhí ar an tsráid seo ar dtús; í ainmnithe as an mbua a dúradh a fuair an Coirnéal Charles Verekcr – a chónaigh sa tsráid – i gCúil Mhuine, Co. Shligigh, i 1798. Fuarthas amach ina dhiaidh sin gur buadh ar Vereker sa chath áirithe seo! Athraíodh ainm na sráide níos déanaí go *Wolfe Tone Street*.
O Curry Street *Little O Curry Street*	An dá shráidainm ón scoláire mór Gaeilge, Eoghan Ó Comhraí, a bhí fostaithe i Luimneach ar feadh tamaill.
St Alphonsus Street	Ó Eaglais Naomh Alphonsus, eaglais Ord an tSlánaitheora, atá in aice láimhe.
St Gerard Street	In aice le *St Alphonsus Street*. As Naomh Gerard Majella, a bhfuil an-deabhóid ag Ord an tSlánaitheora dó, an t-ainm.

Quin Street	Ó fhear dar shloinne Quin. Thóg sé an tsráid chun go mbeadh cóngar go dtí Eaglais Naomh Alphonsus ó Bhealach Uí Chonaill (*O Connell Avenue*).
New Street	Ceanglaíonn an tsráid seo an Cuarbhóthar Theas le Bóthar Bhéal Átha na Cora (*Ballinacurra*). Níor tugadh aon ainm eile air.
Wickham Street	Ainmníodh as William Wickham, Príomh-Rúnaí na hÉireann 1802-1804.
Roches Row	Ón teaghlach cáiliúil gnó, as ar ainmníodh Sráid de Róiste, a ainmníodh an rae seo.
Anne Street	Ceaptar gur ó dhuine de mhuintir de Róiste an t-ainm.
Baker Place	As fear a thóg ceithre cinn de thithe breátha sa phlás seo a ainmníodh é.
Post Office Lane	Tugadh an t-ainm seo air mar go raibh sé in aice oifig an phoist.
Theatre Lane	Bhí amharclann, an Theatre Royal, sa lána seo tráth.
Mount Kennett Place	Ó ainm na háite ina bhfuil an plás suite.
Jesuits' Lane	Lána beag ar chúl shéipéal na nÍosánach.
Windmill Street	Tháinig an t-ainm ón muileann gaoithe a tógadh anseo i 1786. Dódh an muileann in 1803; atógadh é; dódh arís é in 1813. D'fhan sé ina fhothrach go dtí 1905, tráth ar glanadh gach rian de as an áit.

Dock Road	Tá an bóthar seo in aice leis na dugaí.
Clontarf Place	Chuimhnigh duine éigin ar ainm dúchasach a thabhairt ar an bplás seo.
Cogan Street	As teaghlach dar shloinne Cogan, a raibh baint acu le tógáil na sráide.
Emmet Place	As Roibeard Emmet a ainmníodh.
Mac Namara's Terrace	Ainmníodh é as an bhfear a thóg é.
Mount Pleasant Avenue	An tógálaí a thóg é a thug an t-ainm air. Gan amhras, mheas sé gur 'ainm deas' a bhí ann.
Roden Street	Ceaptar gur Roden ba shloinne don fhear a thóg an tsráid.
Barrack Hill	Sráid ar chúl Bheairic an tSáirséalaigh an tsráid seo.

Áitcanna atá ar Imeall na Cathrach, Laisteas di nó Soir ó Dheas uaithi

Courtbrack Avenue	Ó ainm an bhaile fearainn ina bhfuil an ascaill.
South Circular Road	
Summerville Avenue	Bóithrín tuaithe a bhí anseo ar dtús. Thóg Thomas Massey Harvey teach mór galánta ann, agus thug *Summerville House* air. Thugtaí *Harvey's Avenue* ar an mbóithrín ansin, ar feadh tamaill. Níos déanaí, athraíodh an t-ainm go *Summerville Avenue*.
Verona Esplanade	Ní fios conas a fuair sé an t-ainm. Toisc gur ainm ardnósach a bhí ann, b'fhéidir!

Boreen na Tobar   Leagan truaillithe atá anseo den ainm
                      Bóithrín an Tobair. Tobar beannaithe
                      atá ann, Tobar Dhoiminic.

Greenpark Avenue
Greenpark Gardens

Ballinacurra Road   Ón mbaile fearainn ina bhfuil an
                      bóthar suite an t-ainm.

Lifford Avenue
Lifford Gardens

Lord Edward Street Ar ndóigh, ón nGearaltach cróga an
                      t-ainm.

Boherbuoy   Tugtar é seo ar chuid de *Lord Edward
                      Street*. Deirtear go bhfuair sé an t-ainm
                      (Bóthar Buí) toisc go mbíodh aiteann
                      ag fás go tiubh ar dhá thaobh an
                      bhóthair, agus nuair a bhíodh sé faoi
                      bhláth go bhféachfadh an bóthar go
                      hálainn leis na bláthanna buí go léir.

Hyde Road   As Dubhglas de hÍde, an chéad
                      Uachtarán ar Éirinn.

Carey's Road   Ainmnithe mar chuimhneachán ar an
                      Dr Carey, dochtúir geanúil carthanach
                      a chleacht sa cheantar seo.

Bourke Avenue   Ó Dan Bourke, a bhí ina mhéara ar
                      Luimneach, agus ina Theachta Dála ar
                      feadh mórán blianta.

Caledonian Square

Meagher Avenue   Ainmnithe as Thomas Francis
                      Meagher, an Young Irelander.

Lenihan Avenue   Ó Maurice Lenihan, staraí Luimnigh.

Talbot Avenue   Ó Matt Talbot an t-ainm.

Kickham Avenue	Ón úrscéalaí agus tírghráthóir, Charles Kickham.
Byrne Avenue	Oifigeach in Óglaigh Chathair Luimnigh ba ea Bobby Byrne. Mharaigh fórsaí na Breataine é ar 6 Aibreán 1919. Ainmníodh an ascaill mar chuimhneachán air.
Donnellan's Buildings	As Tom Donnellan, ball de Bhardas Luimnigh.
Clarina Avenue	As logainm áitiúil an t-ainm.
Crecora Avenue	As logainm áitiúil an t-ainm.
Ballyclough Avenue	As logainm áitiúil an t-ainm.
Garryglass Avenue	As logainm áitiúil an t-ainm.
Galvone Road	As logainm áitiúil an t-ainm.
Bawnmore Road	As logainm áitiúil an t-ainm.
Rathuard Road	As logainm áitiúil an t-ainm.
Rathbane Road	As logainm áitiúil an t-ainm.
Glenmore Road	As logainm áitiúil an t-ainm.
Childers Road	Ó Erskine Childers, iar-Uachtarán na hÉireann.
Synge Drive	Ó John Millington Synge, drámadóir.
De Vere Court	Ainmníodh as Aubrey de Vere, an file cáiliúil ó Cho. Luimnigh.
Donough O Malley Park	Ainmníodh as Donncha Ó Máille, Luimníoch, an t-aire fuinniúil rialtais a thug isteach Scéim an tSaoroideachais.

Beechgrove Avenue
Marian Drive

Marian Avenue   Ainmnithe in onóir na Maighdine Muire.

Vale Avenue
Lawn Way
Rock Place
Deer Court
Swallow Drive

Kincora Park   Fillimid arís ar an dúchas leis an ainm seo a thagann ó ríbhrú Bhriain Bóirmhe.

Roxboro' Road   Ó logainm áitiúil.

Greenmount Avenue   Ainm nuachumtha nach mbaineann le haon logainm áitiúil.

Fairview Avenue   Bhí radharc ar pháirc an aonaigh ón ascaill seo.

Maigue Way   Ainmnithe as Abhainn na Máighe i gCo. Luimnigh, abhainn na bhfilí Gaeilge.

Ainmníodh roinnt mhaith sráideanna sa chuid seo den chathair as ceannairí Éirí Amach na Cásca, as fir a ghlac páirt i gCogadh na Saoirse, agus as polaiteoirí áitiúla. Beirt de cheannairí na Cásca a bhfuil a n-ainmneacha ar shráideanna ba as Luimneach iad: Ned Daly as cathair Luimnigh agus Con Colbert as Áth an tSléibhe i gCo. Luimnigh.

Pearse Avenue
Clarke Avenue
Connolly Avenue
Mac Dermott Avenue
Colbert Avenue
Daly Avenue

Casement Avenue
Markievicz Avenue

Griffith Avenue	Ainmnithe as Arthur Griffith.
Colivet Drive	Ainmnithe as Mícheál Colivet, ceannaire ar Óglaigh Luimnigh, a toghadh ina Theachta Dála i 1918.
O Donoghue Avenue	Ón óglach Joseph O Donoghue a mharaigh na Dúchrónaigh, 7 Márta 1921.
O Higgins Drive	Ainmnithe as Kevin O Higgins, Aire Rialtais, a maraíodh i 1927.
Glasgow Park	Ainmnithe as Frank Glasgow, sean-Óglach, ball de Bhardas Luimnigh; ball díograiscach de Chonradh na Gaeilge.
Keyes Park	Ainmnithe as Michael Keyes, ball de Bhardas Luimnigh agus Aire Rialtais.
Danaher Crescent	As Jack Danaher, ball de Bhardas Luimnigh.
Blackboy Road	Ó thábhairne darbh ainm 'The Black Boy' a bhí anseo san ochtú céad déag a tháinig an t-ainm. Ar chomhartha a bhí ar crochadh os comhair an tábhairne bhí léaráid de bhuachaill ciardhubh agus é ar scaradh gabhail ar bhairille.

Ar na hainmneacha gan bhrí a thugtar go minic ar eastáit tithíochta tá ainmneacha crann. Mar shampla, tá na hainmneacha seo le fáil sa chuid sin den chathair a bhfuilimid ag déileáil léi sa roinn seo dár suirbhé ar shráidainmneacha Luimnigh:

Linden Court
Cedar Court
Rowan Court
Maple Court

Chestnut Court
Willow Court
Walnut Court
Hawthorn Court
Sycamore Avenue
Elm Place
Ash Avenue

Trasna Abhainn na Mainistreach ó Bhaile na nGall agus isteach i gceantar na Páirce agus Chorrbhaile
Janemount Park
Old Park Road
Rosendale Gardens
Roseville Gardens

Abbey Avenue   Ó Abhainn na Mainistreach (ar cuid den tSionainn í dáiríre).

Lanahrone Avenue Ó charraig sa tSionainn, Leac na Rón, an t-ainm.

Rhebogue Avenue   Ó logainm áitiúil an t-ainm.

Plassey Avenue   Ó logainm áitiúil an t-ainm.

Shannon Drive

Lastoir den tSionainn ó Chorrbhaile
Shannon Banks
Shannon Grove
Riverside Drive
River Walk
Riverside Park
Riverside Close

Athlunkard Close   Ó logainm áitiúil (Áth an Longfoirt) an t-ainm.

Athlunkard Avenue Arís, ón logainm thuas an t-ainm.

College View Drive As Coláiste Mhainchín, in aice láimhe, an t-ainm.

St Munchin's Drive Agus as Coláiste Mhainchín arís.

Moyclare Avenue

Garradice Green Ní fios cad is bunús leis an ainm seo.

Caithfear a admháil nach bhfuil mórán samhlaíochta ag baint leis na hainmneacha sa liosta áirithe seo.

Bruachbhailte Chathair Luimnigh atá Laistiar agus Lastuaidh den tSionainn agus ag síneadh isteach i gCo. an Chláir

Tá mórchuid sráidainmneacha sna bruachbhailte atá sa limistéar seo. Tá éagsúlacht iontu. Tabharfar faoi deara go mbaintear feidhm as logainmneacha dúchasacha go minic – logainmneacha áitiúla cuid mhaith acu – nuair a bhíonn ainmneacha á dtabhairt ar bhóithre agus ar eastáit nua tithíochta. Níl claonadh rómhór ann chun ainmneacha gallda a úsáid, agus níl ainmneacha galánta ardnósacha rófhlúirseach ann. Nós amaideach amháin a chleachtear ann ainmneacha crann a thabhairt ar bhóithre agus ascaillí. Tá ainmneacha timpeall fiche saghas crann le fáil sna sráidainmneacha i gceantar beag amháin. Cheapfadh duine gur foraois atá ann! Ach tá seans maith ann nach bhfuil fiú sampla amháin de na cineálacha crann a luaitear sna hainmneacha le fáil sa cheantar. A lán de na hainmneacha ní gá aon mhíniú a thabhairt orthu.

Brown's Quay As braicheadóir áitiúil, dar sloinne Brown, an t-ainm.

Glenagross Park Ó logainm áitiúil.

Ballynanty Road Ó logainm áitiúil.

Kileely Road Ó logainm áitiúil.

Ballygrennan Road Ó logainm áitiúil.

Knocklisheen Avenue	Ó logainm áitiúil.
Monabraher Road	Ó logainm áitiúil.
Farranshone Road	Ó logainm áitiúil.
Shannabooly Road	Ó logainm áitiúil.
Clonconnane Road	Ó logainm áitiúil.
Moylish Road	Ó logainm áitiúil.
Meelick Road	Ó logainm áitiúil.
Cratloe Court Drive	Ó logainm áitiúil.
Coolraine Terrace	Ó logainm áitiúil.

Iona Drive
Avondale Drive
Lissadell Drive
Corrib Drive
Galtee Avenue
Aherlow Close
Inagh Drive
Derravarragh Road
Sheelin Drive
Rosroe Avenue
Carragh Drive
Rostrevor Close
Glendora Avenue

Davin Gardens	Tagann an t-ainm ó *Caherdavin*, ainm baile fearainn atá sa cheantar seo.
Dalgaish Park	Ó Dál gCais, ainm na treibhe lenar bhain Brian Bóirmhe.
Mayorstone Avenue	Tá *Mayorstone Drive, Mayorstone Crescent, Mayorstone Gardens, Mayorstone Grove* ann freisin, iad go léir ainmnithe as 'Cloch an Mhéara' a bhíodh ina seasamh ag crosaire Chill

Liaile (*Killeely*) ag an áit ar stop an bóthar a tógadh le mórán dua trí thalamh riascach go Páirtín. *Long-pavement* a thugtar ar an mbóthar sin anois. An chéad chloch a bhíodh ag an gcrosaire tá sí imithe le fada, ach cuireadh ceann eile ina háit. Seo an scríbhinn a bhí ar an gcéad chloch, de réir an staraí Lenihan:

THIS PAVING WAS WH
OLY ENDED AT THE
CHARGES OF THE CORPO
RATION, JAMES WHIT
E FITZJAMES ESQVIR
BEING MAYOR ANNI DI
MDCXXXVIII

O Callaghan Strand — Ó Mhicheál Ó Ceallacháin, iar-Mhéara Luimnigh, a mharaigh na Dúchrónaigh, 7 Márta 1921.

Clancy Strand — Ó Sheoirse Mac Lannachaidh, Méara Luimnigh, a mharaigh na Dúchrónaigh, 7 Márta 1921.

Hogan Avenue — As an bhfile Luimníoch, Michael Hogan, 'The Bard of Thomond' (1832-99).

Smith O Brian Avenue — As ceannaire Éirí Amach 1848 an t-ainm. Ba as Cathaoir Maothail i gCo. Luimnigh don Bhrianach.

Kenyon Avenue — Ón Athair John Kenyon, ball de na hÉireannaigh Óga.

Creagh Avenue — Ainmníodh as an Athair John Creagh, ball de Ord an tSlánaitheora i Luimneach.

Stenson Park — Ainmnithe as innealtóir de chuid an Bhardais.

Hennessy Avenue	I gcuimhne ar an Athair Hennessy, sagart tírghrách d'Ord Naomh Agaistín i Luimneach.

Bracken Gardens	Is é is dóichí gur ó J.K. Bracken, duine de bhunaitheoirí Chumann Lúthchleas Gael, a ainmníodh.

Lee Park	Mar chuimhneachán ar an gCanónach Lee, S.P., Paróiste Mhuire.

Cregan Avenue	As Con Cregan, eagarthóir an *Limerick Leader* ar feadh mórán blianta, a ainmníodh.

Canon Breen Park	As sagart áitiúil an t-ainm.

De Valera Park	As Éamon de Valera, iar-Uachtarán na hÉireann.

Cosgrave Park	As Liam Mac Coscair, ceann Rialtas na hÉireann 1922-32.

Reidy Park	Ó Mossie Reidy, ball de Bhardas Luimnigh, agus Teachta Dála.

Delmege Park	Fear saibhir agus tiarna talún ba ea James Delmege. D'ainneoin gur ainmníodh an pháirc as, is beag meas a bhí ag an ngnáthphobal air.

Vereker Gardens	Ainmnithe as an gCoirnéal Charles Vereker, a raibh cónaí air i Luimneach, agus a throid i gcoinne na bhFrancach agus na nGael i gCúil Mhuine, Co. Shligigh, i 1798.

Castleview Gardens	Radharc ar Chaisleán Eoin ón áit seo.

Sexton Street North	Ainmníodh an *Sexton Street* seo as James Sexton a thóg mórán de na tithe ann, go luath sa naoú céad déag.

Clareview Avenue

Shelbourne Avenue
Glenview Avenue
Quarry Road

Cross Road   Bóthar a ritheann idir an Bóthar Ard agus an Bóthar Nua.

New Road   Tógadh é sa bhliain 1757.

Priory Park   Níl prióireacht ar bith in aice leis. B'fhéidir gur roghnaíodh an t-ainm mar gur ainm deas é!

Woodview Close
Pineview Gardens
Rosturra Crescent
Bellfield Gardens

Clanmaurice   Dúirt Kevin Hannan, fear an-eolach ar
Avenue   stair Luimnigh, liom gur chuala sé gur ó mhac tógálaí na hascaille (Maurice) an t-ainm.

Lansdowne Terrace   Tá *Lansdowne Gardens* agus *Lansdowne Park* ann freisin. Ó Iarla Lansdowne, an tiarna talún áitiúil, ainm an ardáin. Maireann an teideal i gcónaí. An tIarla atá ann faoi láthair, shíolraigh sé go díreach ó Sir William Petty, an tArd-Suirbhéir a stiúraigh an *Civil Survey* sa seachtú céad déag. Vesey Fitzgerald Fitzgibbon Petty is sloinne dó.

Stonetown Terrace
Strandville Gardens
Westfield Park
Belle Vue Gardens

Rose's Avenue   Ó sheaneaglais Naomh Rós, i mbaile fearainn *Kilrush*.

Shannon Ville
Hillcrest Court

Revington Park　　Tá *Revington Circle* ann, leis. Ó Thomas Revington, a cheannaigh roinnt mhaith sealúchais sa cheantar seo ó Iarla Lansdowne, an t-ainm.

Oakland Drive
Parkwood Drive
Beechwood Drive
Ashling Drive
Merval Park
Brookville Avenue
Craeval Park
Sunville Court

Fort Mary Park　　Ó ainm bhean nó iníon an tógálaí.

Highfield
Ashbrook Gardens
Rushdale Drive
Camira Court
Meadow Close
Glenmore Road
Mayfield Road
North Circular Road

College Road　　In aice le Coláiste Mhaolis (*Moylish*).

Hibernian Villas
St Mary's Terrace
St James's Court
Maple Drive
Laurel Court
Hawthorn Drive
Beechpark Grove
Cherry Avenue
Elm Drive
Ivy Close
Whitethorn Drive

Fuchsia Avenue
Birch Avenue
Blackthorn Drive
Hazel Drive
Rowan Avenue
Willow Avenue
Woodbine Avenue
Alderwood Avenue
Larchwood Avenue
Walnut Drive
Pinewood Avenue
Mossgrove Avenue
Ashwood Avenue

Is mór idir na hainmneacha 'fiodhacha' sin thuas agus leithéidí Bealach Beithe, Cluain Draighneach, Bóthar Coill agus Cúil Aitinn, seanlogainmneacha dúchasacha atá le fáil i Luimneach.

Focal Scoir
Ní athraíonn croí, nó lár, cathrach mórán i gcaitheamh na mblianta. Sna bruachbhailte a tharlaíonn an fás agus an t-athrú go léir nach mór. Bíonn na sráideanna agus na cearnóga céanna le feiceáil i gcónaí i lár na cathrach, agus is fíorannamh ar fad a chuirtear leo nó a bhaintear díobh. Ach sna bruachbhailte bíonn bóithre nua agus ascaillí nua á dtógáil an t-am go léir. Ní mór ainmneacha a thabhairt ar na bóithre agus na hascaillí nua sin. Rud suimiúil é staidéar a dhéanamh ar na hainmneacha a thugtar orthu, agus iad a chur i gcomparáid leis an hainmneacha a fhaightear i seancheantair na cathrach.

Sna seancheantair i gcathair Luimnigh - Baile na nGall agus Baile na nGael, mar shampla - tagraíonn na sráidainmneacha do sheanfhoirgnimh a bhí sa cheantar - eaglaisí, mainistreacha, caisleáin, muilte, céanna; nó tagraíonn siad do láithreacha margaidh nó gnó, nó do dhroichid, nó do dhaoine a chónaigh sna sráideanna - easpaig, cléirigh, ceannaithe, ceardaithe. Uaireanta, tháinig ainm na sráide ó ainm tábhairne a bhí ann cúpla céad bliain roimhe sin. Tá stair agus seanchas agus eolas le fáil sna hainmneacha seo.

Scéal eile é maidir lena lán de na hainmneacha atá á dtabhairt ar bhóithre agus ascaillí i mbruachbhailte nua na cathrach. Ceart go leor, tugtar aitheantas do shean-logainmneacha an cheantair i gcuid de na sráidainmneacha nua; agus bheadh duine ag súil go leanfaí den nós sin. Ach tá roinnt bheag ainmneacha eile ann, agus níl dealramh ar bith leo in aon bhaile Éireannach, leithéidí *Windsor Court* agus *Devon Close*, mar shampla. Agus tá cinn eile atá amaideach go maith – leithéidí *Cedar Court* agus *Ivy Close*. Bréag-ghalántacht, agus ní rud ar bith eile, is cúis le cuid de na sráidainmneacha a roghnaítear. Ainmneacha den saghas atá luaite, níl baint dá laghad acu le haon rud sa cheantar ina bhfuil siad le feiceáil – stair, seandálaíocht, seanchas, an dúlra, an timpeallacht fhisiciúil, an nós dúchasach ainm-niúcháin. Ach, ar a laghad, is gann go maith iad na 'mews' agus na 'closes' i gcathair Luimnigh, cé go bhfuil claonadh ann chun an focal 'court' a úsáid i roinnt mhaith de na hainmneacha.

Den 382 sráidainm atá liostaithe agam sa suirbhé seo tagann 130 ceann ó ainmneacha daoine. I measc na ndaoine sin tá 41 duine a bhféadfaí tírghráthóirí a thabhairt orthu, agus seachtar a bhí ina n-ealaíontóirí (scríbhneoirí, filí, péintéirí). As foirgnimh (eaglaisí, príosúin, caisleáin, etc.) a thagann 36 cinn de na hainmneacha; tagann 53 cinn eile ó áitainmneacha in Éirinn, cuid mhaith acu ó logainmneacha áitiúla. Ainmneacha naomh atá i 17 gcinn de na hainmneacha; agus as seanláithreacha margaidh a thagann 3 cinn. As an iomlán tá 40 éigin ainm a bhféadfaí a rá fúthu gur ainmneacha 'ardnósacha' iad. Fágann sé sin go bhfuil fuíollach de 60 éigin ainm nach bhfuil aicmithe sa suirbhé. Ainmneacha ilchineálacha iad sin a mbeadh sé deacair iad a réimniú.

Sin scéal shráidainmneacha Chathair Luimnigh cois Sionainne!

Buíochas

Ba mhaith liom buíochas ó chroí a ghabháil le Kevin Hannan, Pennywell Road, Luimneach, as an gcabhair go léir a thug sé dom agus an aiste seo á cur i dtoll a chéile agam. Níl aithne agam ar aon duine a sháródh Kevin ar mhéid agus ar scóip a chuid eolais ar stair agus sheanchas chathair Luimnigh. Roinn sé an t-eolas sin go fial is go fáilteach is go minic liom le linn an saothar seo a bheith idir lámha agam. Gura fada buan é!

Tagairtí

1 G. Mac Spealáin, *Cathair Luimnigh,* Cuid 1, Oifig an tSoláthair, Baile Átha Cliath, 1948, lch 47.

2 *ibid.*, lch 47.

3 *JSRAI*, Iml. LXXXV, Cuid 2, 1955.

Dornán Sráidainmneacha i gCathair na Gaillimhe

Breandán S. Mac Aodha

D'fhás cathair Normannach na Gaillimhe as mioneithne lonnaíochta de chuid mhuintir Fhlaitheartaigh, eithne ar a dtugtaí Baile an tSrutháin[1]. Sa bhliain 1124 tógadh dúnfort ag bun abhainn na Gaillimhe[2]. Bhí stair chorrach ag an daingean chéanna ach sa deireadh thiar bhí an lámh in uachtar ag na Normannaigh agus sa bhliain 1270 tosaíodh ar an áit a thimpeallú le ballaí[3].

Ba lonnaíocht ghallda í Gaillimh as sin amach. Rinneadh gach dícheall na Gaeil a choinneáil faoi smacht: mar shampla sa bhliain 1460 d'ordaigh William Lynch (an maor) nach ligfí aon teach sa bhaile ar cíos le Gaeil[4]. Ar 22 Lúnasa 1659, tugadh ordú don ghobharnóir, an Coirnéal Thomas Sadlier, na 'Irish Papists' go léir a dhíbirt as an mbaile, rud a rinneadh[5]. Go luath san ochtú céad déag reachtaíodh mar leanas:

> if any person or persons of the popish religion, other than such trading merchants ... not exceeding twenty in each of the towns of Limerick and Galway as shall be licensed by the chief governor and governors of this kingdom for the time being, shall presume to live, dwell or inhabit, or take any house or tenement in either of the said towns or suburbs he or they shall

112

forfeit all his or their goods and chattels and suffer imprisonment for one whole year.[6]

Sa bhliain 1716 mhaígh an maor Robert Blakeney:

(I) turned all the Papists out of the town, except about twenty merchants, from whom I took security[7].

Ach in ainneoin gach díchill d'fhill na Gaeil chun na cathrach arís is arís eile. Ina theannta sin ní mór cuimhneamh air go mbíodh tráchtáil ar siúl riamh anall idir muintir na cathrach agus pobal an cheantair máguaird, ceantar a mhair ina Ghaeltacht anuas go dtí an céad seo féin. Rinne M. D. O'Sullivan mionscrúdú ar staid na Gaeilge sa chathair[8]. Léiríonn sí go raibh rian láidir ag teanga na tíre mórthimpeall ar chultúr na cathrach, agus go raibh labhairt na Gaeilge ag a lán de na cathróirí – ní hamháin sin ach gur dóiche go raibh cuid acu dátheangach. Nuair a chuirtear san áireamh freisin an síorchaidreamh laethúil idir muintir na tuaithe agus muintir na cathrach ní díol iontais ar bith é go mbíodh rian na Gaeilge le sonrú ar roinnt de na sráidainmneacha nó ar a laghad go mbíodh a leaganacha féin ag lucht na Gaeilge ar roinnt acu.

Is beag spéis a cuireadh i sráidainmneacha na Gaillimhe go dtí seo. Scríobh an tOllamh T.S. Ó Máille dornán alt inar phléigh sé ainm na cathrach féin agus roinnt ainmneacha eile sa chomharsanacht. In alt amháin rinne sé trácht ar chnuasach áitainmneacha i gceantar na cathrach – *Na Libeirtí, Fort Hill, Kilcorkey, Corkass, Meadle, Rahoon* agus *Sickeen/Suckeen* – ach níor bhac sé an uair sin le haon solas breise a chaitheamh ar na sráidainmneacha[9]. An té ar mian leis eolas a fháil i dtaobh na haicme seo ainmneacha, ní mór dó dul i muinín na léarscáileanna agus na seancháipéisí.

Is é an mapa is sine de chathair na Gaillimhe dá bhfuil ar eolas ná an léaráid a rinne Barnaby Gooche, Propast-Mharascal Chonnacht, sa bhliain 1583[10]. Níl mórán fianaise le baint as an saothar sin ach amháin go raibh *Lynch's*

Street mar ainm ar shráid amháin (*Market Street* nó sráid éigin comhthreomhar leis sin) agus *Blake Street* ar shráid (dho-aithnid) eile. Níl léarscáil John Browne, a ullmhaíodh sa bhliain chéanna, mórán níos tairbhí[11], ná léarscáil na bliana 1625[12] ach oiread.

A mhalairt atá fíor i gcás an mhapa a cuireadh i dtoll a chéile ar ordú an Bhardais sa bhliain 1651 – tá sé sin lán de mhioneolas[13]. Breacadh síos sonraí i dtaobh na mballaí, na n-uiscebhealaí, na n-eaglaisí agus na dtithe eaglasta, na bhfoirgneamh mór, na láithreán suntasach agus ar ndóigh na sráideanna is na lánaí. Ainmníodh ceithre shráid déag is ceithre lána dhéag laistigh den chathair ar an léarscáil seo, agus dornán beag bóithre is lánaí sna bruachbhailte. Is é an rud atá fíorspéisiúil faoin cháipéis seo ná go dtugann sí leaganacha Gaeilge de roinnt de na sráidainmneacha seo; i gcorrchás ní thugann sí ach an leagan Gaeilge. Is iad na leaganacha Gaeilge atá i gceist ná *Sraid eddir da Bogher* [Sráid idir dá Bhóthar] (*Middle Street*), *Pludd Street* [Sráid an Phluda] (*Whitehall*), *Sráid Tober an Iarlagh* (Sráid Thobar an Iarla), *Boaher Dubh* (Bóthar Dubh), *Boaher eddir da Stronda* (Bóthar idir dhá Stranda), *in Gutta* (an Guta), *Boaher an Iarlagh* (Bóthar an Iarla), *Boaher Isander* (Bóthar Iosandair) agus *Boaher Keam* [Bóthar Cam] (*Church Lane/O'Gorman's Lane*). Lena chois sin tá an méid seo a leanas suite sna bruachbhailte: *Bohermore* (Bóthar Mór). Ar mhí-ámharaí an tsaoil tá cuid mhór de na hainmneacha seo imithe ar ceal anois tharla gur leagadh na foirgnimh mheánaoiseacha agus gur athshuíodh cuid de na sráideanna. Níl oiread agus an tríú cuid de na lánaí a léiríodh ar léarscáil 1651 le haithint i sráidphlean an lae inniu.

Tugtar anseo thíos blúirí faisnéise i dtaobh roinnt de na sráideanna is mó cáil i ngar do lár na cathrach. Níl sna nótaí seo ach réamhbhreathnú ar an ábhar: le cuidiú Dé déanfar plé níos doimhne ar an fhianaise amach anseo. (Baintear úsáid ag as nod A.C. = ainmchlár.)

Dornán Ainmchlár as Gaillimh

1. *Shop Street* A.C. *Sráid na Siopaí*. Ba í seo príomhshráid na cathrach riamh anall: ní díol iontais ar bith é mar sin gur tógadh na chéad siopaí san áit seo. *Shop Street* an leagan a bhí ag Hardiman in 1820[14], ach *High Street* atá marcáilte ar léarscáil 1625[15], agus *High Middle Street* atá ar léarscáil 1651[16]. 'Sráid na Siopaí' a bhí ag muintir na Gaeltachta le fada an lá: sin an leagan a d'úsáid Tomás Laighléis[17].

2. *William Street* A.C. *Sráid Liam*. Is é seo an t-eireaball ó thuaidh de Shráid na Siopaí. Níor áiríodh mar shráid ar leith í ar léarscáil 1625 ach mar chuid den *High Street*. Ar léarscáil 1651 tugadh *Great Gate Street* ar an bhealach seo de bhrí gur rith sí isteach ó phríomhgheata na cathrach, an geata thoir. Sa bhliain 1691 athraíodh ainm an gheata: 'thenceforth, in honour of his majesty, called William's gate'[18]. D'fhréamhaigh ainm na sráide as ainm nua an gheata. *William Street and Gate* an méid atá scríofa ag Michael Logan (1818)[19].

3. *Mainguard Street* A.C. *Sráid Príomh Gárda*. Tá gabhal ag bun Shráid na Siopaí. Lean an chraobh dheas ar aghaidh síos go balla na cathrach, áit a raibh geata mór eile, ag oscailt amach don abhainn agus don phríomhdhroichead. Ba aniar go háirithe a thagadh na hionsaithe i stair luath chathair na Gaillimhe: ba anseo mar sin ba mhó a bhí gá leis an chosaint. Uaidh sin a tháinig ainm na sráide. Aisteach go leor *Bridge Street* an t-ainm atá ar léarscáil 1651, é ag freagairt do *Mainguard Street* agus do *Bridge Street* an lae inniu, agus tá an t-ainm céanna sin le fáil ar léarscáil 1625. *Main Guard* an leagan atá ag Logan: is dócha go bhfuil *Street* intuigthe.

4. *High Street* A.C. *An tSráid Ard*. Seo an t-ainm atá ar 'chos chlé' Shráid na Siopaí, ón ghabhlóg anuas. *High Street* a bhí ag Hardiman ('a street so termed from its high or elevated situation'[20]) agus ag Logan. *Market Street* a bhí ar léarscáil 1651: tá an t-ainm sin ar shráid eile ar fad sa lá inniu (an tsráid ar ar tugadh an t-ainm *North Street* an tráth úd). 'An tSráid Ard' atá ag an Laighléiseach[21].

5. *Bridge Street* A.C. *in easnamh*. Leanann an tsráid seo ar aghaidh ó bhun *Mainguard Street* go dtí an abhainn. *Bridge Gate Street* an leagan ar léarscáil 1651. Tógadh an droichead mór seo den chéad uair sa bhliain 1442. Éamonn a' Tuain (Éamonn na dTuan?), allmhaireoir mór fíona, a d'íoc as[22]. Ní luann an Máilleach an tsráid, ach tugann sé Droichead an tSeamlais (as an seanseamlas a bhíodh fadó ag an gceann thoir den droichead a ainmníodh é) agus Droichead an Bhrianaigh (*O'Brien's Bridge* an gnáthleagan Béarla sa lá inniu) ar an droichead féin[23]. *West Bridge* atá ag Logan sa bhliain 1818, agus *Bridge Street* ar an tsráid.[24]

6. *Quay Street* A.C. *Sráid na Céibhe*. Sin an t-ainm atá leis an síneadh siar ó dheas ón tSráid Ard i dtreo sheanmhargadh an éisc. Thug Logan *Watergate St* ar an tsráid seo ach tá an bunainm á lua i bhfad siar, m.sh. ag Vincent Godkin faoin fhoirm *Key Street* sa bhliain 1657[25]. 'Sráid na Céibhe' atá ag an Mháilleach[26].

7. *Cross Street* A.C. *An tSráid Thrasna*. Is seansráid eile í seo. Scríobhadh mar *Crosse Street* é ar léarscáil 1651. Ní luaitear í ag an Laighléiseach ach tá 'An tSráid Trasna' ag an Mháilleach[27]. Thug Logan *Cross Street* ar an chuid thoir theas den tsráid seo, ach *Lombard Street* ar an ghéag sin di a shíneann idir an tSráid Ard agus Sráid an Droichid. Leanann *Lombard Street* ar aghaidh ar an taobh eile de Shráid an Droichid an bealach ar fad suas go dtí *Abbeygate Street*.

8. *Flood Street* A.C. *Sráid Thobar an Iarla*. Síneann an tsráid seo comhthreomhar le *Quay Street* i dtreo bhéal na habhann. Téann an t-ainm siar go 1657 ar a laghad, mar tá *Flud Street* ag Godkin[28], ach *Earl Street* nó 'Sraid Tober an Iarlagh' (Sráid Thobar an Iarla ó cheart) atá ar léarscáil 1651. Is tagairt í seo do Richard de Burgh ('the Red Earl') a fuair bás sa bhliain 1326[29]. Is dócha gurbh é baol na dtuilte ba shiocair leis an ainm nua. Ba é *Flood Street* an leagan a bhí ag Logan (1818).

9. *Lombard Street* A.C. *Sráid na Lumbardach*. Casann an tsráid seo ar deis ag bun *Mainguard Street* agus ritheann sí a fhad le Sráid an Mhargaidh. Mhínigh Hardiman an t-ainm mar a leanas: 'a part of the town so called from the Lombards, a mercantile people of Italy, who formerly resorted here for the purpose of trade'[30]. Gan aon amhras bhíodh baint mhór ag na hIodálaigh leis an tráchtáil olla i nGaillimh, agus freisin le cúrsaí baincéireachta, agus ba as an Lombaird go háirithe a thagaidís[31]. Tá an t-ainm le fáil gan athrú ar léarscáil 1651, agus déantar tagairt dó faoin fhoirm *Lumbard-street* i liosta de shealbhóirí Choláiste San Nioclás don bhliain 1637[32]. Ní luaitear é ag an Laighléiseach ná ag an Mháilleach. Cheangail Logan an t-ainm ní hamháin le *Lombard Street* ó cheart ach le cuid de *Cross Street* agus le *Market Street* an lae inniu.

10. *Market Street* A.C. *Sráid an Mhargaidh*. Ba shráid mhór comhthreomhar le Sráid na Siopaí, ach ar an taobh thiar thuaidh di, an tsráid seo. Bhí sí ina cuid de *Lombard Street* ag an Lógánach (1818)[33]. *North Street* an t-ainm ar léarscáil 1651 – an tráth sin bhíodh an margadh ar siúl san áit ar a dtugtar *High Street* sa lá inniu: bhí Cros an Mhargaidh suite ag ceann na sráide úd, ag an ghabhal le Sráid na Siopaí agus le Sráid Mainguard. Bhí *Lombard Street* ceangailte mar ainm leis an tsráid seo (chomh maith le *Lombard Street* féin) ar léarscáil 1625. 'Sráid an Mhargaidh' atá ag an Mháilleach[34] agus ag an Laighléiseach[35] araon.

11. *Middle Street* A.C. *Sráid Meadhonach*. Sráid eile í seo a shíneann comhthreomhar le Sráid na Siopaí, ach ar an taobh eile di. Is cuid eile fós í den bhaile mheánaoiseach. *Middle-Street* an leagan a scríobh Godkin sa bhliain 1657[36]. Ar léarscáil 1651 breacadh síos mar seo é: 'A street between two lanes, called Sraid eddir da Bogher [Sráid idir dhá Bhóthar]'. Dhein an Máilleach an tsráid seo a mheascadh le Sráid na Siopaí agus é ag plé na sean-cháipéisí[37], ach tugann sé 'An tSráid Láir' mar leagan Gaeilge den ainm[38]. Bhí leagan an lae inniu ag an Lógánach.

12. *St Augustine Street* A.C. *Sr Naoimh Aibhistin*. Is seansráid eile í seo, í ina luí go comhthreomhar arís le Sráid na Siopaí agus leis an tSráid Láir. Ba é *Back Street* an t-ainm a bhí ag Logan[39] sa bhliain 1818, agus ba é sin an t-ainm a bhí ar an tsráid seo fadó. Bhí an-bhaint ag na hAgaistínigh leis an chathair ón bhliain 1508 ar aghaidh. Tógadh an tseanmhainistir ar chnoc taobh amuigh de bhalla na cathrach. Leagadh an foirgneamh úd go talamh i 1652, ach d'fhan na manaigh dílis do Dhia is don chathair. De réir tuairisce ón bhliain 1731:

> [the sheriffs] searched the reputed friary in Back Street, called the Augustinian friary, wherein there was a chapel with forms, but the altar and pictures taken down; and within which said reputed friary there are seven chambers and nine beds, where they apprehended the friars used to lie, but could not find or discover any of the said friars; which said house, they believe, was converted to a friary many years ago, and before the reign of King George I.[40]

Ba é an míniú a thug Hardiman ar an ainm úd *Back Street* ná go raibh sé suite i bhfad ó lár na cathrach ('which street was so called from its backward situation'[41]). Ainm eile fós atá le léamh ar léarscáil 1651 – *New Tower Street*. Níl an tsráid seo luaite ag an Mháilleach ná ag an Laighléiseach.

13. *Merchants' Road* A.C. *Bóthar na gCeannáidhe*. Sráid eile fós atá comhthreomhar le *Shop Street*, ach is sráid 'nua' í seo agus tógadh í lasmuigh de bhalla na cathrach am éigin ag deireadh an ochtú céad déag. Thóg roinnt de thráchtálaithe móra na cathrach a gcuid stór anseo, tharla go raibh sé suite i ngar don chalafort. Níl aon tagairt don bhóthar seo i saothar Hardiman (1820) ach tá sé marcáilte faoi chruth an lae inniu ar léarscáil Logan (1818). I gcáipéisí an teaghlaigh Eyre tá an t-eolas seo leanas: 'In 1779 the father of Robert Hedges Eyre and the other co-heirs of Edward Eyre, laid out a street running through this part of their property'. Níos faide anonn luaitear 'the Merchant's Road formerly called New Cross Street'[42]. 'Bóthar na gCeannaidhthe' atá ag an Mháilleach[43]; 'Sráid na gCeannaí' ag an Laighléiseach[44].

14. *Upper Abbeygate Street* A.C. *Sráid an Gheata Bhig.* Bhunaigh William Liath de Burgh mainistir do na Proinsiasaigh sa bhliain 1296. Díbríodh na bráithre sa bhliain 1652, agus loiteadh na leachtanna go léir ag arm Chromail. Leagadh na foirgnimh go léir cúig bliana ina dhiaidh sin[45]. D'ainneoin na géarleanúna go léir d'fhill na Proinsiasaigh ar an bhaile. Seo tuairisc ón bhliain 1731:

> The town sheriffs searched the friary, and the mayor in his return to the House of Lords stated that in it 'there is a large chapel, with an altar, laid out and adorned with pictures; in which said reputed friary usually there are fifteen chambers and nine beds wherein they [the sherriffs] supposed the friars belonging to the said friary usually lay, but could not find or discover any of them. It is an old friary; but the chapel enlarged or repaired about the year 1723 or 1724[46].

Ainmníodh an geata i mballa na cathrach as an mhainistir taobh leis. Thug an geata a ainm don tsráid. Dála an scéil, ní ar an tsráid seo, ach ar imeall eile thailte na mainistreach atá eaglais nua-aimseartha na bProinsiasach tógtha. *Abbey-Gate Street*, gan aon idirdhealú idir *Upper* agus *Lower* atá ag Logan. *Little Gate Street* a bhí breactha ar léarscáil 1651, ach is léir ó shaothar an Mháilligh go mbíodh an t-ainm *Abbey Gate* in úsáid sa dara leath den seachtú haois déag[47]. Ba é 'Bóithrín na Mainistreach' an leagan a bhí ag an Laighléiseach[48], agus tugann an Máilleach féin dhá leasainm uirthi, 'Sráid na bPánannaí' agus 'Na Tighthe Saora' (Sráid na dTighthe Saora?)[49].

15. *Lower Abbeygate Street* A.C. *Sráid na Súdairí.* Is fadú as *Upper Abbeygate Street* an tsráid seo. *Skinner's or Glover's street* (*sic*) a breacadh síos ag bun léarscáil 1651. 'Bóithrín na Súdairí' an seanainm Gaeilge; sin a bhí ag an Mháilleach.[50]

16. *Eyre Square* A.C. *An Fhaithche Mhor.* De réir Hardiman 'In 1630 the square plot at the green outside the east gate (since called Meyrick-square) was set aside for the purpose of public amusement and recreation'[51]. *The Green* an cur síos atá ar an ghné seo ar léarscáil 1651 agus bhí an t-ainm sin in úsáid sa bhliain 1670[52]. Cuireann Dutton lenár n-eolas ar stair na cearnóige:

> in 1801 General Meyrick had a handsome square of two acres laid out and enclosed with walls for a parade for soldiers: it is at present also the principal walk for the beau monde, if they are content to wade through puddles to get to it. Unluckily it is also the fair green, which I hope may be changed to some less objectionable situation.[53]

Meyrick Square an t-ainm a scríobh Logan ar a mhapa siúd. Tháinig ainm an lae inniu ó mhuintir Eyre, dream a tháinig go Gaillimh as Bickworth (in Wiltshire Shasana) in aimsir Chromail, agus a fuair seilbh ar roinnt mhaith de thithe is de thailte sheanteaghlaigh na cathrach. I gcáipéisí mhuintir Eyre tá na leaganacha seo leanas le fáil: *Eyre's Square* (1820 agus 1839) *Eyre Square* (1827, 1829, 1832) agus *The Square* (1830)[54]. 'An Fháiche Mhór' a bhíodh i mbéalaibh na gcainteoirí dúchais do dtí le deireanas[55]; 'An Fhaiche Mhór' an litriú a bhí ag an Laighléiseach[56]. 'Mór' de bhrí go raibh faichí eile sa chathair, m.sh. an Fhaithche Fhada (ó bhun Chnocán na Míol soir go dtí an chanáil) agus an Fhaithche Bheag (an *Potato Market* nó an *Crain Bheag*, ar Shráid Enrí[57].

17. *Eyre Street*, A.C. *Sráid Iarsach*. Arís ba iad muintir Eyre a roinn a sloinne leis an áit seo. Ritheann an tsráid bheag seo isteach san Fhaiche Mhór. B'áisiúil an ball é chun fanacht ar chustaiméirí: is ann a 'bhíodh carrannaí nó jauntannaí le híreáil ó bheirt thiománaithe, Jack Finn agus Dominick Burke.' Dá bhrí sin thugtaí 'Sráid na Jauntannaí' uirthi[58]. *Rosemary Lane* an t-ainm ar mhapa an Lógánaigh (1818).

18. *Dominick Street* A.C. *in easnamh*. Bhí an tsráid seo freisin lasmuigh den chathair mheánaoiseach, í suite sna bruachbhailte thiar a d'fhás ag deireadh an ochtú céad déag. Is é an tuairisc a thug Hardiman faoi ná seo: 'Dominick Street, at the west end of the town … contains a number of excellent houses chiefly inhabited by many of our most respectable gentry'[59]. Chuir Dutton lenár n-eolas faoin tsráid seo: 'Before the year 1790 this town was in a state of great decay; at the period of the union it began to flourish. At this time Dominick-street was built; also houses about Meyrick's square'[60]. Tá sí le feiceáil ar léarscáil Logan faoin ainm sin, ach bhí ainm eile ar fad ar an cheantar seo sa seachtú haois déag. 'An Baile Meadhonach' a tugadh ar na bruachbhailte anseo ar léarscáil 1652, agus lena cheart a thabhairt don Lógánach thug sé *Bally-Mana Island* ar an cheantar seo. 'Sráid Doiminic' (Sráid Dhoiminic) atá ag an Mháilleach[61]. Ar ndóigh ba as mainistir na nDoiminiceach thiar ar an Chladach a fuair sí a hainm: síneann an bóthar an treo sin.

19. *Eglinton Street* A.C. *Sráid Eglinton*. Tógadh an tsráid seo sa naoú haois déag tar éis leagan na mballaí: síneann sí comhthreomhar le seanlíne na mballaí beagnach ón Gheata Mhór tríd an Gheata Láir go dtí Túr an Leoin. Dá bhrí sin níl sí marcáilte ar léarscáil Logan (1818). Ainmníodh í as an Tiarna Eglinton (1812-61) a bhí mar Fhear Ionaid an Rí in Éirinn sa bhliain 1852 agus arís sa bhliain 1858[62]. Ceanglaíodh a ainm leis an chanáil freisin.

20. Williamsgate Street A.C. *Sráid Geata Liam*. Fuair an tsráid seo a hainm as príomhgheata na cathrach nuair a athbhaisteadh é mar *William's Gate* in onóir Liam Oráiste am éigin idir 1691 agus 1712[63]. *William Street and gate* a thug Logan uirthi, ach *Great Gate Street* a bhí uirthi ar léarscáil 1651. 'Sráid Liam' an leagan a bhí ag an Mháilleach[64]. Ba é seo an bealach a cheangail Sráid na Siopaí leis an Bhóthar Mhór, an príomhbhealach amach as an chathair. I ndáiríre níl san ainm seo – Sráid Gheata Liam – ach cur síos eile ar an chuid uachtair de Shráid Liam.

Tá a lán sráideanna agus lánaí eile sa tseanchathair, fiú amháin laistigh den chathair mheánaoiseach. Ach ó 1960 ar aghaidh leathnaigh Gaillimh amach go sciobtha go háirithe ar an Rinn Mhór, ar Bhóthar an Chaisleáin Nua, agus ar Bhóthar na Trá. Tógadh na scórtha de shráideanna nua sna bruachbhailte. Le cuidiú Dé, déanfar iarracht brí a gcuid ainmneacha siúd a ríomh am éigin amach anseo.

Tagairtí

1 O'Sullivan, M. D., *Old Galway*, Gaillimh, 1942, lch 9.
2 The Four Masters, *Annals of the Kingdom of Ireland*, Iml. 2, tríú hcagrán, Baile Átha Cliath, 1990, lch 1125.
3 O'Sullivan, *op. cit.*, lch 16.
4 Dutton, Hely, *A Statistical and Agricultural Survey of the County of Galway*, Baile Átha Cliath, 1824, lch 219.
5 Hardiman, James, *The History of the Town and County of the Town of Galway* (1820), Athchló: Gaillimh, 1958, lch 144.
6 Stat. 2. Anne, 1703, caib. VI, roinn 23.
7 Hardiman, *op. cit.*, lch 175.
8 O'Sullivan, *op. cit.*, lgh 450-55.
9 Ó Máille, T.S. (a) Ainm na Gaillimhe, *Galvia*, Iml. I (1954), lgh 26-31. (b) Place-Names from Galway Documents, *Journal of the Galway Archaeological and Historical Society*, Iml XXIII, lgh 93-137, Iml XXIV, lgh 58-69 agus lgh 130-155. (c) Áitainmneacha i gCathair na Gaillimhe, *JHAMS*, lgh 43-47. (d) Áitainmneacha na Gaillimhe, *Galway, Town and Gown 1484-1984* (eag. Diarmuid Ó Cearbhaill), Baile Átha Cliath, 1984, lgh 50-62.

10 Gooche, Barnaby, *A Sketch Map of Galway*, Public Record Office, Londain.

11 Browne, John, *The Plot of the Toune of Galway*, Public Record Office, Londain.

12 *The Plott of Galway with the laying out of the New Forte,* Coláiste na Tríonóide, Baile Átha Cliath, 1625.

13 *Galway: The Capital of Connaught in the Kingdom of Ireland*, Coláiste na Tríonóide, Baile Átha Cliath, 1651.

14 Hardiman, *op.cit.*, lch 292.   'So called because in this street the first shops were opened'.

15 *The Plott of Galway ...*

16 *Galway: The Capital of Connaught*, 1651. *Op. Cit.*

17 de Bhaldraithe, Tomás, *Seanchas Thomáis Laighléis*, Baile Átha Cliath, 1977, lch 83.

18 Hardiman, *op.cit.*, lch 170.

19 Logan, Michael, *Map of Galway*, 1818.

20 Hardiman, *op. cit.*, lch 292.

21 de Bhaldraithe, *op. cit.*, lch 17.

22 O'Sullivan, *op.cit.*, lgh 56-57.

23 Ó Máille, *op. cit.*, (c), lch 4.

24 Logan, *op. cit.*

25 Hardiman, *op. cit.*, Aguisín, lch *li*.

26 Ó Máille, *op. cit.*, (c), lch 47.

27 *ibid.*

28 Hardiman, *op. cit.*, Aguisín, lch *xlii*.

29 O'Sullivan, *op. cit.*, lch 22.

30 Hardiman, *op. cit.*, lch 292.

31 O'Sullivan, *op. cit.*, lch 27.

32 Hardiman, *op. cit.*, lch 252.

33 Logan, *op. cit.*

34 Ó Máille, *op. cit.*, (c), lch 46.

35 de Bhaldraithe, *op. cit.*, lch 33.

36 Hardiman, *op. cit.*, Aguisín, lch *li*.

37 Ó Máille, *op. cit.*, (b), lch 69.

38 Ó Máille, *op. cit.*, (c), lch 47.

39 Logan, *op. cit.*

40 Hardiman, *op. cit.*, lch 282.

41 Hardiman, *ibid.*, lch 292.

42 Hayes McCoy, Marguerite, Eyre Documents, *Journal of the Galway Archaeological and Historical Society,* XX, cuid III, lch 158; XXI, cuid I, lch 84.

43 Ó Máille, *op. cit.*, (c), lch 46.

44 de Bhaldraithe, *op. cit.*, lch 172.

45 Hardiman, *op. cit.*, lgh 273-75.
46 *ibid.*, lch 276.
47 Ó Máille, *op. cit.*, (b), lch 94. '(1688) that the Abbey gate, Key gate, West gates and wicketts thereof be forthwith repaired'.
48 de Bhaldraithe, *op. cit.*, lch 33.
49 Ó Máille, *op. cit.*, (c), lgh 45-46. 'De bharr dhá phán (?) a bheith ar an tsráid' agus 'as siocair siopaí saor-éadaighe (pántsiopaí) a bheith ar an tsráid tamall de bhlianta ó shin'.
50 Ó Máille, *op. cit.*, (c), lch 47.
51 Hardiman, *op. cit.*, lch 109.
52 Hayes-McCoy, Marguerite. The Eyre Documents in University College Galway, *Journal of the Galway Archaeological and Historical Society*, Iml. XX, cuid I, lch 58. [Sliocht as léas don bhliain úd: 'the lower part of the green']
53 Dutton, *op. cit.*, lch 202.
54 Ó Máille, *op. cit.*, (b), lch 120.
55 O'Sullivan, *op. cit.*, lch 441: 'The Green – it is referred to as such by Irish speakers even today.'
56 de Bhaldraithe, *op. cit.*, lgh 18, 41, 42, et seq.
57 Ó Máille, *op. cit.*, (c), lch 48.
58 *ibid.*, lch 46.
59 Hardiman, *op. cit.*, lch 291.
60 Dutton, *op. cit.*, lch 197.
61 Ó Máille, *op. cit,.* (c), lch 47.
62 Stephen, Leslie and Lee (Eds), *The Dictionary of National Biography*, Vol XIII, 1968, Oxford, lgh 750-51.
63 Dutton, *op. cit.*, lch 306.
64 Ó Máille, *op. cit.*, (c), lch 47.

Sráidainmneacha Bhaile Loch Garman

Séamas S. de Vál

Rí na loch an loch seo theas
Loch Garman na nglan-éigeas,
   Cuan craobhach leathan na long
   Aonach na n-eathar éadrom.[1]

Is mar sin a chuireann Eochaidh Eolach Ó Céirín síos ar Inbhear Sláine, ar ar tugadh Loch Garman, agus is é sin an t-ainm atá ar an mbaile mór a d'fhás ar a bhruach. San inbhear sin bhíodh a ceathair nó a cúig d'oileáin bheaga go dtí go ndearnadh cuid den mhíntír díobh i lár an chéid seo caite. Beig-Éirinn atá ar cheann de na hoileáin sin agus i nóta dár cuireadh le *Félire Oengusso* insítear scéilín mar mhíniú ar an ainm. Aighneas a tharla idir Pádraig Naofa agus easpag eile: 'Is é an t-easpag Iobha(i)r seo a rinne an choinbhleacht le Pádraig, agus is é a d'fhág na slithe lán agus na cuilí fás in Ard Macha. Feargaítear Pádraig leis sin agus dúirt: "Ní bheidh tú in Éirinn," ar Pádraig. "Is Éire ainm an ionaid ina mbeadsa," ar easpag Iobha(i)r, "unde Beag-Éire nominatur .i. inis atá in Uí Chinsealaigh ar muir amuigh".'[2]

An t-easpag a luaitear sa scéilín sin, deirtear go raibh an creideamh Críostaí á chraobhscaoileadh aige roimh theacht go hÉirinn do Phádraig. Chomórtaí lá a fhéile ar an 23ú lá d'Aibreán, agus fuair sé bás, de réir Fhéilire na Naomh Éireannach, sa bhliain 500. Ba é tuairim R.A.S. Macalister nárbh ainm pearsanta an t-ainm Iobhar – Ibar sa tSean-

Ghaeilge – ach gur crann iúir atá i gceist, gur dhócha gurbh iarsma de ré na págántachta é nuair a bhí baint ag crainn áirithe le cúrsaí reiligiúin, gurbh Inis Iobhair (Iúir) a thugtaí ar an oileán, agus le himeacht aimsire gur ceapadh gurbh é ainm an naoimh a bhí ann, an té a bhunaigh an mhainistir ann i dtús ré na Críostaíochta.[3]

Cibé scéal é, tá Iobhar buanaithe ina ainm pearsanta agus leaganacha éagsúla air in oirdheisceart Loch Garman: Iobhar, Íobhar, Íbhear, Ibar, Ivor, Iberius, srl. Tíolacadh teampall don naomh ar an mórthír agus tógadh eaglaisí ar an suíomh anuas trí na céadta. Ag deireadh an tséú céad déag luaitear Eaglais 'St Ivorics'.[4] An teampall atá ann anois, is teampall de chuid Eaglais na hÉireann é, *St Iberius' Church*, a tógadh sa bhliain 1766.[5] Tugann sé seo a ainm do shráid a ritheann lena thaobh, [Lána an Teampaill] (*Church Lane*)*, ach tá an chuid is mó de thithe na sráide seo leagtha anois agus an spás ina chuid den charrchlós mór. Comórtar an naomh freisin i sraith tithe a tógadh i 1922-23 – Árdán Naomh Íobhair (*St Ibar's Villas*).

Ré na Lochlannach

Níor ró-áibhéalach le maíomh é gurbh é Iobhar Naofa bunaitheoir an bhaile mhóir a ghlac chuige féin ainm an chuain, i.e. Loch Garman. Is é is dóichí, áfach, gurbh iad na Lochlannaigh, a chuir fúthu san áit sa naoú céad, a chuir an baile ar bun. Faighimid an chéad tagairt do na Lochlannaigh a bheith lonnaithe ann in Annála Ríoghachta Éireann faoin mbliain 888: 'Maidhm ria Riaccán, mac Dunghaile, for Ghallaibh Puirt Lairge, Locha Garman & Tighe Moling'.

'Weysford', as ar tháinig an leagan Béarla 'Wexford', a thug na Lochlannaigh ar an áit.[6] Leag siadsan gréasán bóithre síos, cosán margaidh i dtosach báire, ag rith feadh

---

* Faoi láthair, tá cuid de na sráideanna gan ainmchláir, agus ina gcás sin tugaim mo leagan Gaeilge féin idir lúibíní cearnacha san aiste seo. Nuair is ann d'ainmchlár tugaim an sráidainm mar atá sé air sin, fiú má tá sé neamhchaighdeánach.

an chladaigh aneas, agus is ar an suíomh ceannann céanna atá ceann theas na príomhshráide sa lá atá inniu ann, an tSráid Mhór Theas (*South Main Street*).[7] Beagán blianta ó shin, sna hochtóidí, rinneadh tochailt ar chuid den tSráid Mhór Theas agus thángthas ar iarsmaí tithe a bhain le tús an aonú céad déag.[8]

Ach ní cúrsaí staire is ábhar don aiste seo ach sa mhéid go mbaineann an stair le sráidainmneacha an bhaile mhóir agus is léir gur fada siar a théann cúlra staire cuid mhór de na hainmneacha céanna.

Sráidainm a mhaireann fós ó ré na Lochlannach is ea Cúlán Chaosair (*Keyser's Lane*). Cheaptaí gur as ainm duine a ainmníodh an tsráid seo, ach is é tuairim a lán anois gur *Keyser Lane* an leagan ceart. Tá an t-ainm céanna ar fáil i mbailte eile in Éirinn: tá *Kayser Street* i bPort Láirge agus *Kayser Hill* i gCorcaigh agus *Kayser Lane* i nDroichead Átha.[9] Tamall de bhlianta ó shin scríobh ball de Chumann Staire Loch Garman chuig Rí Haakon na hIorua ag lorg eolais. Fuarthas freagra. Dúirt an rí nárbh aon saineolaí ar an tseanteanga é ach gur dócha gur 'cé na long' ba chiall don fhocal 'kayser'. Mar sin, 'an bealach chuig cé na long' is brí leis an ainm *Keyser Lane*.[10] Ritheann an lána seo ó *Back Street*, trasna na Sráide Móire agus síos go dtí an ché.

Ainm atá imithe i léig anois is ea *Fore Street*, ainm a thugtaí sna meánaoiseanna ar shráid a rith díreach taobh amuigh de bhalla cathrach nó os a chomhair.[11] An tSráid Mhór Thuaidh (*North Main Street*) a hainm anois.

Ainm eile a bhfuil bunús ársa leis is ea Cúlán Droichid na gCloch (*Stonebridge Lane*). Deirtear gurbh é an droichead cloiche seo an chéad droichead riamh dá ndearnadh i mbaile Loch Garman agus go mbaineann sé le ré na Lochlannach. Is faoin droichead seo a ritheann an abhainn bheag ar a dtugtar Uisce an Easpaig (*Bishopswater River*) a luafar arís san aiste seo. Tugtar Abhainn na gCapall (*the Horse River*) ar an gcuid íochtarach den abhainn seo, mar is anseo, de réir dealraimh, a thugtaí deoch do na capaill fadó.

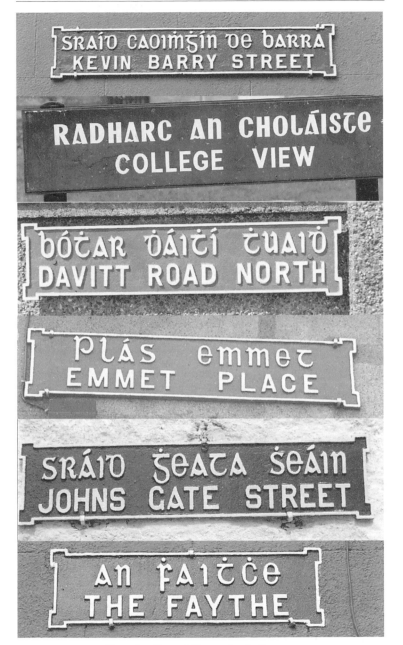

Dornán Ainmchlár as Loch Garman

Teampaill, Naoimh, srl.

Ba í Mainistir Selskar an foirgneamh eaglasta ba shuaithinsí ar an mbaile mór sna meánaoiseanna. Ceaptar gur truailliú ar na focail 'Sancti Sepulchri' atá san fhocal 'Selskar'. Go luath i réimeas an rí Anraí II bhunaigh an Ridire Alastar de Róiste an mhainistir do Chanónaigh Rialta San Agaistín. Prióireacht Pheadair agus Phóil a hainm, agus deirtear gur bhaist an Ridire an t-ainm nua 'Sancti Sepulchri' uirthi ar filleadh abhaile dó ón gCeathrú Crosáid.[12] Bíodh sin mar atá, is ón mainistir sin a thagann na hainmneacha Sráid Selscar (*Selskar Street*) agus [Sráid na Mainistreach] (*Abbey Street*). Tá bealach beag caoch (*cul de sac*) ann freisin a dtugtar [Plás na Mainistreach] (*Abbey Place*) air.

Bhí teampaill thábhachtacha eile ann sa tríú céad déag agus sa cheathrú céad déag, agus ba cheann díobh sin Teampall Phádraig. Tá cuid mhaith de seo le feiceáil fós, cé go raibh sé ina fhothrach sa bhliain 1603.[13] Is as sin a ainmníodh [Cearnóg Phádraig] (*Patrick's Square*) atá taobh leis an bhfothrach, agus [Lána Phádraig] (*Patrick's Lane*) a ritheann ón gcearnóg sin go dtí Sráid Pheadair (*Peter's Street*).

Níl tada fágtha anois de Theampall Pheadair, agus san áit a mbíodh an eaglais agus an reilig tá Cearnóg Naoimh Pheadair (*St Peter's Square*). Tugann muintir an bhaile *The Old Pound* (An Sean-Phóna) ar an gcearnóg go hiondúil. Ón gcearnóg sin síos go dtí an tSráid Mhór Theas a ritheann an tsráidín a dtugann an pobal *Gibson Street* nó *Gibson's Lane* uirthi, cé gur Sráid Pheadair (*Peter's Street*) a hainm oifigiúil ón mbliain 1920 i leith.[14] Luaitear *St Peter's Lane* i suirbhé a rinneadh sa bhliain 1662.[15]

Seaneaglais eile is ea Teampall Mhuire nach bhfuil ach cúinne beag di fágtha, cé go raibh cuid mhaith di ina seasamh i dtús an chéid seo caite.[16] Tugtar [Lána Mhuire] (*Mary's Lane*) ar an mbóthar a ritheann timpeall na reilige ina bhfuil an fothrach.

Tugtar Sráid Naomh Muire (*Mary Street*) ar shráid eile nach bhfuil in aice le Teampall Mhuire ar chor ar bith ach a ghabhann thar shéipéal na bProinsiasach, agus dá bhrí sin

Chapel Lane a thugtaí ar an mbóthar sin uaireanta. Sa bhliain 1240 a tháinig na Proinsiasaigh go Loch Garman,[17] agus Sráid Phroinsiais (*Francis Street*) atá ar an tsráid atá os comhair na coinbhinte amach. *James' Street* a thugtaí ar an tsráid seo sa bhliain 1840.[18]

Tá iarsma seaneaglaise eile ann a bhí tiomnaithe do Mháire Mhaigdiléana. Taobh léi bhí ospidéal lobhar a bunaíodh ag deireadh an dóú céad déag.[19] Thug an eaglais seo a hainm don pharóiste agus don cheantar, [Baile Mhaigdiléana] (*Maudlintown*). ('Maudlin town' atá i nDaonáireamh na bliana 1659.[20]) Tá ardán tithe ann ar a dtugtar Árdán Mhaighdilín Naomhtha (*St Magdalen's Terrace*) a tógadh timpeall 1931-32. De réir cosúlachta, ní raibh reilig ar bith ag gabháil leis an eaglais seo mar is sa chéad seo caite a rinneadh reilig den talamh ar a mbíodh ospidéal na lobhar.[21]

Níl faic fágtha anois de Thcampall Eoin Bhroinne ach tá an reilig ann agus maireann ainm an naoimh sna sráidainmneacha [Sráid Eoin Uachtarach] (*Upper John Street*) agus [Sráid Eoin Íochtarach] (*Lower John Street*). 'St John streete' atá i nDaonáireamh 1659. Ag imeacht ón tsráid sin tá bóthar a tógadh sa bhliain 1930-31 a dtugtar Bóthar Naomh Eóin (*St John's Road*) air, agus ag gabháil ón mbóthar sin tá Cúilbhealach Naomh Eoin (*St John's Avenue*).[22]

Tá seanreilig eile ann atá tíolactha do Mhicheál Ard-aingeal. Tá an reilig seo suite sa cheantar den bhaile mór a dtugtar 'An Fhaiche' air. Déanfar tagairt dó seo ar ball. Ar léarscáil na Suirbhéireachta Ordanáis tugtar 'St Michael's of Feagh' (i.e. Faiche) ar an gceantar. Is as an eaglais seo a ainmníodh Sráid Naoimh Mhíchíl (*Michael Street*).

Níl rian ar bith fágtha, ach oiread, de Theampall Bhríde ná dá reilig, ach tógadh eaglais mhór ar an láthair sa bhliain 1858, agus clochar do mhná rialta sa bhliain 1886. An tsráid a ritheann thar bráid, tugtar Sráid Naoimh Brighde (*Bride Street*) uirthi; 'Bridestreete' atá i nDaonáireamh 1659. Chomh maith leis an tsráid seo, tá Plás Naoimh Brighde (*Bride Place*), agus [Lána Bhríde] (*Bride's Lane*) ann.

Teampall eile nach bhfuil fágtha anois de ach a ainm ba ea Teampall na Tríonóide arbh as a ainmníodh [Sráid na Tríonóide] (*Trinity Street*) agus [Plás na Tríonóide] (*Trinity Place*).

Tá sráid ar an mbaile mór ar a dtugtar Sráid Seoirse (*George's Street*) agus cé nach eol teampall ar bith a bheith tíolactha don naomh Seoirse san áit, tá tagairt do *St George's Street* i gcáipéis ón mbliain 1668.[23] Bhí teach mór sa tsráid sin a raibh 'Mount George' air. Leagadh é, agus sa bhliain 1978 tógadh sraith tithe ar an láthair a dtugtar Ard Sheoirse (*Mount George*) uirthi. Sráid Naomh Thomáis (*Thomas Street*) atá mar ainm ar shráid eile ach níl trácht ar theampall ar bith den ainm sin a bheith ann riamh.

Bunaíodh Scoileanna na mBráithre Críostaí i Loch Garman sa bhliain 1847. Osclaíodh scoileanna nua sa bhliain 1875[24] agus tíolacadh do Naomh Iósaf iad; an tsráid a ghabhann thar bráid, tugadh Sráid Naoimh Ióseph (*Joseph Street*) uirthi.

Baisteadh ainmneacha naomh Éireannach ar a lán eastát tithíochta a tógadh ar an mbaile ó thús an chéid seo. Ainmníodh Árdán Naoimh Éindhe (*St Enda's Terrace*) sa bhliain 1932. Tógadh Árdán Íde Naomhtha (*St Ita's Terrace*) sa bhliain 1932 freisin; agus Árdán Naoimh Choluimcille (*Columba Villas*) cúpla bliain ina dhiaidh sin.[25]

Pátrún na deoise, Aodhán nó Maodhóg, a bhunaigh deoise Fhearna sa bhliain 598, comórtar a ainm i sraith tithe ar a dtugtar Croin (*recte* Corrán) Naoimh Maodhóig (*St Aidan's Crescent*) a tógadh i 1950.

Ba 'Bhliain Mhuire' í an bhliain 1954 agus i gcuimhne ar an ócáid tugadh Árdán Mhuire (*Marian Row*) ar shraith tithe a críochnaíodh an bhliain chéanna. Tugadh [Plás Bernadette] (*Bernadette Place*) ar eastát tithe a tógadh i 1958 nuair a bhí cuimhneachán céad bliain fhíseanna Lourdes á cheiliúradh.

Geataí an Bhaile

Chuir na Lochlannaigh claí cosanta timpeall ar a n-áitreabh cois cladaigh ar bhruach Loch Garman[26] ach in aimsir na

Normannach tógadh balla láidir agus túir ann timpeall an bhaile mhóir, saothar ar cuireadh críoch leis sa bhliain 1300.[27] Sa chúigiú céad déag bhí sé cinn de gheataí sa bhalla seo agus is iad seo na hainmneacha Béarla a thugtaí orthu: *Castle Gate* a bhí in aice le caisleán Normannach Loch Garman; *Bride's Gate* in aice le seanteampall Bhríde; *Peter's Gate* gar do Theampall Pheadair; *Keyser Gate* a ndeachaigh *Keyser Lane* tríd; *John's Gate* gar do theampall Eoin Bhroinne a bhí lasmuigh den bhalla; agus *West Gate* nó *Cow Gate*.[28] Leagadh cúig cinn díobh sa bhliain 1759; atógadh iad sa bhliain 1800, ach baineadh anuas arís iad in 1828 mar gur bhac ar an trácht bóthair iad.[29]

Tá an Geata Thiar (*West Gate*) ina sheasamh fós agus cruth caisleáin bhig air. Tá caoi curtha air le déanaí agus baintear feidhm as mar iarsmalann bheag. An tsráid atá taobh leis, tugtar [an Geata Thiar] (*Westgate*) uirthi. Faoi dheireadh na bliana 1909 rinneadh teach tearmainn do mheisceoirí ban, 'St Brigid's Home for the Inebriate', de chuid de phríosún Loch Garman a bhí suite ar an tsráid seo,[30] agus dá bharr seo, sa bhliain 1914, tugadh [Bóthar Bhríde] (*St Brigid's Road*) mar ainm ar an tsráid seo, ach *Westgate* an t-ainm coiteann a thugtar fós uirthi.[31] Tá foirgnimh an tseanphríosúin ina gcuid d'Áras an Chontae anois, i.e. ceanncheathrú na Comhairle Contae.

Maireann ainm *John's Gate* fós san ainm Sráid Gheata Sheáin (*sic*) (*John's Gate Street*) a ghabhann ó Shráid Eoin (*John Street*) agus is i ngabhal an dá shráid sin atá reilig Eoin suite.

Leagadh caisleán Normannach Loch Garman sa bhliain 1793 agus tógadh beairic saighdiúirí ar an láthair.[32] Tugtar Sráid na Beairice (*Barrack Street*) ar an tsráid a ghabhann thar bráid, agus thugtaí [Sráid Chnoc an Chaisleáin] (*Castle Hill Street*) ar shráid a leanann ar aghaidh uaithi sin, ach athraíodh a hainm sin, mar a fheicfear ar ball.

Sloinnte

Cuid mhaith de shráideanna Loch Garman, is as sloinnte daoine a ainmníodh iad, sloinne duine ar leis an tsráid, nó a raibh teach suaithinseach aige ar an tsráid, nó sloinne duine ar cuireadh a ainm ar an tsráid in ómós dó.

Muintir Rua (Rowe) as Baile na Croise i bparóiste na Cille Móire i gContae Loch Garman, is iad a thóg sraith tithe sa bhaile mór sa tsráid a bhfuil Sráid Ruaidhe, Íocht[a]rach (*Rowe Street Lower*) agus Sráid Uachtarach Ruaidhe (*Rowe Street Upper*) mar ainm ar an dá chuid di. Ba le John Rowe na tithe sin sa bhliain 1853.[33]

Sráid a dtugtaí *Broad Street* uirthi sa seachtú céad déag,[34] tugtar Sráid Ailín (*Allen Street*) anois uirthi. Robert Allen, ceannaí saibhir sa bhaile mór, a thóg na tithe, agus i lár an chéid seo caite ba lena mhacsan iad, an tUrramach Joseph Allen[35] a fuair bás sa bhliain 1892 in aois a cheithre bliana is ceithre scór.[36]

Bhí cónaí ar John Grogan (1653-1720) i gCaisleán Bhaile Sheáin timpeall trí mhíle lasmuigh den bhaile mór. Is sa chaisleán seo atá lárionad taighde na heagraíochta Teagasc anois. Duine dá shliocht, Cornelius Grogan, crochadh é ar dhroichead Loch Garman i rith Éirí Amach 1798 mar gur cuireadh ina leith go raibh baint aige leis na ceannaircigh. Is i gcuimhne ar an muintir sin a ainmníodh Bóthar Ghruagáin (*Grogan's Road*). *Bishop's Road* a bhí air seo sa chéad leath den seachtú céad déag,[37] agus ós rud é gur tógadh ospidéal fiabhrais ann sa bhliain 1818[38] thugtaí *Hospital Road* air chomh maith. Clinic mór atá ar an suíomh anois. Ardán tithe ar an mbóthar seo, tugtar [Ardán Uí Dhíomasaigh] (*Dempsey's Terrace*) air. Bhí gnólacht tógála darbh ainm 'Dempsey Bros' in aice na háite seo sa bhliain 1885[39] agus is dócha gurbh iad sin a thóg na tithe san ardán seo.

Sa bhliain 1853 ba le duine darbh ainm Jane Batt an tsráid ar a dtugtar Sráid Pharthaláin (*Batt Street*).[40] (Féach an t-aistriúchán atá déanta ar an sloinne Batt!) Fuair *Gibson Street*, nó *Gibson's Lane*, ar a dtugtar Sráid Pheadair anois, an t-ainm ó dhuine darbh ainm William Gibson ar leis teach braiche agus cúpla teach cónaithe sa tsráid.[41]

Tugtar Sráid Talbóid (*Talbot Street*) ar shráid ar le James Talbot í.[42] Muintir chlúiteach ba ea na Talbóidigh a bhí gaolmhar le hIarlaí Shrewsbury i Sasana. Bhí John Hyacinth Talbot (1793-1861) ina fheisire do thoghlach Ros Mhic Thriúin i bParlaimint Shasana. Deartháir leis ba ea James (1794-1852).[43] Tá sraith nua tithe tógtha láimh leis an tsráid seo agus [Faiche Talbóid] (*Talbot Green*) a hainm.

Sna blianta 1941-42 tógadh sraith tithe ar ar tugadh Árdán Debhereú (*Devereux Villas*) i gcuimhne ar mhuintir a ghlac páirt mhór i saol tráchtála agus i saol eaglaise an bhaile mhóir, agus go háirithe ar Richard Devereux (1795-1883) a rinne a lán maitheasa agus carthanachta don Eaglais agus do phobal Loch Garman.[44] Bhí loingeas mór tráchtála ag muintir Devereux agus ba leo freisin an drioglann ar a dtugtaí 'Bishopswater Distillery' a bunaíodh sa bhliain 1827. Is as an drioglann sin a ainmníodh [Bóthar na Drioglainne] (*Distillery Road*), tithe a tógadh idir na blianta 1909 agus 1911.[45]

Osclaíodh dhá eaglais mhóra i Loch Garman sa bhliain 1858. Ba é an sagart paróiste, an Canónach Séamas de Róiste (+1883), faoi deara iad a thógáil, agus is ina chuimhne sin, deirtear, a ainmníodh Ród an Róistigh (*Roche's Road*), bóthar a ritheann idir an dá eaglais. Tá [Ardán an Róistigh] (*Roche's Terrace*) ar an mbóthar seo, tithe a tógadh sa bhliain 1889.

Fear gnó darbh ainm Jim Corry, a raibh siopa éadaigh aige ar an tSráid Mhór go dtí dhá scór bliain ó shin, thug sé gcadán talún don bhardas le haghaidh tithíochta agus is ar an talamh seo a tógadh *Corry's Terrace*. Leagadh na tithe sin agus tógadh sraith nua tithe ann sa bhliain 1951 agus tugtar [Bailtíní Uí Chomhraí] (*Corry's Villas*) uirthi.

Bhí baint ag muintir Lambert nó de Lamport le Contae Loch Garman ón 12ú céad. Tháinig Milo de Lamport go hÉirinn in éineacht le Risteard Mac Gilbeirt ('Strongbow').[46] Is i ndiaidh duine de shliocht na muintire seo, ní foláir, a ainmníodh Plás Lombáird (*Lambert Place*). Tugann muintir na háite 'Bunker's Hill' ar an áit seo, i ndiaidh an chnoic úd, b'fhéidir, i Meiriceá ar troideadh cath iomráiteach air sa bhliain 1775 i rith Chogadh na Saoirse.

Tugtar Sráid Clifford (*Clifford Street*) ar shráid eile. Ba le James Clifford cúig cinn de thithe ar thaobh amháin den tsráid seo i lár an chéid seo caite.[47]

Ríochas agus Uaisle

Is in onóir do bhaill éagsúla de rítheaghlach Shasana agus don uasalaicme a cuireadh ainmneacha ar roinnt eile sráideanna sa bhaile mór.

Henrietta Maria (1609-69) ab ainm do bhean chéile an Rí Séarlas I. Is sa Fhrainc a rugadh í agus is sa tír chéanna, in Colombes in aice le Páras, a fuair sí bás. Is aisti a ainmníodh Sráid Henrietta (*Henrietta Street*).

Charlotte an t-ainm a bhí ar bhanríon Sheoirse III. Bhí an-chion ag an bpobal uirthi, deirtear. Fuair sí bás sa bhliain 1818. (Bhí an t-ainm céanna ar iníon an Rí Seoirse IV; fuair sise bás agus gan ach bliain is fiche slán aici sa bhliain 1817.) Is dócha gur i gcuimhne ar an mbanríon a ainmníodh Sráid Séarlait (*Charlotte Street*).

Dealraíonn sé gur as Liam III, Liam Oráisteach, a ainmníodh Sráid Liam (*William Street*). Fuair seisean bás sa bhliain 1702. Nó, b'fhéidir, gurb é Liam IV (1765-1837) atá i gceist. Leagadh Sráid Liam amach sa bhliain 1833.

Tháinig an Bhanríon Anne (1665-1714) i gcomharbacht ar Liam III agus an Bhanríon Mary. Tugtar Sráid Áine (*Anne Street*) ar shráid a tógadh go luath sa naoú céad déag.[48]

Tá cuma an 'ríochais' ar an ainm Sráid an Rí (*King Street*) ach b'fhéidir gur gnáthshloinne atá ann mar, sa bhliain 1609, deonadh tithe agus sealúchas eile sa taobh seo den bhaile mór do dhuine darbh ainm John Kinge.[49] Tá Sráid an Ríogh Uachtarach (*Upper King Street*) ann chomh maith.

Sa bhliain 1605 coisriceadh Thomas Ram ina easpag Protastúnach ar dheoisí Fhearna agus Leithghlinne. Bhí cónaí ar mhac leis, Abel, in aice le Guaire i mbaile fearainn darbh ainm Baile Eoghain, áit ar tugadh *Ramsfort Park* mar mhalairt ainm uirthi. Fuair seisean bás sa bhliain 1676 agus d'fhág beirt mhac ina dhiaidh. Bhí duine acu sin, Sir Abel Ram, ina Ard-Mhéara ar Bhaile Átha Cliath, agus an mac eile, Aindriú, ina theachta parlaiminte do thoghlach Ghuaire 1691-99.[50] Is in ómós don mhuintir sin a ainmníodh *Ram Street*.

Tugadh léas ar bhealach farantóireachta Loch Garman do George Monck, Diúc Abermarle, sa bhliain 1658.[51] Níor cuireadh droichead trasna na Sláine ag Loch Garman go dtí 1794.[52] Thugtaí *Ferryboat Lane* ar an mbealach síos chun an chladaigh, ach anois Sráid Mancháin (*Monck Street*) is ainm don tsráid i gcuimhne ar an diúc. Maidir le leagan Gaeilge an ainm sin, baintear feidhm as 'Monck' mar bhéarlú ar an sloinne Ó Manacháin, agus i rith Éirí Amach 1798 bhí lámh ar leith ag fear darbh ainm Richard Monaghan, nó Dick Monk mar ab fhearr aithne air, sa cheannairc. Bhí sé gníomhach i ngluaiseacht na gCaitliceach i Loch Garman sna 1790í.[53] Níl baint ar bith ag an duine seo, áfach, le hainm na sráide seo, cé gur Sráid Mancháin atá ar an ainmchlár nua.

Comórtar diúc eile, Arthur Wellesley (1769-1852), a ndearnadh Diúc Wellington de sa bhliain 1814, san ainm Plás Wellington (*Wellington Place*) agus san ainm *Wellington Quay*, ainm nach mbaintear feidhm as a thuilleadh mar gur cuireadh deireadh leis an gcé sin nuair a tugadh cuid den chuan chun míntíreachais i rith an chéid seo caite.[54] In áit eile sa bhaile mór tá [Bóthar Waterloo] (*Waterloo Road*) a chomórann an cath clúiteach a troideadh in 1815. Roimhe sin thugtaí *Methodist Row* air.[55] Bhí Wellington ina phríomh-aire i Sasana ó 1828 go dtí 1830.[56]

Tugtar Richmond House ar theach mór a tógadh sa bhliain 1792 do Dhiúc Richmond.[57] Is cuid de Chlochar Loreto anois é. Is é sin is bun le hainm [Ardán Richmond] (*Richmond Terrace*), líne tithe a tógadh i lár an chéid seo caite in aice leis an teach mór.

[Plás Wygram] (*Wygram Place*) atá ar chearnóg atá suite ar thalamh ar le duine darbh ainm Sir Robert FitzWygram é aimsir Luacháil Griffith, 1853. Sa *Tithe Applotment Book* don bhliain 1834 luaitear Sir Robert Wigram agus is dócha gurb é an duine céanna é.

Tírghráthóirí agus Polaiteoirí

Is nós i ngach tír ar domhan é cuimhne a laochra agus a tírghráthóirí a bhuanú in ainmneacha sráideanna a cathracha agus ní taise do Loch Garman é.

I gcuimhne ar Roibeard Emmet, a crochadh sa bhliain 1803 in aois a chúig bliana fichead, a ainmníodh Plás Emmet (*Emmet Place*). Is ábhar iontais é gur beag an comóradh a dhéantar i sráidainmneacha Loch Garman ar Éirí Amach 1798. Luadh Cornelius Grogan cheana, an té a crochadh ar Dhroichead Loch Garman, ach in ainmneacha sráide ná bóthair níl trácht ar an Athair Seán Ó Murchú as Buaile Mhaodhóg ná ar Sheán Ó Ceallaigh 'an laoch ó Chill Anna' ná ar Bhagenal Harvey. Sa bhliain 1932, áfach, tugadh Árdán Wolf Teón (*Wolfe Tone Villas*) ar eastát mór tithíochta; agus sa bhliain 1958 tíolacadh do lucht an Éirí Amach i gcoitinne an droichead nua a tógadh ar shuíomh sheandroichead 'Nócha a hOcht', agus na focail 'Cuimhnighimís ar '98' greanta ar phlaic air.

Idir 1909 agus 1911 tógadh sraith bheag tithe agus cuireadh [Ardán Mhig Reachtain] (*Grattan Terrace*) mar ainm uirthi, in ómós, dar ndóigh, don pholaiteoir cáiliúil Henry Grattan (1746-1820). Nuair a bhí comóradh céad bliain na Saoirse Creidimh ann sa bhliain 1929 ainmníodh bóthar nua tithe as 'An Fuascailteoir' Dónall Ó Conaill, Cúilbhealach Uí Chonnaill (*O'Connell Avenue*). Thug Ó Conaill níos mó ná aon chuairt amháin ar bhaile Loch Garman ó fhichidí an naoú céad déag ar aghaidh.

Comórtar Cogadh na Talún agus go háirithe Micheál Mac Daibhéid san ainm Bóthar Dháithí Thuaidh (*Davitt Road North*) a rinneadh sna blianta 1932-34, agus Bóthar Dháithí Theas (*Davitt Road South*) a rinneadh sna blianta 1963-66. Blianta roimhe sin cuireadh [Sráid Pharnell] (*Parnell Street*) mar ainm ar shráid a dtugtaí *New Street* uirthi go dtí sin.[58]

Is sa tréimhse 1934-35 a tógadh Ascal an Chrócaigh (*Croke Avenue*) a ainmníodh in onóir don ardeaspag tírghrách, an Dochtúir Tomás Liam Cróc (1824-1902), Ardeaspag Chaisil, céadphátrún Chumann Lúthchleas Gael.

Tugadh aitheantas do laochra na Cásca 1916 nuair a ainmníodh Ardán Sheáin Mhic Diarmada (*Seán Mc Dermott Terrace*); agus sna 1960í, timpeall an ama ar tugadh corp Ruairí Mhic Asmaint anall ó Shasana le hadhlacadh i nGlas Naíon, cuireadh a ainm ar shraith nua tithe, [Ardán Mhic Asmaint] (*Casement Terrace*). Rugadh Liam Ó Maoilíosa i mBaile an Chaisleáin i dtuaisceart Chontae Loch Garman agus chuidigh sé le bunú na nÓglach sa chontae i 1914. I rith an Éirí Amach bhí sé i gceannas ar Óglaigh na Gaillimhe. Chlóigh sé leis na Poblachtaigh sa Chogadh Cathartha agus cuireadh chun báis é i bPríosún Mhuinseo ar 8 Nollaig 1922. Scéim mhór tithíochta a tógadh sa bhliain 1971, tugadh Páirc Liaim Uí Maoilíosa (*sic*) (*Liam Mellows Park*) uirthi.

In ómós do Dhónall Ó Mainchín, a bhí ina ardeaspag in Melbourne na hAstráile ón mbliain 1917 go dtí a bhás sa bhliain 1963 agus naoi mbliana déag is ceithre scór slánaithe aige, baisteadh a ainm ar scéim tithe a cuireadh i gcrích bliain a bháis, Plás Uí Mhainnín (*Mannix Place*).

Bhí páirt nár bheag ag muintir Réamainn i stair bhaile Loch Garman ón taobh sóisialta de agus ón taobh polaitiúil de. Chuir Uaitéar Mac Réamainn (1768-1822) banc ar bun sa bhaile mór. Bhí mac dearthár leis, Seán Éadbhard (1806-65), ina fheisire, agus bhí mac dearthár leis sin arís, Liam Archer, ina bhall de pharlaimint Shasana chomh maith. Ba eisean athair cheannaire an Pháirtí Éireannaigh, John E. Redmond (1856-1918), agus a dhearthár, Major Willie Redmond, M.P., a maraíodh sa chéad Chogadh Domhanda i 1917. Ba iad na Réamannaigh a rinne an fhorbairt ar chaladh Loch Garman agus a chuir longchlós ar bun ann sa chéad leath den naoú céad déag, agus ba iad faoi deara an ceann thuaidh den chaladh, mar a mbíodh Cé Wellington, a thabhairt chun míntíreachais agus talamh tirim a dhéanamh den áit a bhfuil bóthar mór agus tithíocht anois ann. Ní nach ionadh, [Bóthar Mhic Réamainn] (*Redmond Road*) atá mar ainm ar an mbóthar seo. Tá leacht suaithinseach i gcuimhne ar na Réamannaigh ina sheasamh sa chearnóg a dtugtar [Plás an Leachta] (*Monu-*

ment Place), nó Cearnóg Mhic Réamainn, nó Plás Mhic Réamainn (*Redmond Place*) uirthi.

Sráidainm a bhfuil deacracht bheag ag baint leis is ea *Green Street*. Deir údair áirithe gur i gcuimhne ar John Greene (1803-90), úinéir an pháipéir áitiúil *The Wexford Independent*, agus a bhí ina mhéara ar Loch Garman seacht n-uaire idir 1854 agus 1875, a ainmníodh í.[59] Maidir leis an litriú Greene/Green, 'Patrick Green' a d'úsáidtí ag tagairt dá athair.[60] Ina choinne sin, áfach, tá an t-ainm *Green Street* le fáil i Luacháil Griffith in 1853, agus ní móide go mbeadh ainm John Greene á chomóradh chomh luath sin. Rud eile de, tá an tsráid suite i mbaile fearainn a bhfuil an t-ainm *Slippery Green* (an Phlásóg Shleamhain?) air, agus b'fhéidir gur uaidh sin a thagann an t-ainm, i.e. Sráid na Plásóige nó Sráid na Faiche. Cibé scéal é, brí eile ar fad atá le baint as ainm oifigiúil na sráide, gurb é an dath atá i gceist agus 'An tSráid Uaine' atá ar an ainmchlár.

Athrú agus Ath-athrú Ainmneacha

Sa bhliain 1920, nuair a bhí spiorad na saoirse ag borradh sa tír, chinn Bardas Loch Garman ar ainmneacha laochra na Cásca agus Chogadh na Saoirse a onórú agus a bhuanú, agus socraíodh ar a lán de shráideanna an bhaile a athbhaisteadh. Ar 1 Meán Fómhair 1920 cinneadh d'aon ghuth ar na hathruithe seo a chur i bhfeidhm:

(i)   ainm *Charlotte Street* a athrú go [Sráid Cholbaird] (*Colbert Street*) i gcuimhne ar Chon Colbard as Áth an tSléibhe i gContae Luimnigh a cuireadh chun báis i bPríosún Chill Mhaighneann ar 8 Bealtaine 1916[61];

(ii)   Sráid Phiotruisg (*Partridge Street*) a thabhairt ar *King Street*. Ball de Chumann na nOibrithe Iompair agus den Arm Cathartha i mBaile Átha Cliath ba ea William P. Partridge. Chuir Séamas Ó Conghaile go Trá Lí é chun na gunnaí a rabhthas ag súil lena dteacht ar bhord an *Aud* a thabhairt i dtír agus a scaipeadh. Bhí sé ar an dream a ghlac seilbh ar Choláiste na Máinlianna i rith an Éirí Amach. Fuair sé bás de dheasca téarma príosúnachta a gearradh air ina dhiaidh sin[62];

(iii) [Sráid Uí Chonghaile] (*James Connolly Street*) a chur in ionad *William Street* i gcuimhne ar an gConghaileach a cuireadh chun báis ar 12 Bealtaine;.

(iv) Pádraig Mac Piarais, a cuireadh chun báis ar 3 Bealtaine, a chomóradh trí [Sráid an Phiarsaigh] (*Pearse Street*) a thabhairt ar *Talbot Street*;

(v) Sráid Sheáin MhicDiarmuda (*Shaun Mc Dermott Street*) a thabhairt ar *Hill Street*, mar a bhfuil Ardán Sheáin MhicDiarmada, i gcuimhne ar Sheán Mac Diarmada a cuireadh chun báis ar 12 Bealtaine;

(vi) Sráid Thomais (*sic*) Uí Chléirigh (*Thomas Clarke Street*) a bhaisteadh ar *Duke Street*. Tugadh 'Athair na Réabhlóide' ar Thomás Ó Cléirigh. Bhí sé ar an gcéad fhear a shínigh Forógra na Cásca. Cuireadh chun báis ar 3 Bealtaine é in éineacht le Pádraig Mac Piarais agus le Tomás Mac Donnchadha. (Ní fios dom bunús an ainm *Duke Street*; *Duke's Lane* a thugtaí coitianta ar an tsráidín sin.);

(vii) Sráid Uí hAnnracháin (*O'Hanrahan Street*) a chur mar mhalairt ar *Henrietta Street*. Is i Ros Mhic Thriúin a rugadh Micheál Ó hAnnracháin ach gur aistrigh a mhuintir go Contae Cheatharlach ina dhiaidh sin. Bhí sé gníomhach i gConradh na Gaeilge agus ina bhall d'Óglaigh na hÉireann. An bhliain roimh an Éirí Amach foilsíodh úrscéal staire leis, *A Swordsman of the Brigade*, agus tháinig leabhair eile dá chuid amach tar éis a bháis. Cuireadh chun báis i bPríosún Chill Mhaighneann é ar 4 Bealtaine;

(vii) ainm *Back Street* a athrú go Sráid Mallin (*Mallin Street*). Ba é Micheál Ó Mealláin a mhol go ndéanfaí ceanncheathrú d'Ardoifig an Phoist i mBaile Átha Cliath nuair a cuireadh tús leis an Éirí Amach. Ba é a bhí i gceannas ar gharastún Fhaiche Stiabhna Luan Cásca. Cuireadh chun báis é ar 8 Bealtaine;

(ix)   Sráid Scefington (*Skeffington Street*) a chur ar *Ram Street* i gcuimhne ar Francis Sheehy-Skeffington, tuairisceoir, sóisialaí agus síochánaí, ar dhúnmharaigh an Captaen J.C. Bowen-Colthurst é ar 26 Aibreán 1916 i mbeairic Phortobello i mBaile Átha Cliath;

(x)   Áit Uí Rathaile (*O'Rahilly Place*) a thabhairt feasta ar *Wellington Place*. Ar 28 Aibreán, i rith na troda san ardchathair, lámhachadh an Rathaileach i Sráid Uí Mhórdha;

(xi)   Sráid Mhaicín (*Macken Street*) a thabhairt ar *Barrack Street* i gcuimhne ar Pheadar Ó Maicín a maraíodh i mBaile Átha Cliath ar 26 Aibreán.

Chomh maith leo siúd a chaill a n-anam ar son na hÉireann in Éirí Amach na Cásca, shocraigh an Bardas ar laochra eile de chuid Chogadh na Saoirse a onórú, agus baisteadh Sráid Thomáis Ághas (*Thomas Ashe Street*) ar *Anne Street*. Fuair Tomás Ághas bás ar 25 Meán Fómhair 1917 nuair a bhí beathú le foréigean á imirt air agus é ar stailc ocrais i bPríosún Mhuinseo. Is é a bhí i gceannas ar an dream Óglach a bhris cath ar na póilíní i gContae na Mí ar 28 Aibreán 1916.

Dhúnmharaigh baill de Chonstáblacht Ríoga na hÉireann Ard-Mhéara Chorcaí, Tomás Mac Curtáin, ina theach féin go moch maidin 20 Márta 1920. Bhí Bóthar Mhic Cuirtín (*MacCurtain Road*) le bheith mar ainm feasta ar *Waterloo Road*, de réir chinneadh an Bhardais.

Toghadh Toirdhealbhach Mac Suibhne ina chomharba ar Thomás Mac Curtáin ach gabhadh é ar 19 Lúnasa. Chuaigh sé ar stailc ocrais i bPríosún Brixton Shasana agus is ann a cailleadh é ar 25 Deireadh Fómhair na bliana 1920 tar éis dó ceithre lá dhéag is trí scór a chur de gan bia ar bith a bhlaiseadh. Bheartaigh Bardas Loch Garman, ag cruinniú a

Dornán Ainmchlár as Loch Garman

tionóladh ar 1 Nollaig an bhliain chéanna, ar Sráid MhicSuibhne (*MacSwiney Street*) a chur ar *High Street*.

Seachtain tar éis báis do Mhac Suibhne, crochadh Caoimhín de Barra, mac léinn leighis ocht mbliana déag d'aois, i bPríosún Muinseo. Ag an gcruinniú ar 1 Nollaig, moladh go gcuirfí Sráid Chaoimhghín de Barra (*Kevin Barry Street*) mar mhalairt ainm ar *Castle Hill Street*, rud a rinneadh go luath sa bhliain 1921.[63]

Domhnach Cincíse 1920 fógraíodh Beannaithe ardeaspag mairtíreach Ard Mhacha, Oilibhéar Pluincéid. Bheartaigh an Bardas ar onóir a thabhairt dó trína ainm a chur ar shráid, agus athraíodh *George's Street* go Sráid Olibhér Pluingcéid (*Oliver Plunkett Street*). San am céanna, ag a gcruinniú ar 1 Meán Fómhair 1920, chuir an Bardas Sráid Pheadair (*Peter Street*) mar ainm oifigiúil ar *Gibson Street*.

Dream an-náisiúnach ba ea muintir Anluain-Bhreatnaigh as Baile Miota i bparóiste Bhanú i ndeisceart an chontae. Faoi Mheitheamh 1881 cuireadh máthair an teaghlaigh, baintreach, amach as a teach. Gan mhoill, bunaíodh craobh de Chonradh na Talún sa pharóiste agus chuaigh mac leis an mbaintreach isteach ina bhall sa chraobh. Nicholas O'Hanlon-Walsh an t-ainm a bhí ar an bhfear seo. Ghlac a dheartháir, an tAthair David O'Hanlon-Walsh (1844-99), páirt ghníomhach in obair an Chonartha freisin. De bharr a ghníomhaíochta i gCogadh na Talún, b'éigean do Nioclás téarma a chaitheamh i bpríosún Chill Chainnigh.[64] Nuair a bunaíodh craobh de Chonradh na Gaeilge i mbaile Loch Garman bhí Nioclás ina bhall den choiste.[65] Ba mhór an meas a bhí ag cuid de chomhaltaí an Bhardais ar Nioclás, a d'imigh ar shlí na fírinne ar 16 Aibreán 1920,[66] agus cuireadh an t-ainm Sráid Uí Hannluain Breathnach (*O'Hanlon Walsh Street*) ar an tsráid ar a raibh *Common Quay Street* go dtí sin.

Socraíodh go ndéanfaí ainmchlár iarainn le cur in airde ar na sráideanna agus na hainmneacha a bheith dátheangach – 'The new names should be put up as soon as possible and should be inscribed in Irish characters on iron plates'.[67] Rinneadh amhlaidh agus tá cuid díobh le feiceáil fós ar chúinní na sráideanna.

Bhí cúpla fadhb ann, áfach. Ar an gcéad dul síos, níor ghlac an pobal i gcoitinne leis na hathruithe ach amháin na daoine a raibh dearcadh fíornáisiúnach acu. I gceann tamaill, tháinig fadhb ní ba bhunúsaí chun solais. Is amhlaidh nach raibh feidhm dhleathach leis na hathruithe mar nár thug an dlí ceart ar bith don Bhardas a leithéid a dhéanamh. Dá bhrí sin, cuireadh pobalbhreith ar bun sa bhliain 1932 agus ba é toradh na pobalbhreithe nach bhféadfaí ach ceithre cinn de na hainmneacha nua a úsáid de réir dlí. Ba iad sin Sráid Mallin (*Mallin Street*), Sráid Chaoimhghín de Barra (*Kevin Barry Street*) – *Sraíd* atá ar an bpláta – Sráid Scefington (*Skeffington Street*) agus Sráid Pheadair (*Peter Street*).

Ní fada ó baineadh anuas na hainmchláir ar a raibh Áit Uí Rathaille (*O'Rahilly Place*), Sráid Mhaicín (*Macken Street*), Sráid MhicSuibhne (*McSwiney Street*), Sráid Oilbhéar Pluing-céid (*Oliver Plunkett Street*) srl., agus anois tá cláir nua curtha in airde ar a bhfuil Áit Wellington (*Wellington Place*), Sráid na Beairice (*Barrack Street*), Sráid Ard (*High Street*), Sráid Seoirse (*George's Street*) srl., faoi seach. I gcás Shráid an Chnoic (*Hill Street*), ar ar cuireadh Sráid Sheáin MhicDiarmuda (*Shaun Mc Dermott Street*) i 1920, maireann ainm Mhic Dhiarmada fós, mar i mbarr na sráide sin tá an tsraith tithe a luadh cheana, ar a bhfuil Ardán Sheáin MhicDiarmada (*Sean McDermott Terrace*). Agus i gcás *Duke Street*, a athainmníodh in onóir do Thomás Ó Cléirigh, leagadh na seantithe ó shin agus tógadh sraith nua tithe ina n-ionad a dtugtar Plás Thomáis Uí Chléirigh (*Thomas Clarke Place*) uirthi.

Cúrsaí Maraíochta
Toisc gur baile cuain é Loch Garman ní haon ionadh go bhfuil baint ag cuid de shráidainmneacha an bhaile le cúrsaí loingis agus leis an bhfarraige. I lár an naoú céad déag tugadh cuid mhaith den chladach agus den bhlár láibe cois cuain chun míntíreachais, agus cuireadh roinnt eile calaí nó céanna ar bun, mar a luadh cheana agus trácht á dhéanamh ar mhuintir Réamainn.

Ag gabháil ó dheas le bruach na farraige dúinn, tosaímid le [Cé na Tráchtála] (*Commercial Quay*), ainm a chiall-aíonn, deirtear, cé a mbíodh gnáth-thráchtáil ar siúl uirthi, murab ionann agus an ché mar a mbíodh lucht custaim ag obair; ciall eile a d'fhéadfadh a bheith leis an ainm, cé a mbeadh margadh ar siúl in aice léi.[68]

Ó dheas uaithi sin tá [Cé an Choimín] (*Common Quay*), is é sin, cé a bhí ar oscailt do chách, mar a mbeadh sé de chead ag captaen loinge a lasta a chur i dtír nuair nach mbeadh duga príobháideach ag úinéir loingis. Is ag imeacht ón gcé sin atá Sráid Ché an Choimín (*Common Quay Street*).

Laisteas di sin tá [Cé Theach an Chustaim] (*Custom House Quay*), agus [Lána Theach an Chustaim] (*Custom House Lane*), gar di, a fuair a n-ainmneacha ón teach custaim a bhíodh san áit.

San fhorbairt a rinneadh ar thaobh na mara den bhaile mór i lár an naoú céad déag, rinneadh cé nua i bhfoirm corráin san áit a raibh poll domhain an chuain; tugtar Cé an Chuair (*The Crescent Quay*) ar an gcé seo.

An ché is faide ó dheas, *Paul Quay* a hainm, agus cé go ndeir Hore gur dócha gur ó dhuine darbh ainm Paul Turner, a fuair cuid mhaith sealúchais sa bhaile mór in aimsir Anraí VIII, a ainmníodh í, tá tagairt ón mbliain 1610 do 'the Quay of the Pale'; agus i suirbhé ón mbliain 1651 luaitear 'the pall quay'. Dealraíonn sé mar sin gur *Cé na Páile* is ciall leis an ainm toisc, b'fhéidir, í a bheith gar do bhalla an bhaile mhóir.[69]

I mBéarla tugtar 'trimmer' ar dhuine a shocraíonn nó a stuálann lasta ar bord loinge. 'Cothromóir lasta' an téarma Gaeilge. Tá cúlsráid ann a dtugtar Cúlán na gCóirtheoirí Shiar (*Trimmer's Lane West*) uirthi. Níl ainmchlár ar bith ar an gceann thoir den lána seo. Sa cheantar céanna thugtaí *Ferryboat Lane* ar an tsráid a bhfuil Sráid Mancháin (*Monck Street*) anois uirthi, lána a ghabh síos go dtí an bád farantóirechta a thrasnaíodh an abhainn sular tógadh an chéad droichead san áit sa bhliain 1794.

I mbailte calafoirt ba ghnách rópadóireacht a bheith ar siúl. 'Cosán rópadóireachta' a thugtar ar áit a ndéantaí an obair sin agus i Loch Garman tá cúpla áit a bhfuil *The Rope Walk* mar ainm orthu, nó *Rope Walk Yard*.

Cuan mór iascaireachta ba ea Loch Garman agus ní hionadh go bhfuil sráidín ann a bhfuil [Rae na nIascairí] (*Fisher's Row*) uirthi. Céad bliain ó shin bhíodh an-tóir ar oisrí sa chuan agus iad ar fáil ina lán óstán agus tábhairní. Is as sin a tháinig an t-ainm Lána na nOisrí (*Oyster Lane*). Bhíodh suas le dhá cheann déag de thábhairní oisrí sa tseansráid chaol seo tráth ach cuireadh deireadh leis an ngnó nuair a tháinig galar ar bheirtreach oisrí an chuain go luath sa chéad seo.[70]

Tá ceantar ar an taobh theas den bhaile mór a mbíodh an chuid ba mhó dá phobal ag gabháil de chúrsaí maraíochta. Mairnéalaigh chóstóireachta agus mairnéalaigh na mara móire ba ea an mhórchuid d'fhir an cheantair. Ainmneacha long atá ar a lán de shráideanna na háite a tógadh idir na blianta 1934 agus 1937. Fuair Bóthar Antelope (*Antelope Road*) a ainm ó long a cláraíodh i gcalafort Loch Garman sa bhliain 1850.[71] Tugtar Bóthar Dolfin (*Dolphin Road*) ar bhóthar eile agus ceaptar gur ainm loinge is bunús leis an ainm sin freisin.

Gleanntán aoibhinn coillteach cúpla míle lasmuigh den bhaile mór is ea *Edenvale*. I rith an Dara Cogadh Domhanda ba mhinic long darbh ainm an *Edenvale* le feiceáil ag caladh Loch Garman. Lainscáladh í in Alblasserdam san Ollainn sa bhliain 1935.[72] Tar éis an chogaidh díoladh le Dakar san Afraic í.[73] Bóthar Edenbhale (*Edenvale Road*) atá ar bhóthar i gceantar na mairnéalach den bhaile agus is dealraitheach gur as an long seo seachas an áit a ainmníodh é mar is idir na blianta 1934 agus 1937 a tógadh na tithe ann.

Sa bhliain 1905 cheannaigh Bardas Loch Garman dreidire súite nua chun gaincamh an chuain a choinneáil dreideáilte.[74] An *Hantoon* a baisteadh air, ach i bhfad roimhe sin, i ré na long seoil, thaithíodh bárc – soitheach trí chrann – calafort Loch Garman agus an t-ainm céanna air, agus is dócha gur ón tseanlong sin a ainmníodh Bóthar Hantún (*Hantoon Road*) a tógadh i dtríochaidí an chéid seo.

Is sa bhliain 1884 a cláraíodh bárc eile, an *Saltee*, i Loch Garman, cé gur bliain is fiche roimhe sin a tógadh é. Scriosadh ar oitir é in 1890. Is as an long sin a ainmníodh Ascal Saltee (*Saltee Avenue*). Dar ndóigh is as Oileáin Sailte a ainmníodh an long an chéad lá. Ainm Lochlannach is ea 'Saltee'.

Oitir atá sa chuan, tugtar *The Gull Bar* uirthi – Oitir na bhFaoileán, b'fhéidir – agus is aisti sin, ní foláir, a ainmníodh Bóthar Gulbar (*Gulbar Road*).

Is dócha gur de bharr an cheangail seo leis an bhfarraige a cuireadh an t-ainm Bóthar Naoimh Bhreandáin (*St Brendan's Road*) ar bhóthar sa cheantar seo na mairnéalach i Loch Garman in onóir don naomh a raibh cáil air i dtaobh a éachta mhuirthaistil.

Ar an léarscáil d'Éirinn a rinne Tolamaes (c 100-150) i lár an dara céad d'aois Chríost taispeántar an t-ainm 'Manapia', ón ainm treibhe Manapii nó Menapii, san áit a bhfuil Loch Garman. As sin a tháinig an t-ainm *Menapia* ar bhaile Loch Garman, agus is é sin an t-ainm a bhí ar long bheag eile de chuid an chalafoirt a rinne éachtaí i rith an Dara Cogadh Domhanda. Lainseáladh in Rotterdam í ar 28 Lúnasa sa bhliain 1939 agus cuireadh ar a trialacha í ar 3 Samhain.[75] Tar éis an chogaidh díoladh leis an nGréig í ach tharla longbhriseadh di sa bhliain 1971.[76] As an long seo, nó b'fhéidir as an seanainm stairiúil, a ainmníodh Cúilbhealach Menapia (*Menapia Avenue*).

I sráidainmneacha eile déantar tagairt don fharraige, leithéid Cabhsa Radharc na gCuan (*Bayview Drive*); cuanta Loch Garman agus Ros Láir atá i gceist san ainm seo. Radharc an Tuscair (*Tuskar View*) atá ar bhóthar eile a fuair a ainm ó Charraig an Tuscair a bhfuil teach solais uirthi amach ón gcósta thoir. Is follasach cad é bunús na n-ainmneacha Ascaill Radharc na Mara (*Seaview Avenue*) agus Radharc an Chuain (*Harbour View*).

Ainmneacha Tuairisciúla

An tsráid ar a dtugtar Sráid Mallin (*Mallin Street*), is é *Back Street* an seanainm a bhíodh uirthi toisc í a bheith laistiar den tSráid Mhór, is é sin, níos faide isteach ón bhfarraige nó ón gcladach. Ag leanúint ar aghaidh ón tsráid sin tá Sráid Ard (*High Street*). Ba mhinic a leithéid sin d'ainm á thabhairt ar phríomhshráid baile mhóir, ach sa chás seo is é is dóichí gur tugadh an t-ainm ar an tsráid toisc í a bheith ar leibhéal níos airde ná an tsráid laistíos di, i.e. an tSráid Mhór Thuaidh agus Theas.

Mar is léir ón ainm, sráid atá ag rith síos le fána – nó ag dul suas i gcoinne an aird! – is ea Sráid an Chnoic (*Hill Street*).

Ó aimsir na Lochlannach ba mhór an t-ionad tráchtála an áit a bhfuil Margadh an Arbhair (*Cornmarket*) mar ainm uirthi.

Sa bhliain 1621 thug an bardas Cairt Ghild nó cead ceardchuallacht a bhunú dóibh féin do bhúistéirí an bhaile mhóir ar choinníoll go nglacfaidís-sean de dhualgas orthu tarbh a sholáthar faoi dhó gach bliain le haghaidh an 'spóirt' a nglaoitear tarbhghríosú air. An áit a mbíodh an spórt seo ar siúl, tugtar Faiche an Tairbh (*The Bullring*) uirthi, cearnóg atá suite in aice le Margadh an Arbhair ar chasadh sa tSráid Mhór Thuaidh. Is cosúil nár cleachtadh nós an tarbhghríosaithe níos déanaí ná 1770.[77]

Luadh cúpla uair cheana an abhainn bheag ar a dtugtar Sruth nó Uisce an Easpaig. Is í seo a thugann a hainm do scéim mhór tithíochta, Uisce an Easbaigh (*sic*) (*Bishopswater*). Is é bunús ainm na habhann, de réir an tseanchais, gur bheannaigh easpag éigin anallód an buntobar as a n-éiríonn sí.

Toisc spá nó íocthobar a bheith i ngairdín tí sa cheantar, tugtar [Bóthar an Spá] (*Spawell Road*) ar an mbóthar áirithe sin. Bhíodh tarraingt mhór ar an tobar seo san ochtú céad déag. 'Wexford water has been in great reputation as a Chalybeate for many years past,' a scríobhadh timpeall na bliana 1757,[78] agus sa leabhar céanna déantar tagairt do 'Dr Comerford who published an account of these waters, A.D. 1587'.[79] In áit eile ar an mbaile bhí páirc ar a dtugtaí 'Spa Field'. Sa bhliain 1955 tógadh sraith tithe san áit agus tugadh Ascal Guirt an Spá (*Spafield Avenue*) air.

Tá sráidín eile ann a dtugtar Cúlán an Tobair (*Well Lane*) uirthi. Gnáth-thobar fíoruisce ba ea é seo a sholáthraíodh uisce do mhuintir na háite fadó. Bhíodh caidéal ann, agus insítear scéalta faoi sheanbhean a dhéanadh slí bheatha di féin trí uisce a iompar i mbuicéad ón tobar go dtí na tithe mórthimpeall.[80] Thugtaí *Bolan's Lane* ar an lána seo tráth dá raibh mar gur le fear darbh ainm Leonard Bolan é sa seachtú céad déag.[81] Ceapadh duine den ainm sin ina bhuirgéiseach nuair a thug Séamas I a chairt do Loch Garman sa bhliain 1609.[82] Bhí Leonard Bolan eile ina mháistir loinge, 1651-60.[83] Bhí Jasper Bolan ina mhéara sa bhliain 1646 agus Michael Bolan ina mhéara i 1647 agus 1648. Leonard Bolan ab ainm do mhéara na bliana 1688 agus bhí an duine céanna nó duine a raibh an t-ainm céanna air ina mhéara i 1707.[84]

Am éigin sa chéad leath den naoú céad déag, le linn fheachtas an Athar Maitiú, ní foláir, bunaíodh St Selskar's Temperance Society agus ba leis an gcumann seo an Temperance Hall in aice le Mainistir Selskar, de réir Luacháil Griffith 1853. Leagadh an Halla Measarthachta blianta beaga ó shin ach an tsráidín inar sheas sé, tugtar [Rae na Measarthachta] (*Temperance Row*) uirthi.

Tugtar Sráid na Sgoile (*School Street*) ar shráid ina mbíodh scoileanna príobháideacha san ochtú céad déag, agus ina mbíodh scoil do leanaí bochta.[85]

Lána a ritheann ón tSráid Mhór Theas go dtí Cé an Chuair, bhí ainmneacha éagsúla air ó am go chéile. *Hay's Lane* a bhí air de réir suirbhé a rinneadh sa bhliain 1662; breis is dhá scór bliain roimhe sin ba le Walter Hay é.[86] *Harpur's Lane* a ainm oifigiúil anois, ach *Cinema Lane* an t-ainm is coitianta i mbéal an phobail, ón bpictiúrlann a osclaíodh ann sa bhliain 1914 agus a mhair go dtí na seascaidí.

Rinneadh tagairt cheana do Bhóthar na Drioglainne (*Distillery Road*) ar le muintir Devereux an drioglann a bhí ann. Tá [Lána na Drioglainne] (*Distillery Lane*) ann freisin. Ba le muintir Devereux chomh maith muileann mór plúir go luath sa naoú céad déag agus is as an muileann sin a ainmníodh Bóthar an Mhuilinn (*Mill Road*).

Is léir gur as seamlas a bhíodh ann a ainmníodh *Slaughterhouse Lane*.

Sean-logainm is ea *Whiterock*. Tá sé le fáil sa Civil Survey, 1654. Idir na blianta 1937 agus 1939 tógadh eastát tithíochta ann agus is é an t-ainm atá air Radharc Carraig Bán (*Whiterock View*).

Radharc an Choláiste (*College View*) atá ar scéim nua tithíochta agus is é Coláiste Pheadair, a bunaíodh sa bhliain 1819, an coláiste a bhfuil radharc air ó na tithe sin.

Logainmneacha Gaelacha

Níl ach beagáinín sráideanna nó bóithre i Loch Garman a bhfuil rian den Ghaeilge le sonrú ina n-ainmneacha. Tá sruthán ar imeall an bhaile a bhfuil an t-ainm *Farnogue River* air – an Fhearnóg, b'fhéidir. Is as an sruthán sin a ainmníodh [Ardán na Fearnóige] (*Farnogue Terrace*). Tá [Páirc na Fearnóige] (*Farnogue Park*) ar shraith cilc tithe.

Sa tagairt do 'St Michael de Feagh' thuas, luadh an Fhaiche. Faiche aonaigh ba ea í sin taobh amuigh de bhalla an bhaile mhóir ach gur cuid den bhaile anois í. Plásóg fhéarach í sa chéad seo caite ar a n-imríodh an t-aos óg an iománaíocht, ach í pábháilte anois. Triantán de thithe atá inti ar ghabhal idir dhá shráid. Taobh amháin den triantán seo, tugtar *Swan View* uirthi, mar os a comhair amach tá foinse uisce agus cruth eala uirthi a cuireadh suas sa bhliain 1883. Thionóltaí aonach ar an bhfaiche seo ar 24 Lúnasa.[87] In Ionchoisní Shéamas I, ón mbliain 1605, faighimid an leagan 'le Faighe juxta Wexford', agus tá 'the Faigh-street' ar fáil ón mbliain 1619.[88] An Fhaithche (*The Faythe*) atá ar an áit anois.

Tá an focal 'carraigín' san ainm Sráid an Charraigín (*Carrigeen Street*) agus is rífheiliúnach an t-ainm é mar is ar chnocán carraigeach atá tithe na sráide sin tógtha.

An tsráid ar a bhfuil Sráid Naomh Ióseph (*Joseph Street*) go hoifigiúil, tugann muintir Loch Garman 'The Boker' uirthi i gcónaí. Glactar leis gur truailliú ar an bhfocal 'bóthar' é sin. Tá an focal 'boagher' i gcanúint Fhotharta den Bhéarla,[89] agus tá baile fearainn sa bharúntacht chéanna a bhfuil *Ballyboher* air de réir léarscáil na Suirbhéireachta Ordanáis, ach gur *Ballyboker* a thugann muintir na háite air.[90] Tagann leagan eile den fhocal céanna isteach san ainm *Stoneybatter* nó *Hospital Road*, bóthar a ghabhann i dtreo Ospidéal an Chontae. Amanna baintear feidhm as leagan athluaiteach de: *Stoneybatter Road*. Baile fearainn is ea *Stoneybatter* freisin.

Tá Ard Carman mar ainm ar eastát tithe a tógadh tamall beag de bhlianta ó shin. Tá baile fearainn ar imeall an bhaile mhóir ar a bhfuil an t-ainm *Townparks*. Nuair a tógadh eastát tithe ann scaitheamh ó shin tugadh Fearann na Páirce (*Parklands*) mar ainm air. Nuair a leathnaíodh an baile mór amach blianta beaga ó shin agus réimse fairsing tithíochta á thógáil, coinníodh ainm an bhaile fearainn ina ndearnadh an fhorbairt agus tugtar Cluain Ard (*Clonard*) ar an mball. Tugtar [Bóthar Chluain Ard] (*Clonard Road*) ar an mbóthar a théann ina threo. *Carricklawn* atá ar eastát tithe atá tógtha i mbaile fearainn a bhfuil an t-ainm sin air; 'carraig leathan', b'fhéidir, is brí leis.

Is dócha nár mhiste Sráid na Sláing[h]e (*Slaney Street*) a lua anseo, ainm a thagann ó abhainn mhór Loch Garman.

Ainmneacha Coimhthíocha

Monarcha i Loch Garman a raibh cáil uirthi ar fud na hÉireann agus lasmuigh di ba ea teilgcheárta Pierce ina ndéantaí céachtaí agus innealra talmhaíochta. I dtosach an chéid seo bhí rothair á ndéanamh ag muintir Phiarais chomh maith. Ó 1889 go dtí 1914, an bhliain a bhris an Chéad Chogadh Domhanda amach, bhí oifig ag an gcomhlacht i bPáras na Fraince san Avenue de Flandres. Thóg na Piarsaigh sraith tithe i Loch Garman agus *Avenue de Flandres* a baisteadh uirthi. Dhá shraith eile tithe a thóg siad, tugadh *Casa Rio* ar cheann acu – 'teach na habhann' – toisc na tithe a bheith in aice le hUisce an Easpaig; agus tugadh *Alvina Brook* ar an tsraith eile a tógadh i ndaichidí an chéid seo.

Teach mór ar imeall an bhaile is ea Belvidere nó Belvedere House. Is as ainm an tí sin a ainmníodh [Bóthar Belvedere] (*Belvedere Road*), agus idir 1981 agus 1984 tógadh sraith tithe sa cheantar ar a dtugtar *Belvedere Grove*.

Tá a sciar féin ag Loch Garman d'ainmneacha aduaine ar nós *Glena Terrace* agus *Auburn Terrace*, agus d'ainmneacha gan samhlaíocht gan dúchas ar nós *Ferndale, Pineridge, Pinewood Estate, Walnut Grove, Ashfield Drive, Meadovale*, agus mar sin de; níl leagan Gaeilge de na hainmneacha seo ar na hainmchláir.

Ainmchláir

Bunaíodh craobhacha de Chonradh na Gaeilge i mbaile Loch Garman agus ar fud an chontae ón mbliain 1900 agus i gceann cúpla bliain tosaíodh ar fheachtas chun ainmchláir dhátheangacha a chur in airde ar shráideanna na mbailte móra sa chontae. Rinneadh a leithéid in Inis Córthaidh in Earrach na bliana 1904[91], agus i Ros Mhic Thriúin an bhliain dár gcionn.[92]

Go luath sa bhliain 1906 d'aontaigh bardas Loch Garman go ndéanfaí an rud céanna sa bhaile mór sin. Tar éis tairiscintí a lorg ó chomhlachtaí éagsúla ar ainmchláir a dhéanamh, ghlac an Bardas le tairiscint Mhic Phiarais, lucht na teilgcheárta clúití i Loch Garman, a dhéanfadh ar seacht scillinge is sé pingine an ceann iad, cé go bhféadfaí iad a fháil i bhfad ní ba shaoire ó chomhlacht in Birmingham Shasana, socrú a thuill ardmholadh don Bhardas ón gConradh.[93]

Mar a dúradh cheana, cuireadh a lán ainmchlár nua in airde sa bhliain 1920. Sa chló Gaelach atá na hainmneacha Gaeilge ar na cláir sin agus tá cuid díobh le feiceáil fós. Faoi láthair, níl ainmchlár ar bith ar chuid de na sráideanna. Ar na hainmchláir atá ann, idir shean agus nua, ní dhéantar dealú idir 'terrace' agus 'villas' agus 'row' sna leaganacha Gaeilge; baintear feidhm as an bhfocal 'ardán' i ngach cás.

Tagairtí

1 E. Gwynn (eag.), *Dinnsheanchas*, Todd Lecture series (RIA), X, 168:

> Rí na loch in loch-sa thess
> Loch Garman na nglan-écess,
> cúan cróebach lethan nal-long,
> óenach na n-ethar n-étromm.

2 Whitley Stokes, *The Martyrology of Oengus the Culdee*, 118:
    Is é in t-epscop Ibair si dorigne confliucht fri Patraic, 7 is e
    forfacaib na sligthi lana 7 na cuileda fása i n-Ard Macha.
    Fergaigther iarum Patraic fris 7 asbert: ni bia isind Erinn, ar
    Patraic. Bid Éri ainm in inaid i mbiusa, ol epscop Ibair,
    unnde Bec-éri nominatur .i. inis fil in n-Uib Ceinnselaig for
    muir amuig.

3 R.A.S. Macalister, 'Beg-Eire', *The Past*, Uimh. 1 (1920), 9.

4 Morrin, *Calendar of Patent and Close Rolls* II, 459 (tag. do 1597).

5 J.B. Leslie, *Ferns Clergy*, 256.

6 P.H. Hore, *History of Wexford*, V, 5.

7 George Hadden, The Origin and Development of Wexford Town,
   Journal of the Old Wexford Society, Uimh. 1 (1968), 14.

8 Edward G. Bourke, Two Early Eleventh Century Houses from Bride
   Street, Wexford, *Journal of the Wexford Historical Society,* Uimh.
   12 (1988-89), 50-61.

9 George Hadden, *loc. cit.*

10 *ibid.*

11 Gillian Bebbington, *London Street Names* (1972).

12 P.H. Hore, *op. cit.,* 72-73.

13 *ibid.*, 204.

14 *ibid.,* 343.

15 *ibid.*

16 *ibid.*, 18.

17 Fergal Grannel, O.F.M., *The Franciscans in Wexford.*

18 Roche, *et al. Walk Wexford Ways*, 95

19 P.H. Hore, *op. cit.*, 83.

20 Pender (eag.), *Census of Ireland 1659.*

21 P.H. Hore, *op. cit.*, 83.

22 Deirtear liom gurbh é Donnchadh Ó Laoghaire (1877-1944) a thug
    comhairle don Bhardas i dtaobh leaganacha Gaeilge na sráidainm-
    neacha, agus más fíor é sin is dócha gurbh é a chum na téarmaí
    'Cúilbhealach' ar aibhinne agus 'cúlán' ar lána.

23 P.H. Hore, *op. cit.*, 357.

24 W.H. Grattan Flood, *History of the Diocese of Ferns*, 137.

25 Is ó oifig Bhardas Loch Garman a fuair mé dátaí tógála na n-eastát
    tithíochta a luaitear san aiste seo.

26 P.H. Hore, *op.cit.*, 14.

27 *ibid.*, 58.

28 *ibid.*, 60. (Féach Avril Thomas, *The Walled Towns of Ireland*, II,
    210-14.)

29 *ibid.*, 60.

30 *Free Press* (Loch Garman), 18 Nollaig 1909. D'oscail easpag na deoise an Teach Tearmainn ar 14 Nollaig 1909.

31 *Walk Wexford Ways.*

32 P.H. Hore, *op. cit.*, 70.

33 Luacháil Griffith.

34 *Walk Wexford Ways.*

35 Luacháil Griffith.

36 J.B. Leslie, *op. cit.*, 272.

37 *Walk Wexford Ways.*

38 Samuel Lewis, *Topographical Dictionary of Ireland* (1837).

39 George Henry Bassett, *Wexford* (1885).

40 Luacháil Griffith.

41 *Walk Wexford Ways.*

42 Luacháil Griffith.

43 Féach Burke, *Landed Gentry.*

44 Féach Jarlath Glynn, The Catholic Church in Wexford Town 1800-1858, *The Past*, Uimh. 15 (1984).

45 *Walk Wexford Ways.*

46 Féach Hubart Andrew Lambert, Lambert of Wexford, *The Past*, Uimh. 2 (1921).

47 Luacháil Griffith.

48 *Walk Wexford Ways.*

49 P.H. Hore, *op. cit.*, 207.

50 J.B. Leslie, *op. cit.*, 8.

51 P.H. Hore, *op. cit.*, 326.

52 Samuel Lewis, *op. cit.*

53 Nicholas Furlong, *Fr. John Murphy 1753-1798*, 92 *et seq.*

54 *Vide infra* 139-40 faoi na Réamannaigh.

55 *Walk Wexford Ways.*

56 D.J. Hickey & E.J. Doherty, *A Dictionary of Irish History since 1800.*

57 Mary T. Kehoe, *Wexford Town – Its Streets and People*, 7.

58 Luacháil Griffith.

59 *Walk Wexford Ways.*

60 Sir David Goodall, John Greene and the Wexford Independent, *The Past*, Uimh. 17 (1990) agus Uimh. 18 (1992).

61 Fuarthas sonraí na nótaí beathaisnéise as D.J. Hickey & E.J. Doherty, *A Dictionary of Irish History since 1800*, agus as Pádraic O'Farrell, *Who's Who in the Irish War of Independence 1916-1921.*

62 Déantar tagairt do William Partridge sna leabhair seo: Dorothy Mc Ardle, *The Irish Republic*, 160; Robert Montieth, *Casement's Last Adventure*, 164; Desmond Ryan, *The Rising*, 78-79; Diane

Norman, *Terrible Beauty* (eag. 1991), 146, 148-49, 179; FrankRobbins, *Under the Starry Plough*, 116, 121; Jacqueline Van Voris, *Constance de Markievicz in the Cause of Ireland*, 103 *et seq.*

63 *Free Press* (Loch Garman), 4 Nollaig 1920.

64 Thomas C. Butler, *A Parish and its People* (1905), 126 *et seq.*

65 *Free Press*, 13 Márta 1903.

66 *ibid.*, 20 Aibreán 1920.

67 *ibid.*, 4 Meán Fómhair 1920.

68 *Walk Wexford Ways.*

69 P.H. Hore, *op. cit.*, 227 agus 338.

70 Nicholas Furlong, *Loc[h] Garman and Wexford*, 27.

71 Na sonraí a bhaineann le cúrsaí maraíochta sa chuid seo den aiste, fuarthas iad as Nicholas Rossiter, *Wexford Port - A History* (1989).

72 *Free Press*, 30 Bealtaine 1935.

73 Nicholas Rossiter, *op. cit.*, 49.

74 *Free Press*, 23 Meán Fómhair 1905.

75 *Free Press*, 18 Samhain 1939.

76 Nicholas Rossiter, *op. cit.*, 49.

77 P.H. Hore, *op. cit.*, 237, 238.

78 Ritter, *The Mineral Waters of Ireland* (c 1757), 143.

79 *ibid.*, fonóta ar lch 146.

80 Mary T. Kehoe, *op. cit.*, 17.

81 *Walk Wexford Ways.*

82 P.H. Hore, *op. cit.*, 211.

83 *ibid.*, 331.

84 Padge Reck, *Wexford - A Municipal History*, 17.

85 *Walk Wexford Ways.*

86 P.H. Hore, *op. cit.*, 343.

87 *Walk Wexford Ways.*

88 Lodge, *Record of the Rolls* 1618/19 (tag. do 'Loftus').

89 Jacob Poole, *Glossary [of the Barony of Forth Dialect]*, eagrán nua ag T.P. Dolan agus Diarmaid Ó Muirithe in Uimh. 13 de *The Past* (1979).

90 *Free Press*, 28 Meán Fómhair 1912.

91 *ibid.*, 7 Bealtaine 1904.

92 *ibid.*, 6 Bealtaine 1905.

93 *ibid.*, 7 Aibreán 1906.

Iniúchadh ar Chóras Ainmnithe Sráideanna

Bearnárd Ó Dubhthaigh

Ceannródaí

Ceannródaí maidir leis an leagan Gaeilge d'ainmneacha sráideanna agus bóithre a bhí i Seosamh Laoide. Chomh fada siar le 1905, d'fhoilsigh Conradh na Gaeilge saothar óna láimh faoin teideal *Post-Sheanchas ina bhfuil Cúigí, Dúithchí, Contaethe agus Bailte Puist na hÉireann: Cuid 1 – Sacsbhéarla-Gaedhilg*. Thrácht sé ina réamhrá ar a chur chuige agus é ag dul i mbun an ghnó sin:

> I dtaca le sráideannaibh úrnua na gcathrach, ní dhearnamar acht iad so do chur i nGaedhilg ar chuma éigin. Níor fhéadamar a atharrach do dhéanamh agus gan tásc ná tuairisc againn ar urmhór na mball mbeag so ón tseanaimsir. Do chuireamar *Cáirlinn* in ionad *Carlisle* agus Darmhagh in áit *Durham* i mBéal Feirste. Cárbh iongnadh soin? Nach in é go díreach do-ghníthear ar an dtaobh eile den scéal .i. *Cool Hill* in áit *Cúlchoill* agus *Katty Gollagher* in ionad *Carraig Uallacháin* agus dá n-abraimis *Jeremiah* i leabaidh Diarmaid.
>
> Dá mhéad d'athrughadh iad agus dá olcas, ní dhéanfaidh *Cáirlinn* agus *Darmhagh* acht Éire agus Colum Cille Naomhtha do chur i gcuimhne dhúinn. Cibé cúis é, tuigfidh an choitchionntacht nárbh fhéidir

damhsa *Sráid Durham* agus a leithéidí do chur síos
agus nach é mo ghnósa an Béarlachas do chothughadh
… Acht na foghluimtheoirí, ná beiridís leo, dá bhrígh
sin, gurab é is Gaedhilg do Durham ná Darmhagh ná
do *Carlisle* Cáirlinn – tá a fhios ag an saoghal gurab
ionann *Darmhagh, Cáirlinn* agus *Durrow,
Carlingford* i mBéarla fá seach.

Ina thaobh sin agus uile, creidtear uainn, cibé ainm
a fuaramar ar shráid díobh ón seansaoghal, gur
bhaineamar úsáid as i gcomhair an leabhair, m.sh.
Achadh an Droma ar *Shráid Shan Tomás* i mBaile
Átha Cliath.

Liosta 1: Tacar Ainmneacha as gach cearn d'Éirinn

Seo i mo dhiaidh liosta den chuid is mó d'ainmneacha na
sráideanna agus na mbóithre a thiomsaigh Seosamh Laoide.
Agus mé ag obair ar an liosta seo, agus ar Liosta 2 thíos,
chuir mé romham leaganacha Gaeilge an lae inniu de
dhornán ainmneacha a chlárú agus an t-athrú a tháinig orthu
a léiriú. Cuireann > an forás a tháinig ar ainm in iúl. Seasann
< don fhoirm as ar eascair cibé leagan atá i gceist, bíodh sé
i nGaeilge nó i mBéarla. Cuireann + in iúl go bhfuil dhá
leagan ar na hainmchláir, sin nó léiríonn sé na míreanna atá
san fhocal. Tá réiltín (*) le hainmneacha sráide arb eol dom
iad a bheith gan leasú ó shin. Chuir mé corrshíneadh fada
isteach gan é sin a chur in iúl. Bhain mé leas as *Thom's
Directory*, go háirithe eagráin 1948 agus 1962-63, mar
fhoinse eolais maidir leis na seanleaganacha Gaeilge.

1. Albert Road (Corcaigh) = Bóthar na Cairrge Duibhe[1] >
   Bóthar Albert (BÁC)
2. Ann Street (Béal Feirste) = Sráid Áine[2]
3. Athlunkard Street (Luimneach) = Sráid Átha an
   Longphuirt > Sr. Áth an Longphuirt > Sráid Átha an
   Longfoirt (Féach AGUISÍN.)
4. Aungier Street (Baile Átha Cliath) = Sráid Thomáis Uí
   Mhórdha[3] > Sráid Ainséir

5. Bandon Road (Corcaigh) = Bóthar na Banndan > Bóthar na Bandan.
6. Baggot Street (Baile Átha Cliath) = Sráid na Rátha < Baggot *Rath* > Sráid Bhagóid
7. Barrack Hill (Mainistir Fhear Maí) = Carraig an Chrochaire[4]
8. Barrack Street (Ard Mhacha) = Sráid an Charcair
9. Barrack Street (Port Láirge) = An Cúrsa Fada (Féach AGUISÍN.)
10. Barrack Street (Loch Garman) = Sráid an Chaisleáin
11. Bath Avenue (Baile Átha Cliath) = Sceach an Bhacaigh[5] > Ascal an Ionnlait
12. Beersbridge Road (Béal Feirste) = Bóthar Dhroichid Abhann Chuinn
13. Beresford Street (Port Láirge) = Sráid an Dúinsméaraigh[6] > Sráid Parnell (= Parnell Street)
14. Berkeley Road or Glascoynock[7] (Baile Átha Cliath) = Glas Caonóg > Sr. Glas Caonóg > Sr. Bheirclí (Féach AGUISÍN.)
15. Bishop Street (Doire) = Sráid an Easbuig
16. Bow Street (Lios na gCearrbhach) = Sráid an Lúbáin
17. Bradbury Place (Béal Feirste) = Plás na Brághad
18. Brennan's Parade (Bré) = Sráid Uí Bhraonáin > Siúlóid Uí Bhraonáin (Féach AGUISÍN.)
19. Bridge End (Béal Feirste) = Ceann an Droichid
20. Camden Street or Kevin's Port (Baile Átha Cliath) = Port Chaoimhghin[8] (Ach *cf.* Plás Chamden.)
21. Capel Street (Baile Átha Cliath) = Sráid an Chaibéalaigh[9] > Sr. Chéipil.
22. Carlisle Circus (Béal Feirste) = Cró Cháirlinne[10]
23. Carlisle Road (Doire) = Bóthar Cháirleól[11]
24. Castle Street (Sligeach) = Sráid an Chaisleáin*
25. Cave Hill Road (Béal Feirste) = Bóthar Bhinne Madadháin
26. Church Square (Droichead na Banna) = Cearnóg an Teampaill
27. Church Street (Baile Átha Cliath) = Ceann Droichid > Sr. an tSeanteampaill > Sr. an Teampaill > Sr. Séipéil

28. Church Street (Port an Dúnáin) = Sráid an Teampaill
29. Clare Street (Baile Átha Cliath) = Sráid Chliara[12] > Sr. Cliara. Clare Street (Luimneach) s.v. Upper Clare Street
30. College Green (Baile Átha Cliath) = Faithche an Choláiste[13]
31. Commons Street (Baile Átha Cliath) = Sráid na gCoimíní[14] > Sr. an Choimínigh
32. Cork Street (Baile Átha Cliath) = Sráid Chorcaighe*
33. Corporation Square (Béal Feirste) = Cearnóg an Bhardais[15]
34. Crabtree Lane (Port an Dúnáin) = Doire Ál
35. Creggan Street (Doire) = Sráid an Chreagáin
36. Cumberland Street (Dún Laoghaire) = Sráid na Cuimre[16]*
37. Darling Street (Inis Ceithleann) = Sráid na Doirlinge[17]
38. Diamond (Croimghlinn) = An Chearnóg[18]
39. Divis Street (Béal Feirste) = Sráid na Duibheise
40. Dominick Street (Gaillimh) = Sráid Doiminic*
41. Donegall Pass (Béal Feirste) = Casán Dhún na nGall
42. Donegall Square (Béal Feirste) = Cearnóg Dhún na nGall
43. Donegall Street (Béal Feirste) = Sráid Dhún na nGall
44. Donnybrook Road (Morehampton Road[19]) = Bóthar Dhomhnach Broc*
45. Drumcondra Road (Baile Átha Cliath) = Cluain Life[20]
46. Dorset Street (Baile Átha Cliath) = Bóthar Dhriseoige > Sráid na Driseoige[21] > Sr. Dorset/Dorsait
47. Dublin Street (Dún Dealgan) = Sráid Bhaile Átha Cliath
48. Duke Street (Baile Átha Cliath) = Sráid an Diuic > Sr. Diúic[22]
49. Duncairn Street (Béal Feirste) = Sráid Dhún Cairn
50. Dunlo Hill (Béal Átha na Sluaighe) = Dún Leodha
51. Dunville Avenue (Baile Átha Cliath) = Fiodh Cuilinn > Ascal Dúinbhile (Féach AGUISÍN.)
52. Durham Street (Béal Feirste) = Sráid Darmhaighe
53. Earl Street (An Muileann gCearr) = Sráid an Iarla
54. Edward Street (Luimneach) = Sráid Éadbhaird > Sráid an Tighearna Éamonn (Féach AGUISÍN.)

55. Ellis's Quay (Baile Átha Cliath) = Port Bhaile na nGall > Cé Ellis
56. English Street (Ard Mhacha) = Bóithrín Triain Sasanach (Féach AGUISÍN.)
57. Falls Road (Béal Feirste) = Bóthar Thuaithe na bhFál
58. Ferrybank (An tInbhear Mór) = Sráid an Phuirt
59. Ferrybank (Port Láirge) = Sráid an Phuirt > Port an Chalaidh
60. George's Street (Dún Laoghaire) = Sráid Sheoirse*
61. Glanmire Road (Corcaigh) = Bóthar an Ghleanna Maghair > Bóthar Ghleanna Maghair
62. Granby Row (Baile Átha Cliath) = Sreath an Dá Theampall > Racdh Granbí > Rae Granby
63. Grand Parade (Corcaigh) = Sráid an Chapaill Bhuidhe
64. Great Britain Street (Baile Átha Cliath) = Cnoc Críonáin Thiar[23]
65. Great Brunswick Street (Baile Átha Cliath) = Sráid an Stáin[24]
66. Great Denmark Street (Baile Átha Cliath) = Mórshráid Danmarg[25] > Sráid Mhór Danmarg
67. Great George's Street (Corcaigh) = Mórshráid Sheoirse
68. Great Victoria Street (Béal Feirste) = Mórshráid na Ríoghna
69. Grosvenor Street (Béal Feirste) = Sráid Tighe na nGealt[26]
70. Harbour Row (Cóbh) = Sreath an Chuain[27]
71. Harcourt Road (Baile Átha Cliath) = Bóthar Fhearchair[28]*
72. Harcourt Street (Baile Átha Cliath) = Sráid Fhearchair*
73. High Street (Baile Átha Cliath) = An tSráid Ard
74. Hill Street (An Lorgain) = Sráid Achaidh na Cloiche
75. James Street (Droichead Átha) = Sráid Shéamuis
76. James's Street (Baile Átha Cliath) = Sráid Shéamuis
77. King Street (Corcaigh) = Bóthar an Chuain
78. King Street or O'Connell Street (Port Láirge) = Sráid Uí Chonaill

79. Leeson Street (Baile Átha Cliath) = Bóthar Chille Muire (*cf.* Upper Leeson Street)[29]
80. Mount Street (Baile Átha Cliath) = Sráid an Mhóta
81. William Street (An tIúr) = Sráid Uilliam
82. Lynn Cross Roads (An Muileann gCearr) = Crosbhóithre na Lainne
83. McAdam's Cross Roads/Loan Ends (Droim Mór) = Cros Eadair Trí Liag
84. Main Street (Bré) = An tSráid Mhór
85. Main Street (An Cabhán) = An tSráid Mhór
86. Manor Street (Baile Átha Cliath) = Sráid na Mainnire > Sráid an Mhainéir[30]
87. Merrion Row (Baile Átha Cliath) = Sreath Mhuirbhthean[31]
88. Middleton Street (Cóbh) = Sráid na Mainistreach
89. Molesworth Street (Baile Átha Cliath) = Sráid Tighe Laighean > Sráid Theach Laighean
90. Nassau Street (Baile Átha Cliath) = Sráid Thobar Phádraig
91. New Street (Luimneach) = Corcach an Ríogh > An tSráid Nua.
92. North Circular Road (Baile Átha Cliath) = Bóthar Cearcalda Thuaidh[32] > Cuarbhóthar Thuaidh
93. North King Street (Baile Átha Cliath) = Sráid an Ríogh Thuaidh > Sráid an Rí
94. North Main Street (Corcaigh) = Sráid Mhór an Chinn Thuaidh
95. North Main Street (Inis Córthaidh) = Sráid Mhór an Chinn Thuaidh
96. North Main Street (Loch Garman) = Sráid Mhór an Chinn Thuaidh
97. North Queen Street (Béal Feirste) = Sráid na Ríoghna Thuaidh
98. North Wall (Baile Átha Cliath) = Port Críonáin > An Port Thuaidh.
99. O'Connell Street, Waterford (Port Láirge) = Sráid Uí Chonaill

100. Old Park Road (Béal Feirste) = Bóthar Croise an tSean-Ascaill[33]
101. Ormeau Road (Béal Feirste) = Bóthar Bhaile na Faithche
102. Ormond Quay (Baile Átha Cliath) = Céibh Urmhumhan > Cé Urmhumhan
103. Peter's Hill (Béal Feirste) = Mulán Pheadair[34]
104. Quay Street (Dún Dealgan) = Sráid an Phuirt
105. Queen's Square (Béal Feirste) = Cearnóg na Ríoghna
106. Queen Street (An Lorgain) = Sráid Bhaile Bláth *cf.* Queen Street (Baile Átha Cliath) = Sráid na Bainríghne > Sr. na Banríona
107. Railway Place (Cúil Raithin) = Plás an Bhóthair Iarainn
108. Ranelagh Road (Baile Átha Cliath) = Bóthar Raghnallach
109. Rathgar Road (Baile Átha Cliath) = Bóthar Rátha Ghairbh
110. Russell Street (Baile Átha Cliath) = Sráid an Ruiséalaigh[35]
111. Rutland Street (Luimneach) = Sráid Réaltan > Sráid Rutland
112. St John's Terrace (Baile Átha Cliath) = Leathardán Eoin
113. St Luke's Cross (Corcaigh) = Crosaire na mBocht
114. Sandy Row (Béal Feirste) = Sráid na Gainmhe
115. Scotch Street (Port an Dúnáin) = Tuath Mhic Caoil
116. Scotch Street (Dún Geanainn) = An tSráid Albanach
117. Shankill Road (Béal Feirste) = Bóthar Seinchille[36]
118. Sir John Rogerson's Quay (Baile Átha Cliath) = Céibh Mhic Ruaidhrí > Cé Sir John Rogerson
119. Springfield Road (Béal Feirste) = Bóthar Chluanaighe
120. Talbot Street (Baile Átha Cliath) = Sráid Talbóid
121. Thomas Street (Ard Mhacha) = An Trian Mór
122. Thomas Street (Baile Átha Cliath) = Achadh an Droma nó Sráid Shan Tomás > Sráid Thomáis (Féach AGUISÍN.)
123. Tullow Street (Ceatharlach) = Sráid na Tulcha > Sr. Tulach > Sr. an Tulaigh
124. Upper Clanbrassil Street (Baile Átha Cliath) = Sráid Chlann Bhreasail Uachtair

125. Upper Clare Street (Luimneach) = Sráid an Chláir Uachtair (Féach AGUISÍN.)
126. Upper Kevin Street (Baile Átha Cliath) = Sráid Chaoimhghin Uachtair > Sráid Chaoimhín Uacht.
127. Upper Leeson Street (Baile Átha Cliath) = Cill Mhuire Cairrgín > Sr. Líosan Uacht.
128. Upper Meadow Street (Béal Feirste) = Sráid na Léanadh Uachtair[37]
129. Usher's Quay (Baile Átha Cliath) = Céibh an Uiséaraigh > Cé Uiséar
130. Wentworth Place (Baile Átha Cliath) = Plás Fionnabhrach[38]
131. Westmoreland Street (Baile Átha Cliath) = Sráid an Fheistighe[39]
132. Whitehall Terrace (Baile Átha Cliath) = Leathardán Fionnbhrogha
133. William Street (Luimneach) = Sráid Uilliam > Sráid Liam
134. Woodstock Road (Béal Feirste) = Bóthar na Coilleadh
135. York Street (Béal Feirste) = Sráid Chaoire Eabhróg[40]

Liosta thar a bheith suimiúil is ea an ceann sin thuas. Ní heol dom cén leas a baineadh as i gcúrsaí an phoist agus eile, áfach, agus ní mór a admháil go bhfuil cuma aisteach ar chuid de na hainmneacha. Uaireanta, bhí sé sách deacair idirdhealú a dhéanamh idir ainmneacha sráideanna agus ainmneacha eile gan dul i muinín an *Townland Index* nó foinsí eile. Is deacair a thuiscint cén fáth ar baisteadh 'Bóthar Dhriseoige' ar *Dorset Street* seachas 'Sráid Dhriseoige'. Is léir nár cloíodh leis na míreanna céanna tríd síos, rud is ábhar mearbhaill i gcásanna eile go dtí an lá atá inniu ann, go háirithe i mBaile Átha Cliath. Mar shampla, tá 'bóithrín' ag freagairt don fhocal 'street' sa liosta seo i gcás *English Street* in Ard Mhacha. Thiocfadh dó gur chruinne agus gurb oiriúnaí 'bóithrín' ná 'sráid' mar thuairisc ar a bhfuil nó ar a raibh i gceist ach, fós féin, b'fhearr go mbeadh na míreanna ag freagairt dá chéile mura mbeadh fianaise ann go raibh seanleagan dúchasach ann a tháinig anuas i mbéal daoine.

Más seanliosta ó thús na haoise é seo, dealraíonn sé go raibh sagart darbh ainm Eoin Ó Nualláin, O.D.C. nó an tAthair Elias (1839-1904) chun tosaigh chomh fada agus a bhain le hainmneacha Gaeilge a bhaisteadh ar na sráideanna ina bhaile dúchais féin – Baile Locha Riach i gCo. na Gaillimhe – más cruinn an chuimhne atá ag Diarmuid Ó Nualláin, athmháistir scoile. Tuigeadh dó gur foilsíodh liosta in iris áitiúil darbh ainm *The (Illustrated) Loughrea Journal*, iris nach bhfuil ach sraith an-easnamhach di ar fáil. Bhí an tAthair Elias ar dhuine de bhunaitheoirí The Society for the Preservation of the Irish Language.[41] Chuir an tAthair Féilim, O.D.C., in iúl dom go bhfaca sé cáipéisí inar tugadh 'An tSráid Ard' ar an *Main Street* i mBaile Locha Riach. Cuid suntais é go raibh 'An tSráid Mhór', leagan a bhfuil cuma an dúchais air, ag Seosamh Laoide seachas 'An Phríomhshráid'.

Sa léarscáil de Bhaile Locha Riach a rinneadh sa bhliain 1791, níl ach cúpla ainm Gaeilge le sonrú agus iad sin faoi chulaith an Bhéarla: Boherbradach (An Bóthar Bradach) agus Boherbea or *Pound Street* (An Bóthar Beathadhach < beathadhach = *beithíoch* is dócha). Ainmneacha ar nós *Athenry Road, Barrack Street, Bride Street, Castle Lane, Church Lane, High Street, Moore Lane, Pigott's Lane, Shanacrossy Street* agus *West Street*, atá i gceist. Saoithiúil go leor luaitear *The Crooked Road* agus *The Crooked Lane* araon ar an léarscáil agus ba ghearr an mhoill a bhí orm a fháil amach go bhfuil *The Bóithrín Cam* i mbéal an phobail go fóill agus é marcáilte i litriú an Bhéarla ar sheanléarscáil eile (c. 1840) atá i seilbh Norman Morgan.[42]

I gcontrárthacht leis sin, má ghlacaimid baile ar nós Bhéal an Mhuirthead i gCo. Mhaigh Eo a áirítear mar cheantar Gaeltachta, níl puinn rian den teanga le tabhairt faoi deara in ainmneacha na sráideanna atá i mbéal daoine: *America Street (< Davis Street), Blacksod Quay, Broadhaven Quay, Carter Square, Chapel Street, Church Street,*

Main Street < *William Street.* Tá ainmchlár dátheangach amháin in airde ar imeall an bhaile i gcuimhne ar shagart áitiúil, an tAthair Ó Maoilchiaráin.[43]

Liosta 2: Tacar Ainmneacha as Baile Átha Cliath

Ar 29 Bealtaine 1909, d'fhoilsigh *An Claidheamh Soluis* litir ó Dhonnchadh Ua Dubhghaill faoin teideal 'Gaelicising Dublin Street Names'. Seo a leanas sliocht as an litir sin:

Bothar Droma Connrach, u. 12
17/5/09

A chara
On my motion recently adopted by the Dublin Corporation, the Paving Committee have issued (to Members) a list of streets where bi-lingual name-plates have been erected; plates bearing the Irish and English names have been also erected at some places not included in this list, the reason for their omission being that many of them are erroneous; they were erected before the Gaelic League Committee of Reference was formed and have not yet been revised or approved by that body. Consequently, such names are not officially recognised as accurate. ... So far as the bilingual naming of the Dublin streets has been carried out, the list which I send you for publication will for the first time bring about a regular system, and future revised issues of this report will in a few years develop into a complete and accurate Irish Street-name Directory.

Abbey Street	Sráid na Mainistreach
Abbey Street, Old	Sean-tSráid na Mainistreach> Sean-Shráid na Mainistreach
Adelaide Road	Bóthar Adelaide*
Albert Place	Plás Ailbhe

Allingham Street	Sráid Allingham < Sráid Mac Giolla Fhinnéin
Amiens Street	Sráid Amiens*
Annadale Avenue	Slighe Átha na Dála
Annamoe Road	Bóthar Átha na mBó > Bóthar Áth na mBó
Arnott Street	Sráid an Arnóidigh > Sr. Arnóid > Sr. Arnott
Aston's Quay	Céibh an Astúnaigh > Cé Astúin, ach *cf.* Plás Aston
Aughrim Street	Sráid Eachdhroma > Sráid Eachdhruim > Sráid Eachroma < Blackhorse Lane
Aungier Street	Sráid Thomáis Uí Mhórdha > Sráid Áinséir
Ballygaul Lane	Bóithrín Bhaile na nGall
Basin Street	Sráid an Chuain
Belvidere Road	Bóthar an Deaghradhairc > Bóthar Belbhidír
Blackhall Place	Plás Bhláith Gall > Plás Bhláthghall
Bolton Street	Sráid Bhultúin > Sr. Bólton
Botanic Avenue	Slighe na nGarrdhaí > Ascal na nGarrdhaí
Brian Boru Avenue	Slighe Bhriain Boirmhe > Ascal Brian Bóirmhe
Brian Boru Street	Sráid Bhriain Boirmhe
Bride Street	Sráid Bhrighde > Sráid Bhríd
Britain Street, Great	Sráid Mhór na Breataine (Níl an tsráid seo ann a thuilleadh)
Brookfield Road	Bóthar Ghuirt an tSrotháin
Cabra Park	Páirc na Cabraighe
Cabra Road	Bóthar na Cabraighe *cf.* Sean-Bhóthar na Cabraí
Cadogan Road	Bóthar Chádogan
Camden Street, Lwr	Port Chaoimhghin, Íochtair > P. Chaeimhghein > Sr. Port Chaeimhghein Íocht.
Camden Street, Old	Sean-Phort Chaoimhghin
Camden Street, Upr	Port Chaoimhghin, Uachtair

Canal Street (Grand) Sráid an Chanála Mhóir
Carlingford Road   Bóthar Cháirlinn
Castle Avenue   Slighe an Chaisleáin > Ascal an Chaisleáin
Cavendish Row   Sreath Caibhendis > Raedh Caibhendis > Raedh Cavendish
Chancery Place   Plás na Sainséire > Plás Seansaire
Chancery Street   Sráid Seansraidhe > Sráid Seansaire
City Quay   Céibh na Cathrach > Cé na Cathrach
Clare Street   Sráid an Chláir > Sr. Cliara/Chliara
Clonliffe Road   Bóthar Chluana Life > Br. Cluain Life
Cole's Lane   Sráidín Mhic Cumhaill
Connaught Street   Sráid Chonnacht
Cope Street   Sráid an Chópaigh > Sráid Chóp
Cork Hill   Cnoc Chorcaighe > Cnoc Chorcaigh
Crampton Quay   Céibh an Chramtúnaigh > Cé Crampton
Crumlin Road   Bóthar Chroimghlinne
Cuffe Street   Sráid Chufa > Sráid Mac Dhuibh ach *cf.* Lána Mac Dubh = Cuffe Lane
D'Olier Street   Sráid De hOlíer > Sráid D'Olier
Dame Street   Sráid na Mná Uaisle > Sráid an Dáma
Dargle Road   Bóthar na Deargaile
Dark Lane   An Bóithrín Dorcha
Dawson Street   Sráid Dásúin > Sráid Dásain
De Courcy Square   Cearnóg Chúirseach
Denmark Street   Sráid Danmarg
Drumcondra Road   Bóthar Droma Connrach > Bóthar Dromchonnrach > Bóthar Droim Conrach
Earl Street   Sráid an Iarla > Sráid Iarla
Earlsford Terrace   Ardán Phuirt an Iarla > Ardán Phort an Iarla
East Road   An Bóthar Thoir
Eccles Street   Sráid Eccles*
Eden Quay   Céibh an Éadain > Cé Eden > Cé Éidin
Elizabeth Street   Sráid Eilíse
Emmet Road   Bóthar Emmet*

Exchequer Street	Sráid an Chiste*
Fairview Strand	Tráigh Bhaile Bhoicht
Fassaught Lane	Bóithrín an Fhásaigh
Finglas Road	Bóthar Fhionnghlaise*
Foley Street	Sráid Uí Fhoghludha*
Fownes Street	Sráid Fobhnais*
Foyle Road	Bóthar Feabhail
Gardiner Street	Sráid an Gharrdhadóra > Sr. Gardnar > Sr. Ghardnar*
George's Quay	Céibh Sheoirse > Cé Sheoirse
Goose Green Lane	Bóithrín Pháirc na nGé
Goose Green	Páirc na nGé
Grace Park Avenue	Bealach an Ghrása > Ascal Páirc na nGrás
Grace Park Road	Bóthar Pháirce an Ghrása
Grantham Street	Sráid Ghrantam
Grattan Crescent	Corrán Ghrattan
Green Street, Little	Sráid Bheag na Faithche
Harbour Court	Cúirt an Chuain > Cuan Chúirt + Cuanchúirt
Hardwicke Arch	Áirse an Áird Bhig
Hardwicke Lane	Sráidín an Áird Bhig > Lána Harduic *cf.* Sráid an Aird Bhig > Sr. Hardwicke
Hatch Street	Sráid Haiste*
Henry Street	Sráid Hanrí > Sráid Anraí (*cf.* Plás Hanraoi = Henry Place)
Herberton Lane	Bóithrín Earbartúin
Home Farm Road	Bóthar Feirme an Bhaile
Hume Street	Sráid an Húmaigh > Sráid Hiúm
Infirmary Road	Bóthar na hOtharlainne
Inverness Road	Bóthar Inbhir Nois
Iona Road	Bóthar Ia Choluimcille > Bóthar Í
James's Street, East	Sráid Shéamuis, Thoir
John's Lane	Sráidín Eoin > Lána Eoin Bruinne (E.) ach L. Eoin Baiste (W.)
Johnston's Court	Cúirt Mhic Sheagháin > Cúirt Mhic Eoin
Kildare Street	Sráid Chille Dara`> Sráid Cill Dara

Killarney Avenue	Slighe Chille hÁirne > Ascal Cill Áirne
Killester Lane	Bóithrín Chille Leastra
King Street	Sráid an Ríogh > Sráid an Rí
Leeson Street, Lwr	Sráid Chille Muire, Íochtair > Sr. Chill Mochargán
Leinster Street	Sráid Laighean*
Leland Place	Plás Uí Lialláin
Little Green Street	Sráid Bheag na Faithche
Longford Street, Gt	Sráid Mhór an Longphuirt
Longford Street, Lle	Sráid Bheag an Longphuirt
Lr. Baggot Street	Sráid na Rátha Íochtair
Lr. Dorset Street	Bóthar Dhriseoige Íochtair
Lr. Mount Street	Sráid an Mhóta Íochtair
Lr. O'Connell Street	Sráid Uí Chonaill Íochtair
Mabel Street	Sráid Mháible
Malahide Road	Bóthar Mhullach Íde
Marguerite Road	Bóthar Mhairghréide
Market Street	Sráid an Mhargaidh
Mark Street	Sráid Mharcuis
Marlborough Place	Plás Mhaoil Bhrighde* > Plás Maoilbhríde
Marlborough Street	Sráid Mhaoil Bhrighde* > Sr. Maoilbhríde
Mary Street	Sráid Mhuire + Sráid Máire
Melrose Avenue	Slighe an Mhaolrosa
Merchant's Quay	Céibh na gCeannaithe > Cé Ceannaigh [sic]
Merrion Square, East	Cearnóg Mhuirbhthean, Thoir > Cearnóg Muirfean
Merrion Square, South	Cearnóg Mhuirbhthean, Theas
Merrion Square, West	Cearnóg Mhuirbhthean, Thiar
Merrion Street	Sráid Mhuirbhthean > Sráid Muirfean
Moore Street	Sráid Uí Mhórdha
Morehampton Road	Bóthar Dhomhnach Broc > Br. Mhórhamtúin > Bóthar Moramton

Mount Prospect Av.	Slighe Chnuic an Radhairc > Ascal Ard na Teamhrach
Mount Street, Crescent	Corrán Sráide an Mhóta
Mountjoy Street	Sráid Mhachaire Leamhchoille > Sr. Muinseo
Nash Street	Sráid Naise > Sráid Nais
Nassau Street	Sráid Thobair Phádraig > Sr. Thobar Phádraig
Nicholas Street	Sráid Niocláis > Sráid Nioclas
Northumberland Sq.	Cearnóg Norduimbre (ach *cf.* Bóthar Nortumbar)
North Strand	Tráigh Chríonáin
North Wall	Port Chríonáin > An Port Thuaidh
Norton's Avenue	Slighe Uí Neachtain
O'Connell Street, Upper	Sráid Uí Chonaill Uachtair + Sr. Ó Conaill
O'Donohue Street	Sráid Uí Dhonnchadha > Sr. Uí Dhoncha
Orchard Road	Bóthar an Abhallghuirt
Ormond Quay, Upr.	Céibh Urmhumhan Uachtair > Cé Urmhumhan
Parkgate Street	Cnoc na gCuinneóg > Sr. Gheata na Páirce
Parliament Street	Sráid na Féise > Sr. Pairlimint
Patrick Street	Sráid Phádraig > Sr. Pádraig
Peter Place	Plás Pheadair > Plás Peadar
Portland Place	Áit Phort Tolcháin
Portland Row	Sreath Phort Tulcháin > Rae Phortlainn
Portland Street	Sráid Phuirt Tulcháin > Sráid Phortlainn
Prospect Square	Cearnóg an Radhairc
Prospect Avenue	Slighe an Radhairc > Ascal na Radharc (*cf.* Prospect Rd = Bóthar na Radharc)
Prussia Street	Lána na Cabraighe Bige > Sráid Phrúise
Railway Terrace	Árdán an Bhóthair Iarainn (*cf.* Railway St = Sráid Iarnróid + Sr. an Bhóthair Iarainn (in áiteanna éagsúla sa Chathair))

Ravensdale Road	Bóthar Gleanna na bhFiach
Richmond Street	Sráid Richmond > Sráid Risteamain
Riddle's Row	Sreath na Criathrach (níl sé ann ó 1973 ach oiread le *Horseman's Row*)
Ring Street	Sráid Uí Rinn + Sr. Ó Rinn
Robert Street	Sráid Roibeáird
Rutland Place	Plás Rutlainn > Plás Ruthlann > Plás Rutland
Ryder's Lane (AD 1756) >	
Ryder's Row (AD 1984)	Sreath an Mharcaigh > Raedh Ó Marcaigh > Rae Ryder
Sackville Place <	
Tucker's Row	Plás Uí Chonaill > Plás Saicfil > Plás Saicbhil
Sarsfield Quay	Céibh an tSáirséalaigh
Sarsfield Road	Bóthar an tSáirséalaigh > Bóthar Sairséal
Seafield Road	Bóthar Guirt na Fairrge > Bóthar Ghort na Mara
Seville Place	Plás Shebhille + P. Seibhil (*cf.* Ardán Sheibhil)
Sherriff Street	Sráid an tSirrimh > Sr. an tSirriam
St Alphonsus Road	Bóthar Shan Alphonsus > Bóthar San Alfons
St Andrew Street	Sráid Aindréis Naomhtha > Sr. San Aindrias
St Benedict's Gardens	Garrdhaí Shan Beannacht > Gairdíní Maolbheannachta
St Joseph's Terrace	Árdán Shan Seosamh + Árdán Seófaph Naomhtha (*cf.* St Joseph's Avenue > Ascal San Seosaph ach *cf.* Br. Naomh Seosamh)
St Laurence Road	Bóthar Lorcáin Naomhtha
St Peter's Road	Bóthar Pheadair Naomhtha
St Philomena's Road	Bóthar Shan Filamena > Br. San Filomena
Summer Hill	Cnoc Críonáin

Talbot Street	Sráid an Talbóidigh > Sráid Talbóid
Tara Street	Sráid Teamhrac[h]*
Temple Lane	Sráidín an Teampaill> Lána an Teampaill
Thomas Street	Sráid Thomáis
Tyrconnell Road	Bóthar Thíre Conaill > Bóthar Thír Conaill
Ulster Street	Sráid Uladh
Upper Baggot Street	Sráid na Rátha, Uachtar
Vernon Avenue	Slighe na Stáide > Ascal Bhearnon > Ascaill Vernon
Westland Row	Sreath na nIartharach > Raedh na nIartharach > Rae an Iarthair
Wexford Street	Sráid Locha Garman > Sráid Loch Garman
Whitworth Avenue	Slighe an Ghléasadóra (*cf.* Whitworth Rd = Br. Fuitbhort > Br. Whitworth)
Wicklow Street	Sráid Chille Mantáin > Sr. Cill Mhantáin
Wood Quay	Céibh Mhic Giolla Coilleadh > Cé na Coille
Woodville Road	Bóthar Bhaile an Fheadha
York Street	Sráid Caoire Eabhraic > Sráid Eabhrac

The Irish translations have been supplied by a committee of Reference composed of two delegates from the Gaelic League, one from the Society for the Preservation of the Irish Language and one from the Celtic Association. The Committee was formed as a result of complaints received as to the alleged incorrectness of some of the Irish translations on some of the plates previously erected. Most of these, however, have been revised and the correct forms substituted.

Any of those names not taken from 'Post-Sheanchas' have been translated for the North Union Poor Law Board by Mr. Lloyd.

Is cuid suntais é go bhfuil an oiread sin de na hainmneacha atá sna liostaí sin thuas in úsáid i gcónaí. Ní léir uaireanta cén fhoirm ba thúisce a socraíodh ach, i gcás na Gaeilge, tugann na foirmeacha atá sa chló ghaelach nó sa seanlitriú ar na hainmchláir féin leid faoina n-aois. Cuir i gcás *Sackville Place* in aice le Sráid Uí Chonaill, tá 'Plás Saicfil' air sa chló gaelach agus 'Plás Saicbhil' air sa chló rómhánach. Ainmníodh é in ómós do Dhiúc Dorset, Lionel Cranfield Sackville. *Tucker's Row* a bhí ar an mbealach sin roimh 1836.

'An Príomhshiúbhal' atá mar ainm oifigiúil ar an *Grand Parade* i gCorcaigh, ach is cosúil gur beag Gaeilgeoir nach dtugann 'Sráid an Chapaill Bhuí' air, faoi mar a luaigh C.J.F. MacCarthy ina chuntas ar *Streets and Lanes of Cork: An Outline:*

> The Irish form of this street-name which translates into English as 'street of the yellow horse' comes from the fact that there used to be a statue of King George on horse-back at the end of the street. Afterwards the street became known as the Grand Parade because of its wide promenade-like layout.

Tuckey's Quay a bhí air tráth den saol agus tá an t-ainm 'Sráid an Chapaill Bhuidhe' ar bhalla oifig an phoist i gCorcaigh faoi mar atá Sráid Mhór an Chinn Thuaidh *(North Main Street)* ar oifig eile i gCathair Chorcaí in ionad an ainm oifigiúil 'An Phríomhshráid Thuaidh' atá ar na hainmchláir. Cé go bhfuil 'Sráid an Chapaill Bhuidhe' agus 'Sráid Mhór an Chinn Thuaidh' in eagrán 1982 d'*Eolaí an Phoist* is spéis liom gur roghnaigh Bardas Chorcaí 'An Phríomhshráid Thuaidh' ar *North Main Street* cé gur chloígh siad le 'Sráid an Chapaill Bhuí' ach litriú nua-aimseartha air.

(Feictear dom go bhfuil Bardas Chorcaí chun tosaigh ar chathracha agus ar bhailte eile na hÉireann maidir le liosta údarásach dátheangach de na sráideanna a chur ar fáil.[44] Is eol dom grúpa dúthrachtach a bheith i mbun oibre faoi scáth Chonradh na Gaeilge i nDoire chomh maith.)

I mBaile Átha Cliath, tá 'An Parád Mór' ar *Grand Parade* agus tá an t-ainm 'Sráid an Fheistighe' < Feis + Teach = *Westmoreland Street* in úsáid go fóill agus an litriú gan leasú. Is amhlaidh a thagraíonn sé mar ainm do Bhanc na hÉireann i bhFaiche an Choláiste, áit a raibh teach na parlaiminte fadó. Ar ndóigh, tá *Parliament Street* (= Sráid na Feise > Sráid Pairlimint, cé go mbeifí ag dréim le Sráid na Parlaiminte) i bhfogas ceathrú míle do Shráid an Fheistighe ach is amhlaidh a théann an t-ainm *Parliament Street* siar go dtí 1766, tamall de bhlianta tar éis do reacht parlaiminte suim £12,000 a dheonú le tithe a cheannach d'fhonn slí a réiteach don tsráid sin.

I mBaile Átha Cliath mhair an t-ainm 'Sráid Tighe Laighean' go dtí an lá atá inniu ann bíodh go ndearnadh á chaighdeánú, tá roinnt blianta ó shin, mar 'Sráid Theach Laighean'. Tá 'Plás Tighe Laighean' = *Molesworth Place* gan athrú fós ar an ainmchlár, áfach.

Ainm eile a mhaireann agus gan ach mionleasú air is ea Sráid Thobar Phádraig = *Nassau Street*. Níl baint dá laghad ag an dá ainm sin le chéile ar an gcéad amharc. Is amhlaidh a chaomhnaíonn an leagan Gaeilge an seanainm Béarla *St Patrick's Well Lane* a thagraíonn don tobar beannaithe i bhfearann Choláiste na Tríonóide a bhfuil trácht air chomh fada siar le Liam III, Cunta Nassau. Ar an gcaoi chéanna, an leagan Gaeilge de *Prussia Street*, Lána na Cabraighe Bige, a chuir mo sháith iontais orm ar an gcéad amharc, tá sé ag freagairt don seanainm Béarla *Cabragh Lane* a bhí in úsáid sular athraíodh é i 1765 in onóir Frederick II (1712-86), Rí na Prúise. Tá an t-alt ar lár sa leagan oifigiúil Gaeilge atá ann faoi láthair. 'Sráid Phrúise' atá ann, áit a mbeifí ag dréim le 'Sráid na Prúise'.

Tá leagan neamhchoitianta Gaeilge ar *Leeson Street* i mBaile Átha Cliath, áit a bhfuil idir shean agus nua san iomaíocht le chéile ar na hainmchláir oifigiúla: 'Sráid Chill Mochorgán' i gcorráit agus 'Sráid Líosan' in áiteanna eile. Ach 'Bóthar Chille Muire' a roghnaigh an Laoideach ar *Leeson Street* agus 'Cill Mhuire Cairrgín' a baisteadh ar *Upper Leeson Street*, ainmneacha nach n-aithneodh mórán daoine sa lá atá inniu ann. Is deacair a shamhlú gur úsáideadh iad riamh agus litreacha á gcur sa phost. Ní aithneofaí 'Sráid na Rátha' ná an leagan caighdeánach 'Sráid an Rátha' go réidh ach oiread mar ainm ar *Baggot Street*. Ainmníodh an tsráid ó Robert Bagod, fear ar bronnadh mainéar an Rátha air breis agus seacht gcéad bliain ó shin. 'Sráid Bagóid' atá in úsáid sa lá atá inniu ann, ach tá *Baggotrath Place* ann freisin, Plás Ráth Bhagóid.

I mBaile Átha Cliath glacadh go réidh, de réir cosúlachta, leis an leagan Sráid Maoil Bhrighde = *Marlborough Street* < *Great Marlborough Street*, a fuair a ainm ó Dhiúc mór Marlborough (1650-1722). I gCathair Chorcaí, áfach, fágadh an leagan ciorraithe Béarla gan aistriú: *Marlboro Street* = Sráid Marlboro.

In aice le *Parliament Street* i mBaile Átha Cliath, tá *Exchange Street Upper* a bhfuil 'Sráid Iosóilde Uachtair' mar ainm Gaeilge air. Arís sa chás seo, is léir ón sliocht seo thíos go gcaomhnaíonn an leagan sin ainm Béarla atá imithe i léig:

> *Exchange Street* 1776: from proximity to the Exchange; foundation stone laid 1769 – opened 1779 – inaugurated as City Hall 30 Sept. 1852 … was called *Scarlet Alley* in 1619 and *Blind Quay Upper*. It was also called *Isod's Lane* (1577) from proximity to Isod's or Issolde's Tower situated on the city wall near Cork Hill. *(McC)*

Dála an scéil, 'Cnoc Chorcaigh' atá in airde mar ainm oifigiúil in ionad 'Cnoc Chorcaighe' (nó 'Cnoc Chorcaí' i litriú an lae inniu.)

Bíodh nach ndéantar tagairt dóibh sna liostaí seo, díol suime chomh maith is ea na seanainmneacha eile i mBaile Átha Cliath, ar nós Sráid an Aird Bhig a comhshamhlaíodh le *Hardwicke Street* a ainmníodh ó Iarla Hardwicke, Fear Ionad an Rí, 1801-06. (Trí dhearmad, tá 'Bigh' in ionad 'Bhig' ar an ainmchlár.) Ach tá 'Sráid Hardwicke' ar chlár eile, ní áirím 'Lána Harduic' mar aon le 'Lána Hardwicke' ar chinn eile fós agus *Hardwicke Lane* i gceist. Fuair an tIarla a ainm ó logainm Sasanach a díorthaíodh as an Sean-Bhéarla agus a chiallaíonn 'feirm chaorach'.

Tá *Frederick Street North* sa chomharsanacht chéanna le *Hardwicke Street*. Fuair an tsráid sin a hainm ón Dr Frederick Jebb, Máistir Ospidéal an Rotunda (1773). 'Sráid Freidric' atá ar an tsráid sin i nGaeilge sa lá atá inniu ann ach tá 'Cúirt na nGort Arbhair' ar Frederick Court agus malairt leagain, *Cúirt Freidric*, os a chomhair. Mar an gcéanna, tá idir 'Lána na nGort Arbhair' agus 'Lána Freidric' ar *Frederick Lane*. Bhí 'Barley Fields' sa dúiche máguaird nuair a tógadh an tsráid i 1790. Déanann McCready an tagairt 'Formed by Statute 1790 through "Barley Fields" '.

Fiú má rinneadh scrios ar na goirt arbhair úd, tháinig cor nua tábhachtach sa scéal cúig bliana is fiche ina dhiaidh sin nuair a bunaíodh Corn Exchange Buildings de thoradh na Cairte Corpraithe a fuarthas sa bhliain 1815. Tá cur síos ag an Urr. G.N. Wright air:

> The corn merchants of Dublin being much inconvenienced by not having any well-situated market to expose their grain to sale associated themselves for the purpose of providing themselves with one in the most advantageous manner.[45]

Is mar sin a tháinig ann do Corn Exchange Buildings le hais na Life, rud a chuireann ainm Lána Halla an Arbhair (*Corn Exchange Lane*) i gcuimhne dúinn.

Cé go bhfuil *South Frederick Street* ann freisin – Sráid Freidric – tá bunús eile ar fad leis mar ainm. Is amhlaidh a ainmníodh é as Freidric, Prionsa na Breataine Bige (1707-51), an mac ba shine ag an Rí Seoirse II. Ní luaitear *Frederick Street* sna liostaí seo, áfach. Ceann eile fós is ea *Townsend Street* < *Town's end* a bhfuil 'Sráid Chnoc na Lobhar' air sa nGaeilge, ní áirím na leaganacha lochtacha 'Sráid Cnoc Lobhar' agus 'Sráid Cnoic Lobhar'. *Lazar's Hill*[46] a bhí air tráth, áit ar tháinig idir oilithrigh agus lucht iarrtha déirce le chéile. Tugann *McC* athfhriotal ó shaothar Halliday:

On this elevated ridge, about the year 1220, an hospital is said to have been founded for pilgrims intending to embark for the shrine of St. James of Compostella, the patron saint of lepers [or lazars].

Maireann cuimhne na lobhar chomh maith san ainm *Leopardstown* a bhfuil 'Baile na Lobhar' air i nGaeilge gan trácht ar bhóithre sa chomharsanacht sin cosúil le Garrán Bhaile na Lobhar (*Leopardstown Grove*).

Ba dheacair gan suntas ar leith a thabhairt don ainm 'Sreath an Dá Theampall' ar *Granby Row*, a bhfuil 'Rae Granby' mar leagan Gaeilge air anois agus 'Raedh Granbí' roimhe sin. An té a cheap an t-ainm Gaeilge atá in *Post-Sheanchas*, is léir go raibh sé ag tagairt do Shéipéal na nDoiminiceach, 'St Saviour's', a osclaíodh sa bhliain 1861[47] agus don 'Black Church', mar a thugtar go coitianta ar 'St Mary's Chapel of Ease', de chuid Eaglais na hÉireann, a díchoisriceadh sa bhliain 1982.

Is suntasach an chaoi a séimhítear an focal 'San' (< Sanct < Sanctus) in ainmneacha sráideanna i Liosta 2 go hiondúil, m.sh. Bóthar *Shan* Alphonsus, Bóthar *Shan* Beannacht, Árdán *Shan* Seosamh, Bóthar *Shan* Filamena. Tá sampla amháin de i Liosta 1, mar atá Sráid *Shan* Tomás mar mhalairt ar Achadh an Droma. Sáraíonn an séimhiú rialacha gramadaí an lae inniu[48] agus is léir go bhfuil na rialacha sin ag teacht le nós an ama a chuaigh thart. Dá chomhartha sin, féach a leithéidí seo as *The Flight of the Earls:* 'Éireannach d'ord Sanct Pronséiss' (56); 'Sliap Sanct Martin' (80); 'go hegluiss Sanct Niclás' (80); 'corp Sanct Seóirse'; 'cenn Sanct Sém óig' (214). Is minic, áfach, nach scríobhtar ach 'S.' in ionad 'San/Sanct' ar nós 'go hegluis S. Lauráss' (194), 'minúir S. Ponséiss a nEirinn' (30), 'cuirp S. Laurás & S. Steffáin' (194). In *Smaointe Bheatha Chríost* a scríobh Tomás Gruamdha Ó Bruacháin a bhí i mbláth a mhaitheasa timpeall 1450, tugtar solaoid ar infhilleadh an fhocail 'San' sa tuiseal ginideach > 'Sin', m.sh. 'Tanic San Pronceis' (52), ach tuiseal ginideach 'a mbethaidh Sin Pronceis'.

Cuid suntais chomh maith is ea *Grosvenor Street* i mBéal Feirste ar baisteadh 'Sráid Tighe na nGealt' mar ainm air (Uimh. 69, Liosta 1). Tá deimhnithe agam, áfach, le cabhair fhoireann an Linenhall Library, go bhfuil an t-ainm sin imithe i léig le fada an lá. B'amhlaidh a bhí suíomh *Grosvenor Street* agus *College Street* ar an láthair sin i mblianta tosaigh na haoise seo, agus iad mar chuid de *Grosvenor Road* san am i láthair. Níl teach na ngealt ann ach chomh beag, ach tá an Victoria Hospital ar an láthair sin. Agus Samuel Lewis ag trácht ar an gcathair sin sa bhliain 1837 níorbh é a dhearmad gan teach na ngealt a bhí sa chomharsanacht sin a lua:

The Belfast District Lunatic Asylum for the reception of former patients from the counties of Antrim and Down ... was erected on an eminence one mile from the town, near the Falls Road, in 1829, at the expense including other contingences of £25,319 defrayed by the Government under the act of 1st and 2nd of George IV.[49]

Tá corrainm eile ar na liostaí seo nach ann dóibh a thuilleadh. Ceann díobh siúd a caitheadh i dtraipisí is ea *Great Britain Street* ar baisteadh *Parnell Street* air (agus Sráid Parnell lá níos faide anonn). Féach *Minutes of the Municipal Council*:

On the 2nd October 1911, the name of *Great Britain Street* was changed to *Parnell Street* in commemoration of the Irish statesman, Charles Stewart Parnell.[50]

Ina dhiaidh sin, ar 19 Feabhra 1923, baisteadh *Pearse Street* (Sráid an Phiarsaigh faoi láthair ach Sráid Mac Piarais an seanleagan) ar *Great Brunswick Street*. Rinneadh athruithe eile freisin: *Queen's Square > Pearse Square* = Cearnóg an Phiarsaigh, *Great Clarence St > Macken Street*.

Is suimiúil an rud é a mhinice a ghabhann an t-eireaball
-*ach* (tuiseal ginideach: -*aigh*) leis na sloinnte sna liostaí
seo murab ionann agus na leaganacha atá in airde ar na
hainmchláir oifigiúla. Féach a leithéidí seo: *Cope Street* <
Robert Cope a d'éag 1748 = Sráid an Chópaigh > Sráid
Chóp; *Crampton Quay* < Philip Crampton (1696-1792) =
Céibh an Chramtúnaigh > Cé Crampton; *Hume Street* < Sir
Gustavus Hume = Sráid an Húmaigh > Sráid Hiúm. Múnla é
seo a théann i bhfad siar ar nós *Baile an Fheirtéaraigh,
Baile an Fhaoitigh, Baile an Ghearlánaigh.*

'Sráidín' a úsáidtear ar *Lane* cé go bhfuil ciall eile leis i
gcorrshráid i mBaile Átha Cliath sa lá atá inniu ann, m.sh.
Sráidín na Trágha = *Little Strand Street*. 'Slighe' a thugtar ar
avenue, rud atá i dtreis i gcomharsanacht Dhún Laoghaire
agus Ghlas Tuathail go fóill, m.sh. Slighe na Mara = *Marine
Avenue*, Slighe Mhoint Uilliam = *Wilmot Avenue*, Slí
Eadartha = *Link Road*, Slighe Baile Uí Gaotháin =
Ballygihan ach Cúilbhealach Bhurdett = *Burdett Avenue*
agus Cúilbhealach Chiarasphort = *Carysfort Avenue* >
Ascal Dún Charúin.

Os a choinne sin, bhí ainmneacha eile ann nach maireann
a thuilleadh. Cuir i gcás *Riddle's Row* (L.2) ar tugadh 'Sreath
na Criathrach' air ón bhfocal 'criathar' = *riddle, sieve* de
réir dealraimh. Tá cuimhne fós air ag muintir Shráid Uí
Mhórdha: cuireadh *Riddles Row, Coles Alley, Gregg's Lane*,
agus *Horseman's Row* de dhroim seoil thart faoin mbliain
1973 nuair a tógadh an ILAC Centre. Feictear dom gurb é an
sloinne *Riddle* atá i gceist, ceann a luann an Dr E. Mac
Lysaght faoin litriú 'Riddell': 'an English surname numerous
in Ulster. It was also found in the Claddagh, Galway, as
Riodal'[51]. 'De Riodal' agus 'Rideal' atá mar leaganacha
Gaeilge air ag an Athair Pádraig de Bhulbh in *Sloinnte
Gaedheal is Gall* (1923). Agus ní maith a oireann an focal
'criathrach' = *(pitted) bog* (FGB) ach oiread, dar liom.

Ainm eile nach bhfuil ann le fada an lá is ea *Dark Lane.*
Ní luann *McC* ná *E.Dub.* é agus sháraigh orm teacht air sna
seanchóipeanna de *Thom's Directory* a chuartaigh mé. Ach
is mór atá mé faoi chomaoin ag Phillip Gleeson, Iarsmalann

Chathair Bhaile Átha Cliath, a dhearbhaigh dom go raibh an Bóithrín Dorcha áit ar tógadh Bóthar Grianréime (= *Sundrive Road*) lá níos faide anonn (féach AGUISÍN). D'aimsigh mé *Dark Avenue*, áfach, i mBaile an Bhóthair in eagrán 1911 de *Thom's Directory*. Is dócha gur ainm é an Bóithrín Dorcha nach mbeadh mórán caithimh ina dhiaidh ag an bpobal ach oiread le *Cutpurse Row, Cutthroat Lane, Dunghill Lane* agus *Hangman's Lane* a ndearnadh *Hamon > Hammond Lane* de le himeacht ama. Go deimhin is léir ón léarscáil agus ón treoir a fuair mé ón nGliasánach gur ghabh an Bóithrín Dorcha mórán an bealach céanna is a ghabh *Hangman's Lane* anallód.

Tá an t-ainm *Wood Quay* i L.2 agus 'Céibh Mhic Giolla Coille' mar ainm Gaeilge air. Os a choinne sin, tá Cé na Coille ar an ainmchlár oifigiúil. Is cosúil nach bhfuil ceachtar acu i gceart más fíor do *McC* agus *E.Dub.* Luann an chiclipéid: 'Wood Quay (1451) : Probably the oldest of the quays. The name probably derives from being formerly made of wood. It was completely rebuilt in stone in 1676'. Tá an dá fhoinse sin thuas ar aon fhocal faoin mbrí is dócha a bheith leis an ainm, rud a d'fhágfadh gurb é 'Cé an Adhmaid' is cóir a thabhairt air.

Ar an dul céanna, tá 'An Bóthar Beag' mar sheanainm Gaeilge ar *Drury Street*, bíodh go bhfuil Sráid Drury ar na hainmchláir dheireanacha a cuireadh in airde. Arís sa chás seo, is féidir a bhunús a aimsiú sa seanainm Béarla *Little Butter Lane* (1728). Breis agus céad go leith bliain ina dhiaidh sin, rinneadh leathnú ar an lána agus athbhaisteadh *Drury Street* air in ómós don Urramach John Drury.

Cé go ndearnadh iarracht chomh fada siar le 1884 ar *O'Connell Street* a bhaisteadh ar *Sackville Street*, athrú a bhí le teacht i bhfeidhm ar 15 Lúnasa 1885, chuir muintir na sráide go tréan ina aghaidh agus d'éirigh leo bac dlí a chur ar an malairt ainm sa chaoi nár tháinig an t-athrú i gcrích go dtí 5 Bealtaine 1924, de réir mhiontuairiscí Chomhairle na Cathrach. Idir an dá linn, chuir an Laoideach 'Plás Uí Chonaill' ar aghaidh mar leagan Gaeilge de *Sackville Place*, siúd is nár athraíodh riamh é go hoifigiúil i nGaeilge ná i mBéarla, fiú amháin go dtí an lá atá inniu ann. I gcás *O'Connell Street* is amhlaidh a cuireadh dhá leagan Gaeilge uirthi: 'Sráid Uí Chonaill' agus 'Sráid Ó Conaill', rud a bhí mar chnámh spairne tráth i measc lucht gramadaí. Tá an dá leagan le feiceáil go fóill ar phríomhshráid Chathair Bhaile Átha Cliath. Bhí an tOllamh Gearóid Ó Murchadha, nach maireann, ar dhuine den lucht léinn a chuir a ladar sa díospóireacht; is cuimhin liom é a phlé leis[52].

Máchail ar a lán de na hainmneacha atá in úsáid sa lá atá inniu ann is ea an neamhshuim a dhéantar den tuiseal ginideach. Tá ainmneacha fearacht 'Bóthar an Baile Bán' le feiceáil fiú amháin i nGaillimh in ionad 'Bóthar an Bhaile Bháin'. Is minic nach dtugtar mórán airde ar shíntí fada ach oiread. I gcás na n-ainmchlár a scrúdaigh mé i nGlas Naíon i gcóngar *Botanic Avenue,* thug mé faoi deara gur fágadh an síneadh fada ar lár go rialta, m.sh. *Botanic Avenue* = 'Ascal na nGarrdhai' in ionad 'Ascaill na nGarrdhaí' nó 'Ascaill na nGarraithe' faoi mar a bheadh de réir an Chaighdeáin Oifigiúil. 'Commemoratory genitive' a bhaist an tAthair Gearóid Ó Nualláin ar leithéid 'Sráid Uí Chonaill'[53].

Agus é ag trácht ar *Shráid Glas Caonóg,* agus na bóithre máguaird, tharraing Bernard Neary aird ar an athrú a tháinig orthu ó thaobh ainmneacha de:

> Berkeley Road was formerly called *Somerset Place,* after Somerset House, which was situated on the corner of Berkeley Road and Nelson Street. The streets around this area, *Geraldine Street, Fontenoy Street, Goldsmith Street, Sarsfield Street,* and *O'Connell Avenue* (formerly *O'Connell Street* from 1870 to 1885, *Gerald Griffin Street* 1885-86 and *O'Connell Avenue* since) were built about 1869 and are a testimony to the changing composition of the City Council.[54]

Seachas *Gerald Griffin Street,* a bhí gearrthéarmach mar ainm, tá na hainmneacha eile sin thuas fós in úsáid agus leagan Gaeilge ar gach ceann díobh faoi seach: Bóthar

Bheircli, Sráid Nelson, Sráid Ghearaltach, Sráid Fontenoi (agus 'Sráid Fontenoc' trí dhearmad), Sráid an Ghabha Bhuidhe, Sráid Sáirséal agus Ascal Ó Conaill. Tá Sr. Glas Caonóg = *Berkeley Rd* ar shean-ainmchlár in aice le Sráid Nelson. 'Glas Caonóg' atá ar Oifig an Phoist agus cuma nua-aimseartha air. Más aisteach linn Sr. an Ghabha Bhuidhe mar ainm ag tagairt don sloinne *Goldsmith*, ní miste a lua go gcuireann *Dictionary of Surnames* in iúl: '*Goldsmith* English: occupational name for a worker in gold. To a large extent, it is an anglicised form of German or Jewish *Goldschmid(t)*'.[55] Dearbhaítear in áit eile, áfach, 'Oliver Goldsmith gave his name to *Goldsmith Street* built in 1879, Lord Nelson to *Nelson Street* built in 1810. *Fontenoy Street*, built in 1872 was called after a Belgian village where the Irish Brigade fought'. Ardán Gholdsmith atá i mBré, áfach.

Cé gur cláraíodh 'Fiodh Cuilinn' mar leagan Gaeilge ar *Dunville Avenue* in *Eolaí an Phoist 1977* is cuid suntais é gurb é an t-ainm 'Ascal Dúinbhile' agus 'Ardán Dúinbhile' (= *Dunville Terrace*) atá in eagrán 1962-63 de *Thom's Directory*, cé go bhfuil na síntí fada in easnamh. Tá trácht ar an ainm Fiodh Cuilinn = *Feighcullen*, baile fearainn agus paróiste i gCo. Chill Dara, sa *Leabhar Branach*, áit a bhfuil an rann:

> Cluain Bolg is an Bóthar Cuill
> do hairgíodh re hua Réamainn;
> ar bhean d'Fhiodh Cuilinn do chrodh,
> cion ní chuirim 'na chomhar. [56]

Luaigh na Ceithre Máistrí Fiodh Cuilinn, faoin mbliain 954 A.D.[57]. Tagann an focal 'cuileann' i gceist in áitainmneacha eile chomh maith, rud a phléigh an tOllamh T. S. Ó Máille,[58] cé gur cosúil nach é atá i gceist anseo.

An Chléir

Nós coitianta go leor in Éirinn is ea sráideanna a ainmniú i gcuimhne na cléire. Luadh cheana féin an tAthair Seán Ó

Maoilchiaráin a bhí mar shagart cúnta i mBéal an Mhuirthead, Co. Mhaigh Eo, 1960-78. Ainmníodh *Ard O'Donnell* i Leitir Ceanainn, Co. Dhún na nGall, as an gCairdinéal Pádraig Ó Domhnaill (1856-1927). Tá beirt den chléir, ministir agus sagart, a bhí ag feidhmiú i gceantar Inse Chór ar ainmchláir atá i bhfogas dá chéile: *Nash Street* (= Sráid Nash) agus *Ring Street* (= Sráid Uí Rinn). Tá *Ring Terrace* ann chomh maith (= Ardán Ó Rinn) mar aon le Céide na nOblátach (= *Oblate Drive*) in onóir an oird rialta atá i bhfeighil an tséipéil in Inse Chór. Bhí an tUrramach George Nash ina mhinistir in St Jude's (1894-95) agus ina dhiaidh sin in St Catherine's (1895-99). Bhí sé mar shealbhóir beinifíse in St Jude's (1900-1905) ach d'éirigh sé as toisc go raibh a bhean in easláinte. Sa tréimhse 1908-20 bhí sé ag feidhmiú mar shéiplíneach i bpríosún Mhuinseo agus i bpríosún Chill Mhaighneann. Níl ceachtar den dá theampall a bhí i gceist ar oscailt a thuilleadh le haghaidh cúrsaí eaglasta. Is amhlaidh a dúnadh St Catherine's i Meán Fómhair 1966, faoi mar a luaigh Peter Costello ina leabhar *The Church of Dublin*. Leagadh St Jude's i 1988 agus níl fágtha ina sheasamh de ach an túr maorga. Baisteadh An Cloigtheach (=*The Belfry*) ar bhóthar nua atá in aice láimhe.

'Sráid Nais,' seachas 'Sráid Naise' faoi mar atá i gcló i Liosta 2, atá ar na hainmchláir. 'De Nais' ón sloinne áitreabhach Béarla *atten ashe* atá ag Edward Mac Lysaght[59]. Sloinne ar leith is ea de Nás = Nash a bhaineann le Co. Chill Dara[60]. Tháinig Liam Ó Rinn (William Ring) ar an saol i bPort Stíobhaird, Co. Dhoire, in 1834 agus chuaigh sé isteach in ord na nOblátach in 1854. Oirníodh ina shagart é in 1859. Tar éis dó seal fada a chaitheamh in Inse Chór, fuair sé bás i Londain Shasana i 1919 ach cuireadh in Inse Chór é.

An Coiste Pábhála

Chomh fada siar le 1921, mhol Coiste Pábhála (*Paving Committee*) Bhardas Bhaile Átha Cliath go n-athrófaí corrainm i dtuarascáil ar glacadh léi d'aon ghuth ar 12 Aibreán 1921:

Particular attention is directed to the suggestion that the alterations be made by slow stages to prevent inconvenience to the public and to property owners and householders. If the Council agree that only a limited number of alterations should take place annually, it is desirable that they should make a selection of about half a dozen streets to inaugerate the proposed revolution in street nomenclature.

An réabhlóid a bhí á beartú, níor tháinig sí i gcrích ach i gcorrchás: *Great Brunswick Street* > Sráid Mac Piarais: 'commemorates the brothers Pearse in deference to the wishes of residents'. Ach fágadh a lán eile mar a bhí: *Beresford Place* (Plás Dúinsméara) in ionad Plás Ó Conghaile *(Connolly Place), Blessington Street* in ionad Sráid Choimín ('the Irish form of the name of the town of Blessington being *Baile Choimín*').

Moltaí an Choiste Pábhála: Roinnt Samplaí

SEANAINM	AINM NUA
Beresford Place	Plás Ó Conghaile/*Connolly Place*
Blessington Street	Sráid Choimín
Capel/Bolton Street	Sráid Tomás an tSíoda/*Silken Thomas Street*
Earl Street, North/ Talbot St	Sráid Brian Bóirmhe/*Brian Boru Street*
D'Olier Street	Sráid Mac Gabhann/*Smith O'Brien Street*
Gt. George's Street South, Aungier Street, etc.	Bóthar Cathaoir Mór/*Cahirmore Road* ('after the famous ancestor of the kings of Leinster')
Grafton Street	Sráid Grattan/*Grattan Street*
Great Brunswick Street	Sráid Mac Piarais/*Pearse St*
Henrietta Street	Cnoc an Phríomháidh/*Primate's Hill*

Nassau/Leinster Street	Sráid Thobar Pádraig/*Tubber Patrick Street*
Richmond Road	Bóthar na Tulcan/*Tolka Road*
Sackville Street	Sráid Ó Conaill/*O'Connell Street*
York Street	Sráid na dTáithliagh/*Thalia Street* ('from suggested association with College of Surgeons')

Ba é Seosamh Laoide féin a thiomsaigh na hainmneacha ar fad atá sa dá liosta seachas dhá cheann a bhfuil réiltín leo in L.2, mar atá *Cork Hill* = Cnoc Chorcaighe agus *Dame Street* = Sráid an Mná Uaisle. 'Sráid an Dáma' atá ar an dara sráid sin le fada an lá cé gur suimiúil an rud é go raibh an leagan 'Sráid na Baintiagharna dá ngoirthear a SagsBhéarla Dame Street' ag údarás Chaisleán Bhaile Átha Cliath chomh fada siar le 1806[61].

Sráidainmneacha sa Tuaisceart

Tháinig an chéad chuid de *Post-Sheanchas* amach sa bhliain 1904 i bhfad sular bunaíodh stát ar leith i gcuid de Chúige Uladh. Ní dócha go bhfuair ainmneacha Gaeilge puinn aitheantais oifigiúil riamh i dTuaisceart Éireann. Go deimhin, ní heol dom ach dhá ainmchlár oifigiúla a bheith in airde ar na sráideanna go dtí an lá atá inniu ann, cinn a chuir Comhairle Uirbeach an Iúir suas sna 1940í. Tá siad araon dátheangach agus an Ghaeilge os cionn an Bhéarla agus an Ghaeilge sa seanchló: Sráid Shéamuis Uí Chonghaile/ *James Connolly Street* agus Sráid Mhícheáil Uí Mhealláin/*Michael Mallon Street*. Ach, mo léan, ba iad sin ba shiocair leis an reachtaíocht in éadan ainmchlár in aon teanga seachas an Béarla, faoi mar a chuir Maolcholaim Scott, a bhí ag obair mar Oifigeach Forbartha Gaeilge ag Comhairle an Iúir agus Mhorn, in iúl dom. Tá athrú á bheartú ar an reachtaíocht atá i gceist ach níl sí i bhfeidhm go fóill agus an aiste seo á scríobh. Tá comharthaí eile curtha in airde i nGaeilge ag Comhairle an Iúir agus Mhorn ach ní bhaineann siad le hainmneacha sráideanna. Is eol dom freisin go bhfuil cláir dhátheangacha ag dreamanna príobháideacha i gcorrbhaile sa Tuaisceart gan cead ó na húdaráis.

Droichead Átha

I gcás Dhroichead Átha, téann roinnt ainmneacha i bhfad níos faide siar ná an seachtú haois déag faoi mar a léiríodh in alt John Bradley faoin teideal 'The Topography and Layout of medieval Drogheda: Drogheda Street Names'.[62] Luaitear Bodestrata chomh fada siar le c. 1214 > *Bothe St c. 1294* > *Both St* > *Shop St.* Is ionann 'booth' agus 'both' na Gaeilge ag tagairt do na stainníní margaidh a bhíodh ann lá an aonaigh. Go deimhin, luadh *Feyrstret* c. 1358 > *Fair St* chomh maith le *Dyer Strete* c. 1329, *Frumboldeslane*, 1436 > *Freeschool Lane, Green Lane*, 1312 > *Irish St (Vicus Hibernicorum), St John St*, 1317, *St James' St*, 1467/8, *St Peter's St*, 1351 > *Peter St.* Téann corrlána i bhfad siar: *Bachelors Lane*, 1313 nó the *Back Lanes* mar a thugtar air go coitianta sa lá atá inniu ann agus *Seinte Lenes Lane*, 1323 > *St Elena's Well*, 1335 > *Bessexwell Lane.*

Faoi mar a tharla i mBaile Átha Cliath agus in áiteanna eile, tugadh droim láimhe le hainmneacha áirithe ar chúis nó ar chúis eile. Rinne Aidan P. Robinson liosta de roinnt ainmneacha a caitheadh ar leataobh i nDroichead Átha[63]. Cuid suntais é cé nach ábhar iontais é gur lánaí riar maith díobh. Corrcheann ar nós *Dark Lane*/An Bóithrín Dorcha i mBaile Átha Cliath, is ar éigean atá tásc ná tuairisc orthu anois. Orthu sin, bhí leithéidí *Harp Lane, Dominic/Felix Lane, Featherbed Lane* gan trácht ar *Murdering Lane.* Seo dornán samplaí den scéal mar atá agus mar a bhí:

MAR ATÁ	*MAR A BHÍ*
Bessexwell Lane	Harper's Lane
Boyne Place	Miller's Lane
Cross Lane	The Gallows Lane
The Dale	The Cowleas
Dominic Street	Troopers Lane
Fair Street	Horse Lane
Francis Street	Morgan's Lane

Hardman's Gardens	Gallows Green
High Lane	Keyser's Lane
Magdalene Street	Sunday Street
Mayoralty Street	Flint Lane
Oulster's Lane	Leather-Way Lane
Priest Lane	Bryers's Lane
Patrick Street	'Back of the Wall'

Má ghabhaimid ón sean go dtí an nua ní miste a dhearbhú go bhfuil Cúirt Eoin Phóil/*John Paul Court* ar cheann de na bóithre is gnóthaí dá bhfuil sa bhaile mór. Le cois an ainm sin tá dornán ainmneacha dátheangacha le feiceáil i mbaile Dhroichead Átha sa lá atá inniu ann: *Fair Street* = Sráid an Aonaigh, *George's Street* = Sráid Seoirse, *Trinity Street* = Sráid na Tríonóide, *Patrick Street* = Sráid Phádraig, *St Lawrence Street* = Sráid Naoimh Labhrás agus *West Street* = An tSráid Thiar. Tá Bóthar Brugha ann chomh maith. Os a choinne sin, níl puinn Gaeilge ar ainmneacha eile ar nós *Bachelors Lane, Laburnum Square, Trinity Gardens* agus *Old Abbey Lane.*

Seanainmneacha

Bhí tóir ag Seosamh Laoide ar sheanainmneacha a tháinig anuas i mbéal daoine ó ghlúin go glúin agus luaigh sé roinnt samplaí as Droichead Átha, as Cill Chainnigh agus as an Nás in *Post-Sheanchas II.*

Droichead Átha

BÉARLA	SEANLITRIÚ BÉARLA	GAEILGE
West Street	West Streete	Sráid na gCapall
Laurence Street	St Laurence Street (1629)	Sráid San Labhrás
Fair Street	Faire Streete (1629)	Sráid an Aonaigh
Shop Street	Shopp Street (1644)	Sráid na Seapaí
Dyer Street	Deere St (1644)	Sráid na bhFiadh
St Peter's Street	St Peeter's Streete (1629)	
Pillory Street	Pillory Streete (1644)	Sráid na bPiolóireadh

Stockwell Lane	Sráid an Tobair
James' Street	Sráid San Séam
John Street	Sráid San Seoin

Cill Chainnigh

BÉARLA	*SEANLITRIÚ BÉARLA*	*GAEILGE*
Dean Street	Deanestreet	Sráid 'Déin (= Sráid an Déin)
Back Lane	*cf.* Drumdelgin (1629) *cf.* Low-Lane (1623)	Druim Léin (dhreym lén)
Water Gate		Baile an Uisge
William St		Sráid William
James's St	St James' Streete (1639) *cf.* Vicus Jacobi (1623)	Sráid Séamus
The Parade (P'rade)	A'P'raeid	
High Street	Highe-street (1619)	
Walkin's St	Walking-street (1619)	Sráid Bháilcín
St Patrick's Street	St Patricke's streete (1619)	
Irishtown Market		An tSráid Ghaedhealach
John Street		Sráid Eoin
Green Street	Greene-street (1631)	Sráid an Ghraoine
Michael's Lane		Lóna Mhichíl[64]

Bhí *Deanestreet* agus *Greenestreet* araon 'in lc Irishtowne'. Chuir an Laoideach an t-aguisín sco leis an liosta sin thuas: 'For *High St, Rosen St, Patrick St, Parliament St, Vicar St* and *Market Gate*, no Irish names could be got'. Mise atá freagrach as na seanleaganacha Béarla a thiomsú as *Repertorium Inquisitionum, Iml 1 (Laighin)*. Chláraigh mé an chéad tagairt anseo agus i liosta Dhroichead Átha faoin mbliain seachas faoi dháta rialaithe an Rí, m.sh. Tempore Carl. I Regis = 11 Oct., 1625.

Ar na háiteanna eile a luaitear i gcathair Chill Chainnigh tá: *Boyle's Lane, Frieren-streete, Garrenchreine/Garryenchrine* (= Garraí an Chrainn?), *Low-lane, Mill-street, Molaghmarcky* (= Mullach an Mhargaidh?), *New-key, Purcell's ench, Gibbe's Garden, Keating's Towne, Krainsboroughe's orchard, Kroaker's land, Marryon's meede, Merry meare, Mounster's crofte,* agus *New Courte.*

An Nás

Mar fhocal scoir, ní mór tagairt a dhéanamh don liosta de chuid Sheosamh Laoide a bhaineann leis an Nás, siúd is gur ceann an-ghairid é[65].

(i)   Fór Spáinneach = *Corpse Lane*, ainm nach bhfuil ann le fada < 'ford of the Spanish', áit a raibh carn corp ina luí nuair a rinneadh ár ar na Spáinnigh; eachtra a bhfuil trácht ag T. O'Conor uirthi:

> It took its name from a great slaughter of the Spaniards made there. The place is said to have been formerly called *Fór Spáinneach* which is explained as signifying 'the ford of the Spanish' from a small ford there.[66]

(ii) Lán a' Bhác = *Back Lane*, ach go raibh traidisiún ann go raibh mainistir i Lán a' Bhác: 'Backhouse Lane, now commonly called *Back Lane*, leading from the town towards the old graveyard.' Ón seanleagan Béarla 'backhous(e)' sa séú haois déag a d'eascair 'bácús' na Gaeilge. Luaigh an Laoideach samplaí eile as Co. na Mí: Lán Glas = Greenbatter. Tá 'lán' in ionad 'lána' ag an mBráthair Pluincéid ina mhórshaothar *Vocabularium Hibernicum* ar chuir sé críoch leis i mainistir Bhaile Átha Troim i ndeireadh an seachtú haois déag.[67]

Seosamh Laoide agus a Shaothar

Agus Seosamh Laoide ag gabháil don dara cuid dá shaothar *Post-Sheanchas* a foilsíodh in 1911, níorbh é a dhearmad gan corrainm a leasú. D'úsáid sé an nod *cgu* agus é ag tagairt don 'chumadóireacht gan údarás'. Ar na samplaí as Baile Átha Cliath a tharraing sé chuige bhí *Capel Street* = Sráid an Chaibéalaigh, *Wentworth Place* = Plás Fhionnabhrach agus *Morhampton Road* = Bóthar Mhórhamtún, ní áirím *Broadway* i mBéal Feirste = an tSlighe Mhór ná *Bradbury Place* = Plás na Brághad. Maidir le *Katty Gollagher*, ainm truaillithe in ionad Carraig Uallacháin ar tharraing sé aird air ina réamhrá, is díol suime gur luaigh Seán Ó Donnabháin an sampla céanna sin agus é i mbun pinn ar 19/4/1837:

> Mr. Curry and I travelled through Glencullen yesterday … The mountain I called Catty Gallaugher in the name book is never so called in Glencullen nor in any part of the neighbourhood. I enquired of 7 or 8 persons and they all agreed that it was never known by any name but Carrig-Ollogon on the county map. Catty Gallaugher is one of those monstrous corruptions which originate with children and are afterwards taken up by the natives of little towns.

Agus é ag cur síos ar 'Bhlianta an Áir' ina leabhar *Ar Son na Gaeilge: Conradh na Gaeilge* 1893-1993, luaigh Proinsias Mac Aonghusa an méid seo:

> Agus de bharr a ndearna Seosamh Laoide agus Pádraig Mac Piarais, bhí thart ar 200 leabhar Gaeilge ar fáil nach mbeadh ann in aon chor, seans, murach Conradh na Gaeilge agus a chomhlacht Clódhanna Teoranta. Is ag Ard-Fheis Dhún Dealgan [1915] a socraíodh, ceal airgid, éirí as an bhfeachtas foilsitheoireachta. Ní raibh aon áit a thuilleadh sa Chonradh do Sheosamh Laoide.

Ní foláir nó ghoill an cinneadh sin as cuimse ar Sheosamh cé nach raibh neart air. Thráigh tobar an léinn agus ba mhór i gceart an bhris é. Ba scoláire den chéad scoth é an Laoideach agus ba cheannródaí é i gcúrsaí ainmneacha sráideanna agus bóithre. Duine ildánach a bhí ann gan aon agó agus tá sé ag dul dó go gcoinneofaí a chuimhne buan i measc na ndaoine ar spéis leo oidhreacht ainmneacha na sráideanna a tháinig anuas chugainn idir Ghaeilge agus Bhéarla.

Is liosta le lua iad na leabhair uile a chuir Seosamh Laoide in eagar go cáiréiseach in imeacht dornán blianta, de bhreis ar an dá chuid dá shaothar *Post-Sheanchas* (1904, 1911) atá faoi chaibidil san alt seo. Ar na leabhair a réitigh sé tá *Seachrán Charn tSiadhail* (1904), *Sgéalaidhe Óirghiall* (1905), *Cruach Chonaill, Tiomsughadh Spíontóg de Sgéalaidheacht* (1909), *Trí Torpáin, Sgéalta Sídhe* (1911), *Brisleach Mhór Mhaighe Muirtheimhne* (1915) chomh maith le *Leabhar Geograiphe le haghaidh Sgol agus Colaistí na hÉireann*[68].

Bhí an méid seo le rá ag Donnchadha Ua Dubhghaill i 1909 sa litir a luadh cheana:

> Most city street-names, even in Ireland, are arbitrary and enshrine none of the legend or poetry of history and, as many Dublin names are of purely English origin, their Irish equivalents have an inevitable appearance of ready-madeness.

Agus níor cheil sé an rud a bhí in aice lena chroí:

> Future revised editions of this report will in a few years develop into a complete and accurate Irish street-name Directory.

Saothar é nár tugadh chun críche fós i mBaile Átha Cliath. Ba mhairg a dhéanfadh deimhin dá dhóchas ach le cúnamh Dé, tiocfaidh sé i gcrích luath nó mall.[69]

AGUISÍN
CÍORADH AR ROINNT AINMMNEACHA AS LIOSTA 1 AGUS AS LIOSTA 2

Liosta 1
9   Barrack Street (Port Láirge) = An Cúrsa Fada
An Cúrsa Fada = '"the long course" from Mount Sion Schools to Morrison's Road corner of Barrack Street', faoi mar a mhínigh Jack O'Neill[70]. Tá an Gearrchúrsa (*the short*

course) ann freisin, amach ó *Sheeps Lane* agus dhearbhaigh Dermot Power go mbíodh boghdóireacht nó saighdeoireacht ar siúl ann tráth den saol[71]. Is cosúil gur ainm nua-aimseartha é an leagan Gaeilge, áfach, murab ionann agus an Cúrsa Fada.

3. Athlunkard Street (Luimneach) = Sráid Átha an Longphuirt > Sr. Áth an Longphuirt > Sráid Átha an Longfoirt

cf. Ath an Lúngfort 'the ford of the stronghold'[72]. 'Sráid Áth an Longphuirt' a bhí ar an ainmchlár nuair a d'inniúch mé é (Nollaig, 1994) ach tá curtha in iúl dom ag Gerry Joyce, Feidhmeannach, Bardas Luimnigh agus údar leabhar ar ainmneacha na sráideanna i Luimneach, go bhfuil beartaithe ag an an mBardas glacadh le *Sráid Átha Longfoirt*. Phléigh Gearóid Mac Spealáin beagán de stair Áth an Longfoirt in *North Munster Antiquarian Journal* (1942)[73].

14. Berkeley Road or Glascoynock (Baile Átha Cliath) = Glas Caonóg > Sr. Glas Caonóg > Sr. Bheirclí

Glas Caonóg an t-ainm a bhí ar an mBradóg i dtosach báire. Leagan eile ba ea *Glasmacanog*. Is cosúil gur ainmníodh an abhainn ó naomh de bhunadh na Breataine Bige darbh ainm Canoc nó Canog. Rinneadh ainm áite d'ainm na habhann le himeacht ama. Tá trácht ar *Glaskoynock* agus cur síos á dhéanamh ar 'the Riding of the Franchises' sa bhliain 1488. Ina dhiaidh sin i dtuairisc a tugadh sa bhliain 1603, úsáideadh an leagan *Glascoynoke* 'in the slade', nó ar an mínleach ar an taobh ó thuaidh den bhealach mór atá idir Baile Átha Cliath agus Glas Naíon. Faoi 1756 bhíothas tar éis casadh eile a bhaint as an ainm agus *Glasmanoge* a thabhairt air, agus é ag tagairt do *Constitution Hill* i gcóngar Shráid an Teampaill[74].

Tá mionchur síos ar an mBradóg mar aon le liosta de na hainmneacha a bhí uirthi ag Clair L. Sweeney, *The Rivers of Dublin*, a d'fhoilsigh Bardas Bhaile Átha Cliath sa bhliain 1991: féach Le *Rughdich, Glascoynock, St Michan's Streams, Bradok, The Pole Water.* Deir sí:

The name *Glascoynock* or its variants was the one by which this stream was called from early Christian times down to the eighteenth century. Apparently the monks of St. Mary's Abbey changed the name of the stream at its outlet from *Glascoynock* to Bradok.[75]

Faoi mar a chuir Clair Sweeney in iúl, 'The word Glasmacanóg is derived from "glas", "a *stream*", + "mo", "*my*", + Canoc (an Irish-Welsh saint)'.

18. Brennan's Parade (Bré) = Sráid Uí Bhraonáin > Siúlóid Uí Bhraonáin

Baineadh anuas an t-ainmchlár agus athchóiriú á dhéanamh ar fhoirgneamh, rud a fhágann nach bhfuil ainm Gaeilge ná Béarla le feiceáil. 'Siúlóid Uí Bhraonáin' an leagan oifigiúil Gaeilge a bhí air tráth. De réir mar a dúradh liom, tógadh an tsraith tithe sa dara leath den aois seo a chuaigh thart agus is é sloinne an tógálaí féin atá á choinneáil i gcuimhne[76]. Tharraing Arthur Glynn aird ar a éifeachtaí a bhí coimisinéirí an bhaile a bunaíodh faoin *Town Improvements Act* (Ireland) 1854:

> The emergence of names like Quin, Dargan, Breslin, and Brennan on the list of Commissioners would suggest a determined progressive mood in the body as they were the most ambitious and enlightened promoters and developers in the town.[77]

D'éag an Braonánach sa bhliain 1865 ach maireann a shloinne i mbéal mhuintir na háite i gcónaí. Tá *Brennan's Terrace* = Ardán Uí Bhraonáin mar bhuanchuimhneachán air freisin.

51. Dunville Avenue (Baile Átha Cliath) = Fiodh Cuilinn > Ascal Dúinbhile

'Cullenswood' (= *Cullen's Wood*) a scríobhtar go hiondúil, leagan míchruinn Béarla den ainm 'Fiodh Cuilinn' a chiallaíonn 'Coill an Chuilinn' nó 'Hollywood' ó cheart

seachas 'Cullen's Wood'. Luaitear *Cullenswood* chomh fada
siar le 1209 i bhfoinsí Béarla nuair a chuaigh saoránaigh
Bhaile Átha Cliath ag triall air le picnic a dhéanamh ann.
Thapaigh muintir Bhroin agus muintir Thuathail an deis le
sléacht a dhéanamh orthu. Dá thoradh sin, comóradh
'Black Monday' ar feadh na gcéadta bliain. Cé go bhfuil
Dunville Avenue mar chuid de Fhiodh Cuilinn, tá Fiodh
Cuilinn i bhfad níos fairsinge ná an ascaill sin, rud a
fhágann nach go maith a oireann an leagan Gaeilge.
Caomhnaíodh é mar ainm agus cuma an Bhéarla air in
Feighcullen Buildings i Raghnallach. Luaitear Fiodh
Cuilinn chomh fada siar lc 956 A.D. in Annála Ríoghachta
Éireann, áit a ndéanann Seán Ó Donnabháin tagairt
d'Fhiodh Cuilinn *(Feighcullen)* in Uí Faeláin.

54. Edward Street (Luimneach) = Sráid Éadbhaird > Sráid an Tighearna Éamonn

Cuireadh in iúl dom nach cóir *Edward Street* a thabhairt ar
an tsráid atá i Luimneach tharla gurb é *Lord Edward Street*
a hainm ceart. Ach is léir ó *Eolaí an Phoist 1977* go raibh
aitheantas oifigiúil ag Sráid Eadbhárd = *Edward Street* tráth
den saol. *Lord Edward Fitzgerald Street* (Sráid an Tighearna
Éamonn) a baisteadh ar an tsráid lá níos faide anonn in
onóir an Tiarna Edward Fitzgerald. 'Sráid an Tiarna
Éadbhard' a thugtar ar an tsráid taobh le Halla na Cathrach i
mBaile Átha Cliath a ainmníodh as an duine céanna.

56. English Street (Ard Mhacha) = Bóithrín Triain Sasanach

An t-ainm Gaeilge a baisteadh ar an tsráid seo, léirigh sé a
eolaí a bhí Seosamh Laoide ar stair na hÉireann. Agus é ag
cur síos ar 'The Morphology of Irish Towns' tharraing Pat
Dargan, Institiúid Teicneolaíochta Bhaile Átha Cliath, aird
ar Ard Mhacha:

> The city of Armagh offers the clearest example of the
> survival into modern times of an ecclesiastical layout
> plan. Here the double concentric street pattern,

positioned on the crown of a steep hill, testifies to the city's present street pattern. The inner core of the original monastery is clearly identifiable in the almost totally circular route lines of Castle Street and Callan Street. ... The outer sector was divided into three sub-sectors: Trian Saxon to the North, Trian Masain in the South-east quadrant, and Trian Mór in the West.[78]

122. Thomas Street (Baile Átha Cliath) = Achadh an Droma nó Sráid Shan Tomás > Sráid Thomáis

B'fhéidir gurbh é *St Thomas's Meadow* a bhí ann sa Mheánaois a spreag an t-ainm 'Achadh an Droma'. B'amhlaidh a bhí an chluain sin ar an taobh ó dheas den áit a bhfuil Sráid Thomáis faoi láthair. Taispeántar í ar an léarscáil a tharraing Howard Clarke de Bhaile Átha Cliath.[79] Ina leabhar *Ar Bhruach na Life*, tá an méid seo ag Breandán Mac Raois:

> Saoirse ab ea mainistir Naomh Tomás agus bhí an t-ab ina thiarna agus ina bhreitheamh ar cheantar a shín beagnach an tslí go léir ó Shráid Thomáis go dtí Cros an Araltaigh.[80]

125. Upper Clare Street (Luimneach) = Sráid an Chláir Uachtair

Murab ionann agus *Clare Street* i mBaile Átha Cliath, ainmníodh an tsráid seo in onóir Lord Clare agus tá 'Sráid an Chláir' gan cháim. 'Mar mhórtas do Sheán "Dubh" Mac Giobúin, Lord Clare (1798) a ceapadh an t-ainm sin,' de réir an nóta a bhreac Gearóid Mac Spealáin, nach maireann. De réir Gerry Joyce, áfach, 'this street was named after John Fitzgerald, Earl of Clare, and the Irish translation is Sráid an Chláir'.

Liosta 2

An Bóithrín Dorcha (Baile Átha Cliath) = *Dark Lane*

Níor éirigh liom teacht ar an ainm sin sna leabhair thagartha ach chuir Phillip Gleeson in iúl dom gur ghabh sé an bealach a bhfuil *Sundrive Road* (= Bóthar Grianréime) sa lá atá inniu ann. *Hangman-lane* a bhí ar an mbóthar sin ón gCarnán (*Dolphin's Barn*) go dtí Crois Arailt (*Harold's Cross*) a thaispeáin John Rocque ar léarscáil i 1756. Léirigh William Duncan *Dark Lane* ar a léarscáil (1821), freisin, agus tá sé le feiceáil ar léarscáil na Suirbhéireachta Ordanáis, 1864. Rinneadh *Hammond Lane*/Lána Mhic Ámain de Hangman Lane cé go raibh 'Lána an Chrochaire' fós mar leagan Gaeilge de sna 40í.

Admhálacha

Ní mór dom buíochas ó chroí a ghabháil le roinnt mhaith daoine a tháinig i gcabhair orm ar bhealach nó ar bhealach eile. Tá mé faoi chomaoin mhór ar an gcéad ásc ag an Ollamh Breandán S. Mac Aodha a spreag mé le dul i mbun an ghnó seo, ag an Dr Liam Mac Mathúna a chuir cúpla tagairt do Sheosamh Laoide ar mo shúile dom, agus ag Iarla Mac Aodha Bhuí a réitigh an scríbhinn. De bhreis ar na daoine atá luaite i gcorp an ailt chuidigh na daoine seo a leanas liom: Mary Farrell, Leabharlann Dhroichead Átha; Mary Clark, Cartlannaí, Bardas Chathair Bhaile Átha Cliath; Gerry Joyce, Bardas Luimnigh; Dermot Power, Leabharlann Chathair Phort Láirge; foireann Gilbert Library, Baile Átha Cliath; foireann Leabharlann Náisiúnta na hÉireann; foireann Iarsmalann Chathardha Bhaile Átha Cliath agus go háirithe Tom O'Connor agus Phillip Gleeson; Séamus Ó Lionnáin, Ceatharlach; An tAthair Vincent Denny, O.M.I., agus Eibhlín Bean Mhic Dhomhnaill, An Coláiste Teicniúil Réigiúnach, Corcaigh, agus Representative Church Body Library, Baile Átha Cliath.

Foinsí

CO *Gramadach na Gaeilge: An Caighdeán Oifigiúil.*
Ekwell = Eibert Ekwell, *The Concise Dictionary of English Place-Names* (Clarendon Press, Oxford, 1981).
E.Dub. = Douglas Bennett, *Encyclopedia of Dublin* (Gill and Macmillan, 1991).
EID = *English-Irish Dictionary,* eag. Tomás de Bhaldraithe.

FGB = *Foclóir Gaeilge-Béarla*, eag. Niall Ó Dónaill.

G = *Gasaitéar na hÉireann (Gazetteer of Ireland)* (Oifig an tSoláthair, 1989).

McC = C.T. Mc Cready, *Dublin Street Names* (Carraig Books Ltd, Athchló 1987).

Tagairtí

1 'Bóthar na Carraige Duibhe' an litriú caighdeánach. Ach is é an t-ainm oifigiúil atá ar *Blackrock* i gCorcaigh ná 'An Dúcharraig', rud a d'fhágfadh gurb é 'Bóthar na Dúcharraige' is cóir a bheith ann de réir na fianaise atá ann. *Cf.* 'An Charraig Dhubh' i mBaile Átha Cliath ach 'Na Creagacha Dubha' i gCo. Lú = *Blackrock* freisin. As Béarla amháin atá an t-ainmchlár *Albert Road* i gCorcaigh ach tá Sr. Albert sa liosta oifigiúil.

2 Is cosúil gurb é Sráid Anna [Béarla Ann(e)] atá i gceist seachas an t-ainm dúchasach Áine. Tá an síneadh fada in easnamh ar an leagan atá i gcló in *Post-Sheanchas*. De réir *E.Dub.*, baisteadh *Anne Street (South)* ar an tsráid i mBaile Átha Cliath i 1723 toisc í a bheith i gcóngar St. Ann's Church.

3 Is cosúil gur bhaist an Laoideach féin an t-ainm Gaeilge seo ar an tsráid in ómós do Thomás Ó Mórdha, file. Téann *Aungier Street* siar chomh fada le 1670. Ainmníodh í as Sir Francis Aungier, Máistir na Rollaí a ndearnadh Barún Aungier de i 1621. Phós a iníon, Alice, Sir James Cuffe agus tá a ainm siúd á chaomhnú in *Cuffe Street* atá ar na gaobhair. 'Sráid Mac Dhuibh' atá uirthi i nGaeilge cé go bhfuil 'Lána Mac Dubh' ar *Cuffe Lane*. Ainmníodh *Moore Street* (Sráid Uí Mhórdha > Sráid Ó Mórdha, leagan míchruinn) as an mBíocunta Moore a tháinig i seilbh chuid de thailte Mhainistir Mhuire i 1614. *E.Dub.*, 139; A.D. 1728, *McC* 'Sráid Áinséir' an t-ainm atá uirthi anois.

4 Tá *Barrack Hill* fós i mbéal an phobail cé go bhfuil *Oliver Plunkett Road* mar ainm oifigiúil air.

5 Dealraíonn sé go dtagraíonn an leagan Gaeilge do *Beggar's Bush*. Tá *Bath Place* sa Charraig Dhubh agus 'Plás na bhFothraid' air ach 'Ascal an Ionnlait' atá ar *Bath Avenue* i bPembróc.

6 Aistriúchán é seo a bunaíodh ar 'dún' *(fort)* + 'sméar' = *(black)berry*. Tá 'Lána Dúinsméara' ar ainmchlár i mBaile Átha Cliath 1 cé go bhfuil 'Plás Bheresford' ar cheann eile atá gar dó. *Parnell St.* atá anois air i bPort Láirge.

7 Tá 'Bóthar Bheirclí' mar aon le 'Glascaonóg' in airde ar ainmchláir faoi láthair.

8 Luaitear in *E.Dub.* go mbaineann an tsráid seo le paróiste Naomh Peadar agus Naomh Caoimhghin. Fiafraíonn *McC* cé uaidh ar ainmníodh an tsráid A.D. 1778. Níor ceapadh an Tiarna Camden mar Fhear Ionaid an Rí go dtí 1885.

9 Sráid Céipil an leagan Gaeilge atá in úsáid sa lá atá inniu ann. Ainmníodh an tsráid chomh fada siar le 1697 ó Arthur Capel, Iarla Essex.

10 Níl *Carlisle Circus* ar an léarscáil de Bhéal Feirste a scrúdaigh mé ach tá *Carlisle Circle* uirthi mar aon le *Carlisle Parade/Road/ Square/Terrace/Street/Walk*. Tá an mhír *Circus* i Londain sa *Piccadilly Circus*: 'rounded road-junction by Piccadilly. ... It is used of a number of other road-junctions in London, e.g. *St. George's Circus, Cambridge Circus, Oxford Circus,* and *St. Giles's Circus*,' John Field, *Placenames of Greater London* (B.T. Batsford, London, 1980). Má ghlactar le 'cró' ar *circus,* ba chóir 'Cró Chairlinne' a bheith ann.

11 'Br. Cháirlel' ba chóir a bheith anseo in ionad 'Br. Cháirlinne'. Ceartaíodh é in *Post-Sheanchas II.* Féach *Caerleoil.* A.D. 1130. *Caer Llwelydd* i mBreatnais an lae inniu. Dearbhaíonn Ekwell: 'The original name is generally explained as meaning "the wall of the god Lugus" '.

12 'Sráid Cliara,' gan séimhiú, atá ar na hainmchláir is déanaí a cuireadh suas, rud nach bhfuil ceart. Ainmníodh an tsráid in onóir Denzille Holles, Earl of Clare, *E.Dub.* Cuireann *McC* leis sin gurb é 'Clare in Suffolk' atá i gceist, rud a fhágann nach bhfuil aon bhaint ag an ainm le Cliara ach oiread le Co. an Chláir. *Clara* an leagan is sine den ainm sin i Sasana c. 1145 agus is é tuairim Ekwell gurb ionann é agus *Clere.* D'fhéadfaí glacadh le 'Cliara' mar ghaelú ar ainm iasachta ar nós *Durham > Darmhagh > Durú,* G < *Duir + magh.*

13 *College Green* 1666 < *Hoggen Green.*

14 Féach *Commons Street,* An Port Thuaidh, 1773, *McC.* Leasú Iml. II (1911) > Sr. an Choimínigh.

15 Is cosúil gur iarracht de ghaelú é seo. 'Cearnóg an Bhardais' an leagan a mbeifí ag dréim leis sa lá atá inniu ann. Seans gur *bard* < *ward* a bhí i gceist.

16 Cumberland = 'The land of the Cumbrians' < Breatnais *Cymry* 'The Welsh', Ekwell. Tá Sráid na Cuimre i nDún Laoghaire i gcónaí. *Cf.* Sráid Chumbarlainn i mBaile Átha Cliath.

17 Dealraíonn sé gur iarracht ar ghaelú a dhéanamh ar an ainm é seo. Is dócha gurb é an sloinne *Darling* atá i gceist. Féach '*Darling,* nickname: "the darling" ', C.W. Bardsley, *A Dictionary of English & Welsh Surnames. 'Darling: Dyrling* or *Deórling*

was the OE term used to denote the young noble of a house,'
George F. Black, *The Surnames of Scotland* (1946).

18   Tá an *Diamond* ina lán bailte i gCúige Uladh faoi mar atá i
gCromghlinn, Co. Aontroma. Ní dhéanann an Laoideach
idirdhealú idir *Square* agus *Diamond*, rud a bhfuil gá leis.
Glacadh le 'Diamant' mar leagan Gaeilge agus is eol dom é a
bheith ar ainmchlár i mbaile Mhuineacháin le tamall anuas.
Tá 'An tOchtagán' mar ainm ar *The Octagon* i gCathair na
Mart.

19   Déantar idirdhealú idir Bóthar Dhomhnach Broc agus Bóthar
Móramton sa lá atá inniu ann.

20   Is aisteach an rud é nach ndearnadh idirdhealú idir Bóthar
Dhroim Conrach agus Bóthar Chluain Life má ba ann dó. *Fortick
Road* a bhí ar *Clonliffe Road* i dtosach báire, *E.Dub.* Chláraigh
McC *Clonliff(e) Avenue*, 1866, ach níl aon trácht ar *Clonliffe
Road.* Ainmníodh *Fortick Rd* as Tristan Fortick a thóg an *Red
House.*

21   'Sráid na Driseóige' a bhí in úsáid ar feadh na mblianta ag Máire
Ní Raghallaigh, díoltóir leabhar (féach m.sh. *Ar Aghaidh,*
Feabhra, 1947, 3) ach ní heol dom stádas oifigiúil a bheith aige.

22   Foirm lochtach é 'Sráid Diúic'.

23   = *Summerhill* = Cnoc Críonáin, *Post-Sheanchas I,* 116.

24   *cf. Stane, Stayn, Stein, Steyn*: 'a large flat district extending from
Westmoreland Street to the Dodder and from the Liffey to
Nassau Street,' *McC,* 121. Tagann an t-ainm ón bhfocal
Lochlainnise *steyne* (= cloch) a bhfuil cur síos uirthi sa leabhrán
*Journey from the Steyne: an Historical Portrait of the
Westland Row/City Quay Community.* I bhfogas do Shráid
Chnoc na Lobhar a bhí an chloch féin.

25   *Recte* Mórshráid nó Sráid Mhór na Danmhairge, ach Sráid Mhór
Danmarg atá mar ainm oifigiúil. *cf. Brunswick Street* = Sráid
Bhrunsaic faoi láthair, ach *Brunswick St North* = Raedh na
Canálach.

26   Tá sé seo ar aon dul le Sráid Tighe Laighean = *Molesworth
Street.* I nGaeilge na haimsire seo, bheifí ag súil le 'Sráid Theach
Laighean' agus, mar an gcéanna le 'Sráid Theach na nGealt'.

27   Ionann sin agus 'Sraith an Chuain'. 'Rae' atá in úsáid ar na saolta
deireanacha seo in ionad 'Sraith/Sreath'.

28   Ní luann *McC Harcourt Road/Street* ach déanann sé tagairt do
Harcourt Place/Bridge a ainmníodh ón gcéad Iarla de Harcourt
a bhí ina Fhear Ionaid ag an Rí, 1772[76].

29   Tá Sr. Chill Mochargán ar chúpla ainmchlár i Sr. Líosan Íocht.

30   Déanann *FGB* idirdhealú idir 'mainéar' *manor* agus 'mainnear'

enclosed field, enclosure. D'fhágfadh sé sin gurb é Sráid an Mhainéir an t-ainm ceart faoi mar atá ar an ainmchlár. Téann *Manor Street* siar go dtí 1781 agus ba chuid de *Stoneybatter* (= Bóthar na gCloch) é roimhe sin; *McC.* De réir *E.Dub.*, b'fhéidir go dtagraíonn an t-ainm do 'manor of Glasnevin and Gorman', 129.

31   = Rae Muirfean.

32   'An Cuarbhóthar Thuaidh' atá anois air. Aithníonn *FGB* 'ciorcalda' mar leagan den fhocal 'ciorclach'.

33   Focal baininscneach is ea 'ascaill' ach, thairis sin, tá cuma aisteach ar an leagan Gaeilge. Bheifí ag súil le 'Bóthar na Seanpháirce'.

34   *cf.* 'Mullán' *elevated ground, hillock, FGB.* Tá 'mullán' á úsáid i gcorrainm sráide ar 'downs', m.sh. *Beaufort Downs* = Mullán Beaufort. 'Mínchnoc' atá ar *down* san *Fhoclóir Tíreolaíochta agus Pleanála* (1981).

35   *Russell Street* in aice leis an gCuarbhóthar Thuaidh, A.D. 1803, *McC; Russell Avenue* a bhí ar an tsráid i dtosach báire < John Russell, tógálaí, a d'éag 1825, *E.Dub.*

36   Bheifí ag dréim leis an alt faoi mar atá sa leagan Gaeilge d'ainm an bhóthair i mBaile Átha Cliath: 'Bóthar na Seanchille' i litriú na haimsire seo.

37   Is ionann 'léana' (*gin.* léana) agus (i) *lowlying grassy place, water-meadow,* (ii) *greensward, lawn (FGB).*

38   *Cf.* Fionnúir, *gin.* Fionnúrach = 'Fennor', G.

39   Tagraíonn an Feisteach do Theach na Parlaiminte, i mbarr na sráide, áit a bhfuil Banc na hÉireann le fada an lá. Ainmníodh an tsráid i mBéarla as John Fane, deichiú hIarla Westmoreland a bhí ina fhear ionaid ag Rí Shasana 1790-94, *E.Dub., McC.*

40   *cf.* Sráid Eabhrac (Baile Átha Cliath) a ainmníodh as Ernest Augustus, Diúc Eabhrac. Tá Sráid Eabhraith i mBaile na Lorgan, Co. Mhuineacháin. Luaigh an tAth. Peadar Livingstone an méid seo: 'As the town continued to grow, new streets came into existence. The most important of these was York Street, originally called Broad Street in popular parlance,' *The Monaghan Story* (Clogher Historical Society), 503.

41   Tá mé faoi chomaoin mhór ag an Ath. Nicholas Madden, O.D.C., Prióir, Baile Locha Riach, as cóip dá chuntas féin ar *Patriot Friar* a chur ag triall orm:

> The first name on the Celtic cross over the Friars' plot in the Abbey cemetery at Loughrea is that of Father Elias Nolan who died on the 4th September, 1904. Dan Nolan, a merchant of Killimor and a brother of Father Elias had the

cross erected in his memory. The names in Irish, which once marked the streets of Loughrea, were another memorial to Father Elias as he was instrumental in having them put up but they have now disappeared.
Phléigh Máirín Ní Mhuiríosa scéal a bheatha in *Feasta,* Feabhra, 1970, 7-9.

42 Tá mé fíorbhuíoch den Dr. Oirmh. Caoimhghin Mac Aodhagáin as ucht m'aird a tharraingt ar 'Clanricard Estate Map of Loughrea' a bhfuil cuntas air san alt a chuir sé in eagar sa *Journal of the County Galway Archaeological and Historical Society,* Iml. 24, 95 et seq.

43 Tá mé buíoch de Phádraig Ó Conaire, Príomhoide Choláiste Bhreandáin, Béal an Mhuirthead, a chuir cóip de *Belmullet Town Study* (1991) ar fáil dom.

44 Is mór atá mé faoi chomaoin ag J.A. Daly, Oifigeach Foirne, a chuir cóip de chugam.

45 Féach *Historical Guide: Ancient and Modern Dublin* (London, 1821).

46 Rinneadh trácht air sa *Journal of the Royal Society of Antiquaries,* Iml. 56 (1926-27), 123-24.

47 An tAthair Henry Peel, O.P., *The Dominicans in Dublin 1124 to 1988.*

48 'Ní shéimhítear roinnt ainmneacha dar tús na réimíreanna *mo, mao(i)l* ... agus *San,' Graiméar na mBráithre Críostaí,* Alt 57(a).

49 *Topographical Dictionary of Ireland,* Iml. 1, 199.

50 *Minutes of the Municipal Council,* Mír 669.

51 *Surnames of Ireland* (Irish Academic Press, 1980)

52 'Ceart na Gaeilge: *Sráid Uí Chonaill* agus *Ascaill Ghríobhtha'* ba theideal dá alt in *The Star,* Feabhra, 1932 de réir Risteaird de Hae (*Clár Litridheacht na Nua-Ghaedhilge,* Iml. 3) ach sháraigh orm teacht ar an alt.

53 *The New Era Grammar of Modern Irish* (1934), 102.

54 Féach *A History of Cabra and Phibsborough* (Lenhar Publications, Clonsilla, 1983), 77 et seq. Féach freisin AGUISÍN L.1.

55 Patrick Hanks & Flavin Hodges, *Dictionary of Surnames* (Oxford University Pres, 1988), 216.

56 *An Leabhar Branach/The Book of the O'Byrnes,* eag. Seán Mac Airt (DIAS, 1944), 66, líne 1709 et seq.

57 *Annála Ríoghachta Éireann,* eag. John O'Donovan.

58 Féach *Béaloideas,* Iml. 28 (1960), 50-64.

59 *The Surnames of Ireland,* 288.

60 Féach Patrick Woulfe, *Sloinnte Gaedheal is Gall* (1923), 269.

61 Féach Colm Ó Lochlainn, *Tobar Fíorghlan Gaedhilge: Deismir-eachta na Teangadh 1450-1853* (1939), 214.

62 Féach John Bradley, *Journal of the County Louth Archaeological and Historical Society*, Iml. XIX, Uimh. 2 (1978), 98-127, mar aon le Moira Corcoran, 'The Streets and Lanes of Drogheda', *Journal of the Old Drogheda Society*.

63 Aidan P. Robinson, *Ancient Drogheda*, 128.

64 Maidir le *Michael's Lane* = Lána Mhichíl, féach *loan(e)*, *loaning*, *Loanen* = 'a lane, by-road'. *Cf. Loan-end:* 'a lane where one road joins another,' Joseph Wright, *English Dialect Dictionary* (EDD). Féach Liosta 1, 83. *Mc Adam's Crossroads/Loan Ends* (Droim Mór).

65 Tá tuairisc ar ainmneacha eile sa Nás in *Nás na Ríogh: from Poorhouse to the Faire Flax: an illustrated History of Naas*, a d'fhoilsigh grúpa staire san áit. Le cois ainmneacha ar nós *South Main St.*, *Fairgreen St.*, *Sallins Rd.*, *Market Square*, tá *Poplar Square*, *New Row*, *Rathasker Rd.*, *Our Lady's Place*, *Pacelli Rd.* agus *Sarto Rd.*, an dá cheann dheireanacha ag dul siar go dtí 1954 agus tionchar an chreidimh go láidir orthu.

66 *O.S. Letters, Co. Kildare*, 164. Is cosúil gur tháinig *fór* as canúint Bhéarla, *foor/fore* = 'ford'.

67 Féach Tomás de Bhaldraithe: 'An Pluincéadach – Ceannródaí Foclóireachta,' *Teangeolas* 22, (1987), 19 et seq.

68 Scríobh Ciarán Bairéad cuntas ar Sheosamh Laoide a foilsíodh in *Béaloideas* (Iml. 15, 1945 (=1946), 127-40) agus a athfhoilsíodh in *Feasta*, (1956, ix, Márta, Meitheamh 1956 *et seq.*).

69 Nuair a fuair Donnchadh Ua Dubhghaill bás sa bhliain 1918, scríobh Risteárd Ó Foghludha ('Fiachra Éilgeach') alt ina chuimhne a foilsíodh in *Fáinne an Lae*, 13 Iúil, 1918.

70 *Waterford: A History* (Dolmen Studio, 1992).

71 Údar *The Street where you Live*, a d'fhoilsigh sé féin le déanaí.

72 *cf.* James Frost, *County Clare: Irish Local Names Explained* (Cork, Frecor Press, 1973)

73 *North Munster Antiquarian Journal* (1942), 99.

74 Féach J.T. Gilbert, *Calendar of Ancient Records of Dublin* (Iml. 1, 197, 495). *Cf. Phibsborough = Glas Mochonóg Nua*, *An Claidheamh Soluis*, 5, 29/5/09.

75 *The Rivers of Dublin* (Bardas Bhaile Átha Cliath, 1991), 48.

76 Féach K. Mary Davies in *The Book of Bray* (Blackrock Teachers' Centre), eag. John O'Sullivan *et al.*, Aguisín 1, 143.

77 *History of Bray* (The Mercier Press, 1986), 53.

78 *Geographical Viewpoint : The Journal of the Association of Geography Teachers of Ireland*, Iml. 22, 1994, 57.

79. H. Clarke. *Map of Dublin c.840-c.1540* (1978).

80. *Ar Bhruach na Life: Stair Áth Cliath go dtí an bhliain 1803*, 90.

Sráidainmneacha Bhaile Átha Cliath

Liam Mac Mathúna

Réamhrá

Ní mór an tsuim a chuir J. T. Gilbert in ainmneacha shráideanna Bhaile Átha Cliath de réir an bhrollaigh a chuir sé lena leabhar *A History of the City of Dublin* sa bhliain 1854:

> The first account of Dublin given to the public was a brief and meagre notice, containing little more than the names of the streets and edifices of the city, contributed by Richard Stanihurst to the English Chronicles ... of Raphael Holinshed in 1577 and 1586.[1]

Ba bheag idir é seo agus an dearcadh a léirigh Barnaby Rich, duine de chomhaoisigh Stanihurst, ina shaothar dar teideal *A New Description of Ireland.* Cheap Rich go ndeachaigh Stanihurst thar fóir, gurbh amhlaidh a chuimsigh a shaothar 'so many churches, with so many chapels, with so many streets, with so many lanes, with so many gates, and with so many bridges, as I protest, I having known Dublin these forty years yet know not where to find the one half of them he hath named.'[2] Ar ndóigh, b'fhéidir meabhair dhearfach a bhaint as caint seo Rich, is é sin go n-oirfeadh léiriú, i bhfoirm léarscáile nó eile, d'fhonn ceangal éifeachtach a spreagadh in intinn an léitheora idir na hainmneacha éagsúla agus na suímh ar thagair siad dóibh.

Pé ní i dtaobh Gilbert agus Rich, is féidir le muintir an
lae inniu a bheith buíoch de Stanihurst faoi rá is go raibh sé
de thuiscint ann taifead a dhéanamh ar ainmneacha
shráideanna Bhaile Átha Cliath daichead éigin bliain sular
breacadh iad ar an gcéad léarscáil den chathair, an ceann a
d'fhoilsigh Speed sa bhliain 1610[3].

Is díol suntais é ó thaobh na socheolaíochta agus na
teangeolaíochta araon go bhfuil go leor snáitheanna Gaeilge
fuaite i ngréas shráidainmneacha Bhaile Átha Cliath. I
dtaobh bhunús na sráidainmneacha de, tosaíonn an scéal sa
Mheánaois, tráth a bhí ainmneacha tiomnaithe agus ainm-
neacha tuairisciúla in uachtar. Níos déanaí, nuair a casadh
ar an ainmniú a dhéanamh ar bhonn foirmiúil, baineadh
earraíocht as ainmneacha sráideanna chun fónamh don
élite riaracháin. Ina dhiaidh sin arís, tugadh aitheantas ar a
sheal don Chaitliceachas agus don náisiúnachas Éireannach,
sular ghéill siad lenár linn féin do mheon an *rus in urbe*,
dá mhéad suimint agus tarmacadam a bhí sa timpeall. Faoi
mar a chífear ar ball, is ilghnéitheach aduain í an timp-
eallacht logainmneacha atá á cruthú sna heastáit nua
tithíochta sa lá atá inniu ann.

An Cúlra
Ach ní miste tosú ag an tosach agus a mheabhrú go bhfuil
fianaise chomhaimseartha sna hannála go raibh lonnú
Gaelach ag dhá ionad laisteas d'abhainn na Life, is é sin ag
mainistir Dhuibhlinne gar do Chaisleán Bhaile Átha Cliath
an lae inniu agus ag an áth a raibh Áth Cliath air. Meastar go
raibh an t-áth seo beagáinín isteach ó Dhroichead Shráid an
Teampaill. Is amhlaidh a d'fheidhmigh Áth Cliath mar nasc
idir ceithre cinn de na cúig phríomhbhealach a bhí sa tír
anallód, i bhfad sular tháinig na Lochlannaigh agus i bhfad
sular bhunaíodar a n-áitreabh ag Dyflin/Duibhlinn.

Bóthar
Le leathchéad éigin bliain anuas tá breis tuisceana faighte
ag taighdeoirí seandálaíochta agus tíreolaíochta ar lean-
únachas an lonnaithe i gceantar Bhaile Átha Cliath. Tá gach

Ainmchláir as Baile Átha Cliath agus Bré

aon dealramh ar an scéal gur mhair cuid de na seanchonairí isteach sa Mheánaois agus go bhfuil a rian le sonrú sa bhaile mór go fóill. Maidir le tionchar na Gaeilge ar an gcéad sraith d'ainmneacha sráideanna sa phríomhchathair, glactar leis gurb ionann *Upper Kevin Street* is *Bishop Street* le chéile agus *Great Boater/Butter Lane*[4], ar dhóichí gur chuid é den seanbhealach a dtugtaí an Slige Dála air fadó. Bhí *Butter Cross* ann chomh maith. Ar ndóigh, is ón bhfocal Gaeilge 'bóthar' a thagann *Boater* agus *Butter*. Ó tharla gur cailleadh an fhuaim 'th' sa Ghaeilge timpeall na bliana A.D. 1300 ní foláir nó go dtéann na hiasachtaí Béarla seo níos faide siar ná sin[5]. Is samplaí eile den saghas céanna iad *Booter* san ainm *Booterstown/* Baile an Bhóthair agus in *Cowbooter Lane*, atá le fáil i mBinn Éadair. Leagan eile a shíolraíonn ón nGaeilge 'bóthar' is ea an mhír Bhéarla 'Batter' (an fhoirm a bhí i réim in aimsir Stanihurst). Tá an mhír seo le fáil san ainm seanda tábhachtach *Stoney-batter/*Bóthar na gCloch i mBaile Átha Cliath, agus in *Yellowbatter* i nDroichead Átha. Is leagan níos déanaí fós é 'Boher' atá le fáil in *Bohernabreena* i dTamhlacht. Tá an díspeagadh 'bóithrín' in úsáid i nGlas Naíon ó ghlac Bóithrín Mobhí/*St Mobhi Boithirin* ionad an ainm logánta *The Cinder Path*.

Tionchar na Gaeilge[6]

Tuigtear, ar ndóigh, go raibh an Ghaeilge á labhairt i gceantar Bhaile Átha Cliath roimh theacht na Lochlannach. Mhair sí taobh le taobh leis an Lochlainnis ar feadh trí chéad bliain ar dtús, agus ansin mhair sí taobh leis an mBéarla a thug na hAngla-Normannaigh leo sa dóú haois déag. Tá gach aon chuma ar an scéal gur chainteoirí Gaeilge a bhí i mionlach substaintiúil d'áitritheoirí Bhaile Átha Cliath sa Mheánaois. D'fhéach Reachta Chill Chainnigh sna 1360í le tabhairt ar shliocht Shasana sa Pháil filleadh ar a ndúchas Gallda. Céad bliain níos déanaí deineadh iarracht ar na Gaeil a ruaigeadh as Baile Átha Cliath faoi bheartas *apartheid* na linne.

Is follas, áfach, gur theip ar na hiarrachtaí seo. Cuirim i gcás, mhaígh an Lord Chancellor i 1578 'that all the English, and the most part with delight, even in Dublin speak Irish, and greatly are spotted in manners, habit and conditions with Irish stains'. Tá a fhios againn ó fhianaise scéilíní éagsúla agus ó shuirbhéanna gur mhair líon mór Gaeilgeoirí i mBaile Átha Cliath i gcaitheamh an tseachtú céad déag agus sa chéad leath den ochtú céad déag.

Baineann sé le hábhar anseo ó thaobh na sráidainmneacha de nach lasmuigh de na ballaí amháin a bhí an pobal Gaelach ag cur fúthu, ach go raibh mionlach, b'fhéidir 25% Gael, ina gcónaí laistigh de chathair Bhaile Átha Cliath sa chéad leath den ochtú céad déag. Ní mór a n-éifeacht siúd a thabhairt san áireamh chomh maith le tionchar an mhóraimh, a raibh forlámhas riaracháin acu.

Comhthéacs Ginearálta Logainmneacha Bhaile Átha Cliath

Mar sin, i dtaca leis na logainmneacha de, ní mór dúinn a mheabhrú nár *tabula rasa* neamhainmnithe é ceantar Bhaile Átha Cliath nuair a tháinig na Lochlannaigh agus a gcomharbaí chun na tíre. Agus is cinnte nach gan fhios do na heachtrannaigh a bhí na logainmneacha Gaeilge ann. Tá fianaise a mhalairte soiléir áititheach. Ar ndóigh, is ón nGaeilge a thagann dhá ghnáthainm na príomhchathrach, mar atá 'Dublin' agus 'Baile Átha Cliath'. Dearbhaíonn an gaol idir 'Dublin' agus 'Duibhlinn' go háirithe go raibh teagmháil chultúrtha idir na strainséirí agus na Gaeil ó thús.

Tionchar na Lochlannach

Pé ní ina thaobh sin é, ní foláir a admháil gur cuireadh le hilghnéitheacht na hainmníochta le lonnú na Lochlannach sa naoú céad, agus le teacht na nAngla-Normannach sa dóú céad déag. Is díol suntais ag scoláirí é, áfach, laghad an riain a d'fhág an Lochlainnis ar ainmneacha Bhaile Átha Cliath. Ba é an tIoruach Magne Oftedal a chuir ar ár súile dúinn gurbh iad na Béarlóirí a chaomhnaigh na hainmneacha a shíolraigh ón Lochlainnis. Chlóigh na Gaeilgeoirí lena n-ainmneacha féin. Samplaí soiléire den fheiniméan seo is ea an dá ainm ar an leithinis thuaidh, 'Howth' agus 'Benn Étair' sa tSean-Ghaeilge, Binn Éadair sa Nua-Ghaeilge. Samplaí eile is ea *Lambay*/Reachrainn, *Ireland's Eye*/Inis Mhac Neasáin, *Dalkey*/Deilginis Cualann.

Tionchar an Bhéarla

Maidir le tionchar an Bhéarla, léirigh Éamonn de hÓir gur bunús Gaeilge atá le breis bheag agus trian d'ainmneacha bhailte fearainn Chontae Bhaile Átha Cliath an lae inniu, d'ainneoin na gcéadta bliain d'fhorlámhas eachtrannach sa dúiche[7]. Dar leis, is bunús Béarla atá le hainmneacha 520 ceann den líon iomlán de thimpeall le 860 baile fearainn atá sa chontae. Is é an comhdhéanamh simplí *x* + *town* atá ar 230 ainm (44%) acu seo, agus is sloinne a bhíonn i gceist le *x* i gcónaí, nach mór. Is iad ainmneacha na mbailte fearainn agus ainmneacha na sráideanna is mó a léiríonn tionchar an Bhéarla i gcathair agus i gcontae Bhaile Átha Cliath. Féachaimis roinnt samplaí d'ainmneacha na mbailte fearainn:

> *Blanchardstown*, ar tugadh *Villa Blanchard* air sa bhliain 1249;
>
> *Mitchelstown*, in aice le Caisleán Cnucha, 1547. Tá an t-ainm le fáil mar *Baile Mhistéil* i lámhscríbhinní Gaeilge de chuid thús an ochtú céad déag a scríobh Risteard Tuibear, arbh as an gceantar seo dó ó dhúchas;
>
> *Palmerstown*, a bhfuil tagairt le fáil dó chomh luath le 1230, agus a fhaigheann a ainm ó Ailred the Palmer, is é sin, fear a chuaigh ar an gcrosáid.[8]

Ainmneacha Gaeilge

Ar ndóigh, tá Baile Átha Cliath, idir chathair agus thuath, breac ballach le hainmneacha sráidbhailte agus dúichí a dtéann a mbunús Gaelach siar go dtí tús ré na staire, mar shampla Cluain Dolcáin, Seantrabh, Sord, Tamhlacht agus Lusca. Tá patrúin éagsúla le tabhairt faoi deara chomh maith. Cuirim i gcás, tá an mhír 'Dún' le fáil i sraith amháin ainmneacha, mar shampla Dún Criofainn, Dún Sinche, Dún Droma agus Dún Laoghaire. Tá cinn eile ann a bhfuil 'Glas', a chiallaigh 'abhainn bheag, sruthán' iontu, mar atá Fionnghlas agus Glas Naíon. Tá an seantéarma Gaeilge 'Domhnach' (séipéal) ina thuilleadh, féach Domhnach Broc, Domhnach Bat agus Domhnach Cearna. Tá 'Cill' (séipéal, mainistir) le fáil go flúirseach: Cill Iníon Léinín, Cill Mhaighneann, Cill Bharróg agus Cill Fhionntain.

Tagraíonn 'Teach/(S)tigh' do struchtúr eaglasta leis. Samplaí den mhír seo is ea Teach Naithí, Tigh Motháin i bparóiste Thamhlachta, Tigh Bruadáin (*Tibradden*), Teach Mealóg, Teach Sagard, Steach Maoilín (*Stamullen*) ar theorainn Chontae na Mí, agus Stigh Lorgan (*Stillorgan*). Tá 'Ráth' coitianta chomh maith, féach Ráth Eanaigh, Ráth Garbh agus Ráth Maonais. Tá seantaithí ag cách ar 'Baile', a bhfreagraíonn *Bal-* agus *Bally-* araon dó (chomh maith le *-town*), sna leaganacha Béarla i gceantar Bhaile Átha Cliath: Baile Bachaille, Baile Baodáin, an Baile Bocht, an Baile Breac, Baile Brigín, Baile Dúill, Baile Formaid, Baile Ghrifín agus Baile Munna. Murab ionann agus na heilimintí logainmneacha eile atá san áireamh anseo, tá samplaí de 'Baile' sa chiall 'áit chónaithe, feirm, áitreabh ag pobal' déanach go maith. Níl aon fhianaise is luaithe ná A.D. 1150 aimsithe ina thaobh go fóill.[9] B'fhéidir, mar sin, gur túisce na leaganacha Béarla ná na cinn Ghaeilge i gcás Bhaile Bhlainséir/*Blanchardstown* agus Bhaile Hearman/ *Harmonstown*.

Tá fianaise i dtaobh pobal uirbeach Gaeilgeoirí ó thréimhsí níos déanaí le tuiscint ón ainm ceantair *Irishtown*, ar imeall Bhaile Átha Cliath na Meánaoise, a mhaireann sa sráidainm *Irishtown Road*, leis. Tá *Irishtown* le fáil mar ainm ceantair i gCill Chainnigh, i nDroichead na Bandan agus i gCluain Meala chomh maith, agus tá *Irish Quarter* i gCarraig Fhearghais. Déantar tagairt do *Ballybough*/an Baile Bocht i mBaile Átha Cliath ón mbliain 1350 ar aghaidh. Sa lá atá inniu ann, faightear na sráidainmneacha *Ballybough Cottages*, *Ballybough Lane* agus *Ballybough Road* sa cheantar céanna.

Agus, ar ndóigh, ní hiad ainmneacha na n-áitreabh an
t-aon fhianaise ainmníochta amháin atá ann ar na Gaeil a
bheith sa dúiche. De bhreis ar sheanainmneacha aibh-
neacha mar an Life, an Dothra agus an Tulca, tugtar faoi
deara *Poolbeg*, ó Pholl Beag, ainm a rianaíonn McCready
siar chomh fada le 1473. Deir sé gurb é a bhí ann ná 'one
of the two pools in the harbour of Dublin, where ships can
find deep water, – the other and larger being the pool of
Clontarf'.[10] Sholáthair ainmneacha na n-aibhneacha na
sráidainmneacha *Liffey Street* (1728), *Tolka Avenue* (1882),
Poolbeg Street (1728) agus, níos déanaí, *Dodder Dale,
Dodder Park Drive, Dodder Park Grove, Dodder Park
Road, Dodder Road, Lower* agus *Dodder View Cottages.*
Cuimhnítear leis ar *Mullinahack*, ag *Wormwood Gate*,
1756, a shíolraíonn ó Mhuileann an Chaca, más fíor.

Sráidainmneacha: Stanihurst, Speed, de Gomme

Tá tábhacht mhór le saothar 1577 Richard Stanihurst agus
le léarscáileanna John Speed (1610) agus Bernard de
Gomme (1673) ón seachtú haois déag, sa mhéid go soláth-
raíonn siad liostaí atá cuimsitheach go maith de shráid-
ainmneacha ar a mbonnaibh féin, seachas mar fhothoradh
ar chuspóir éigin eile[11].

Ar na sráidainmneacha is sine dá raibh ag an gcathair
agus a thit isteach i líon Stanihurst tá:

>   *S. Nicholas his streete (1190);*
>   *The New streete (1218)*
>   ‡ Speed 60 *Newe streete*
>   ‡ de Gomme *New Street*;
>   *The Castle streete < Vicus Castri* (1235);
>   *S. Verberosses streete* (1257) > *S. Werburgh-street*;
>   *S. Thomas his streete* (1263)
>   ‡ Speed 51 *S. Thomas strete*
>   ‡ de Gomme *St. Thomas street*;
>   *The Cookestreete* (1270) < *Vicus Cocorum*;
>   *The Skinner rew < Vicus Pellipariorum* (1284) >
>   *Christ Church-place* (1833);

The High streete < *Altus vicus* (1307);
The Bridge streete (1317);
The Wyne Taberne streete (1329) < *Vicus tabernariorum vini.*

Is é an bunús atá leis na chéad ainmneacha seo, más ea, ná tiomnuithe eaglasta, tagairt do chaisleán ceannasach, leaganacha a bhí a bheag nó a mhór tuairisciúil, mar aon le lua ar ghairmeacha beatha. Dealraíonn sé go raibh géillte ag cuid de na seanainmneacha do leaganacha nua faoi ré Stanihurst, leithéidí:

The Dammes streete < *Teyng-mouth-street* (1348);
The Skinner rew < *Bothe street* (1305).

Is díol suime iad na malairtí a luann *Chronicle* Stanihurst, léiriú ar idirchéim éigin, ní foláir. Samplaí díobh seo is ea:

S. Iohn his streete, alias *fisheshamble streete*
‡ Speed 24 *Fish shambles*
‡ de Gomme *Fish shamble Street*;
The Poule, or *Paulemyll streete* (Níl sé seo ar fáil i gceachtar den dá fhoinse eile);
The sheepe streete, alias *the shippe streete.* For diuers are of opinion that the sea had passage that way, and thereof to be called the Ship streete. Thys as it seemeth not wholy impossible, considering that the sea floweth & ebbeth harde by it,...
‡ Speed 22 *Sheepe strete*
‡ de Gomme *Ship street*;
Ram lane, alias *the schoolehouse lane*
‡ Speed 27 *Rame Lane*
‡ Speed 36 *Schoolhouse lane*
‡ de Gomme *Schole house lane*;
Rochell lane, alias *Backlane,* on the southside of the *flesheshambles*
‡ de Gomme *Back lane*;

Scarlet lane, alias *Isoudes lane* (Níl sé seo i gceachtar den dá fhoinse eile).

Ar na hainmneacha suaithinseacha eile atá ag Stanihurst tá:

The Kowme (1454)
‡ Speed 59 *The Come*
‡ de Gomme *The Coomb*;
Keasers lane. This lane is steepe and slipperie, in which otherwhyles, they that make more haste then good speede clincke their bummes to the stones. And therefore the ruder sorte, whether it be through corruption of speache, or for that they gyue it a nickename, commonly terme it, not so homely, as truely, kisse arse lane
‡ Speed 30 *Kaysars Lane*
‡ de Gomme *Keasars Lane*;
Ostmantowne, so called of certayne Easterlings or Normans, properly the Danes that were called Ostmanni ... There arriued a fresh supply of Easterlings at Dublyne in the yeare 1095 & setled themselues on the other side of the ciuitie, which of them to this day is called Ostmantowne, that is, the towne of the Ostmannes...
‡ Speed 4 *Ormunton*
‡ de Gomme *Oxmantowne*.

Is amhlaidh gurb é an t-ainm seo an t-aon cheangal soiléir amháin idir *Speed's Theatre* agus oidhreacht Lochlannach na cathrach – agus an méid sin faoi chló an dearmaid litrithe *Ormunton* in áit *Oxmantown*, mar ba chóir. Agus is é *The Come* amháin a bhfuil de chuma air go bhféadfadh bunús Gaeilge a bheith leis.

Ainmneacha de chuid Speed agus de Gomme nach bhfuil ag Stanihurst

Mar sin féin, tá roinnt áirithe seanainmneacha ag an dá fhoinse ón seachtú céad déag nach bhfuil le fáil i liosta Stanihurst, mar shampla:

Speed 18 *S. Stevens stret* (1455)
‡ de Gomme *St Stephens street*;
Speed 65 *S. Brides stret* (1465)
‡ de Gomme *St Brides street*;
Speed 68 *Crosse lane* (1466) > *Golden Lane.*

Os a choinne sin, tá ainmneacha nua le fáil iontu, leis. Cuirim i gcás:

Speed 53 *Tennis court lane* > *St. John street*;
Speed 55 *S. Iames strete.*

Is mó go mór an t-eolas a thugann de Gomme ná Stanihurst i dtaobh an limistéir lastuaidh den Life. Tá a fhios againn ó fhoinsí eile go bhfuil cuid de na sráidainmneacha seo sean go maith, lcithéidí:

de Gomme *Fishers lane* (1312);
de Gomme *St Marys lane* (1438);
de Gomme *Hamond lane* < *Hangman lane* (1454).

Is dealraitheach gurbh é de Gomme féin is túisce a luaigh cuid eile acu:

de Gomme *Pill lane*;
de Gomme *Cow lane*;
de Gomme *Bull lane;*
de Gomme *Brodooge lane.*

Ar an gcuma chéanna, laisteas den Life, tá léarscáil de Gomme lán d'ainmneacha a théann i bhfeidhm orainn go fóill fiú amháin, faoi mar a shoiléireoidh an rogha seo a leanas:

de Gomme *Blind Key*;
de Gomme *Customhouse Key*;
de Gomme *Wood yard*;
de Gomme *Temple barr*;

de Gomme *Lazy Hill*;
de Gomme *Schippers lane*;
de Gomme *Smock ally*;
de Gomme *Copper ally*;
de Gomme *Poolys ally*;
de Gomme *Dirty lane* > *Bridgefoot street*;
de Gomme *Cork hill*;
de Gomme *Lilly's lane*;
de Gomme *Brides ally*;
de Gomme *Bull ally*;
de Gomme *Crooked stafe*;
de Gomme *Golden lane*;
de Gomme *Maiden lane*;
de Gomme *Wood street*;
de Gomme *Butter lane* (1577);
de Gomme *Whit fryers ally* (*cf.* 1577 *The whyte Friers lane*);
de Gomme *Aungiers Street.*[12]

Leaganacha Gaeilge

Bíodh is go raibh forlámhas ag an mBéarla ar ainmniú na sráideanna i mBaile Átha Cliath sa Mheánaois agus ag tús na ré nua-aimseartha, bhí tionchar áirithe ag an nGaeilge chomh maith. Tá difríocht bhunúsach idir foinsí dúchasacha Gaeilge na Meánaoise – idir annála, dhánta díreacha, thráchtais leighis, srl. – agus taifid riaracháin na nAngla-Normannach maidir le scóip agus cuimsitheacht. Agus tá na foinsí dalba dúchasacha fós ag fanacht le scoláire de chumas Gilbert a thiomsódh iad, agus de mhianach McCready a rianódh a seanchas. Níl an staidéar ar shráidainmneacha Gaeilge Bhaile Átha Cliath ach ina thús agus ní mór an fhianaise go léir, beagnach, a bhaint as foinsí príomha go fóill. Níl aon oidhre ar an staid ach dá mbeifí ag cruinniú na leaganacha Laidine nó galldaithe ó fhoinse ar nós *Registrum de Kilmainham. Register of Chapter Acts of the Hospital of Saint John of Jerusalem in Ireland, 1326-1339 under the Grand Prior, Sir Roger Outlawe… edited from the Bodleian MS. Rawl. B. 501* ar an gcuma seo a leanas:

Bothe Street: in uilla Dublinie,... iacens inter
tenementum Thome Molace et le Bothe Stret in corner
ex opposito Collistrigii et tenementum Johannis de
Leycestre clerici (lch 12);
Thomas Street: in uico Sancti Thome in suburbio
Dublinie in parochia Sancti Jacobi iacens inter terram
Walteri de Castrocnok (lch 3; *Castleknock* nó Caisleán
Cnucha atá i gceist);
in uico Sancti Thome Martiris in suburbio Dublinie
(lch 12).[13]

Toradh marthanach amháin a bhí ar ré throdach Eilís I ná
saolú na clódóireachta Gaeilge san ardchathair ar threalamh
a chuir an bhanríon féin ar fáil ar mhaithe le cur chun cinn
an Phrotastúnachais. Dá bharr seo, áfach, tháinig foinse nua
logainmneacha ar an bhfód, mar atá, ainm an ionaid
fhoilsithe ba nós a lua ar an leathanach teidil. Ba é an
leagan ba dhéanaí d'ainm na cathrach, Baile Átha Cliath, a
d'úsáidtí coitianta ar an gcuma seo. Is mar seo a bhí, mar
shampla, i gcás an chéad saothair riamh a clóbhuaileadh i
nGaeilge na hÉireann, an dán le Pilib Bocht Ó hUiginn dar
tús *Tuar ferge foighide Dhe*, a foilsíodh ar mhórbhileog, a
raibh an nóta clódóra seo a leanas ag gabháil leis:

Atá so ar na chur abprionnda, lé maighisdir Seon Uisér
ambaile Átha Cliath óscionn an droichid, 1571.

Is féidir an leagan seo d'ainm na cathrach, le 'Baile' roimh
'Áth Cliath' (de réir nós na haimsire sin, cuireadh 'Áth' sa
tuiseal ginideach, gur dhein 'Átha' de) a rianú siar go dtí A.D.
1368, mar a bhfaightear in úsáid é den chéad uair in *Annála
Uladh*. Níos minice ná a chéile, ní bhíonn de thoradh ar
thaighde ar na foinsí Gaeilge, ach sráidainm Gaeilge amháin
in aghaidh an téacs nó na lámhscríbhinne. Féach, mar
shampla, an sliocht seo a leanas as saothar a scríobh Eoghan
Ó Raghallaigh san ochtú céad déag, lenar chomhshnaidhm
sé cuid de chuntas níos luaithe ó láimh an Dr Thomas
Fitzimons, Biocáire Ginearálta Dheoise na Cille Móire:

Stoneybatter: Maiseadh is éuchtach an gníomh do rinne, an uair rug ocht mbratacha xxt. marcshluaigh go Bothar na cCloch ag doras Bhaile Atha Cliath.[14]

Taispeánann fianaise ó chiorcal mhuintir Neachtain na slite éagsúla ina raibh Gaeilge curtha ar ainmneacha na sráideanna ag an bpobal Gaeilge a mhair i mBaile Átha Cliath san ochtú céad déag. Faighimid 'Áth Cliath' mar ghluais ar 'Druim Collchoille' san eagrán a réitigh Eoghan Ó Neachtain de shaothar greannmhar rómánsach Sheáin Uí Neachtain, *Stair Éamuinn Uí Chléire Do réir Sheáin Uí Neachtuin*[15] agus tá tagairt ann leis do *Thomas Street*:

> ... agus go bánta biatacha Dhroma Chollchoille .i. Átha Cliath ... (línte 128-29)
> ... gidheadh níor fhreagair an curadh so é i n-aon ionad go ráinig Achadh an Droma dá ngoirthear anois Sráid San Tomás i ndorus Átha Cliath. (línte 133-36)
> ... go ráinig an abhuinn dá ngoirthear an Poiteul, i nDruim Cholchoille ... (línte 187-9).

Tá *Cook Street* ann chomh maith:

> Seaan O Neachtuin chum eagluis Shráid na gCócairidh ar ndearmad a lamhuinidh san tséipeil 7 rod cheil Mac Bráduigh air nach bhfhuair féin íad. *A chliar sin Shraid na gCocairidh* (9 rann + 1 véarsa).[16]

I lámhscríbhinn G 135 sa Leabharlann Náisiúnta, a scríobh Tadhg Ó Neachtain sna blianta 1739-52, tá an méid seo a leanas le fáil agus tagairt ann do *High Street*:

> 1742. In Ath Clíath san tSraid Ard do leagadh toigh chum a aththogbhail 7 bhus do admad ba déantadh, do tosaidh san bhlíadhuin 1411 ionas go raibh na sheasamh 331 bliadhuin gusan am far leagadh é, a laimh re teampol San Micael ata an teagh ceadna greamuidh dhe.[17]

Feictear, más ea, go bhfuil leaganacha Gaeilge, a bhféadfaí aistriúcháin chomhbhríocha a thabhairt orthu, ag na sráideanna is sine, Sráid San Tomás, Sráid na gCócairí, an tSráid Ard. Bhí sé seo fíor leis i gcás chalafort Bhaile Átha Cliath, *caladh Átha Cliath*, i gcás Choláiste na Tríonóide, *Coláiste Átha Cliath* agus i gcás shléibhte dheisceart Bhaile Átha Cliath, *An Sliabh Ruadh*[18].

Os a choinne sin, is suaithinseach gur ainmneacha déanacha iad na cinn a tógadh go díreach ón mBéarla, agus nár cuireadh ach athruithe áirithe foghraíochta orthu. Mar shampla, fuair *Bloody Bridge*, droichead a tógadh as adhmad i dtosach báire sa bhliain 1670, fuair sé a ainm de thoradh bruíne a tharla i 1671. Atógadh an droichead as clocha sa bhliain 1704 agus tugadh *Barrack-Bridge* mar ainm ansin air, ó tharla go raibh sé gar don Royal Barracks[19]. Chloígh Tadhg Ó Neachtain leis an leasainm faoina chruth Béarla: 'laimh re Bludi Bridg a nAth Cliath'[20].

Tagraíonn Seán Ó Neachtain don phríosún darbh ainm *The Black Dog* ar na slite seo a leanas:

san mBlaic Dóg a nAth Cliath[21];
san mBlaic Dog a bp[r]iosun...[22];
ar mbeith a mbruid san mBlack Dogg[23].

Leabhar Frásaí Mhuiris Uí Ghormáin

Tá leabhar frásaí Béarla-Gaeilge a chum an scríobhaí Muiris Ó Gormáin sa dara leath den ochtú céad déag ar fáil in dhá lámhscríbhinn. Tá cúig shráidainm i gceann acu seo, trí cinn sa cheann eile. Cé gur dhóigh le Terence P. McCaughey nach raibh sráideanna aon bhaile ar leith i gceist leo seo, is suntasach go bhfuil sráideanna le gach ceann de na hainmneacha a thugann Ó Gormáin le fáil i mBaile Átha Cliath:

at ye Bull's Head in the High Street / aige Ceann a Tairbh ansa tsraid árd;
at the Black Bull in Church Street / aig an Tarbh Dubh sráid a Teampoill;

at ye King's Head in Nicholas St. / aige Ceann a Rí a sráid Nicolais;
at the Black Lion in Bolton St. / aig an Leomhan Dubh sraid a Bholtunaigh;
at the Red Lion in Cook St. / aig a Leomhan Dearg sráid na ccócairigh[24].

Theip ar Terence McCaughey ainmneacha na dtithe tábhairne a dheimhniú, áfach, cé is moite den Black Bull in *Church Street*. Ach ó tharla go bhfuil a fhios againn ó scríbhinní mhuintir Neachtain go raibh an tSráid Ard agus Sráid na gCócairí in úsáid mar ainmneacha sa chathair, féadfaimid glacadh leis an bhfianaise seo i gcás na dtrí shráid eile. Nó ar an gcuid is lú de, is féidir linn talamh slán a dhéanamh de go mbeadh leaganacha Uí Ghormáin inghlactha, dá mba rud é gur do Bhaile Átha Cliath a bheadh tagairt á déanamh.

Roinnt Sráidainmneacha as Foinsí Éagsúla
Is fánach an áit ina bhfaightear cuid de na leaganacha Gaeilge ar na sráidainmneacha. Cuirim i gcás an bhileog earcaíochta a d'eisigh Oifig Chogaidh Chaisleán Bhaile Átha Cliath sa bhliain 1806, mar ar sholáthair an clódóir a ainm agus a sheoladh:

Curtha a cClódh le Abram Braidligh King, Stásionóir Mhórdhacht an Ríogh, aig uimhir 36, a Sráid na Baintiagharna, dá ngoirthear a SagsBhéarla, Dame Street, a mBaile Átha Cliath.[25]

Is é an seoladh a thug Domnald Ó Súilliobhain i dtiomnú lámhscríbhinne sa bhliain 1822 ná '4, Sráid Chépel'[26].

Tugann cín lae Amhlaoibh Uí Shúilleabháin dhá leagan dhifriúla de *Bridge Street Lower*: Sráid an Droichid Íochtarach (línte 1871-73, i gcomhair na bliana 1829) agus Sráid Íochtarach an Droichid (línte 2873-76, i gcomhair na bliana 1831)[27].

Sráidainmneacha Gaeilge eile a théann siar breis agus 100 bliain is ea:

17 Sráid Carlisle, B.C Deiscirt, Baile-Ath-Cliath (= *17 Carlisle Street, South Circular Road, Dublin*): 27 Aibreán 1885[28]; 17 Sraid Charlisle, B. A. Cliath. (= *17 Carlisle St., S.C.R., Dublin*): 25 Lúnasa 1886[29]; 75 Sráid Amiens (= *75 Amiens Street, Dublin*): 23 Deireadh Fómhair 1887 agus 29 Samhain 1887[30].

Athrú Sraídainmneacha
D'ainneoin chlaonta na n-údarás is iomaí ainm suimiúil a mhair ar shráideanna na cathrach ar feadh i bhfad, ainmneacha ar nós:

Hangman lane (1454), a truaillíodh ina *Hammond lane* (1698);
Murdering lane (1603) > *Cromwell's quarter* (1876, an Bardas a d'athraigh);
Cutthroat lane W. (1756), *E.* (1773) > *Roundhead row* (1876, an Bardas a d'athraigh);
Rapparee alley (1728) > *Glover's alley* (1766);
Love lane (1728) > *Little Cuffe street* (1733) > *French street* (1776) > *Mercer street* (1860, a athraíodh toisc go raibh droch-chlú uirthi);
World's end lane > *Montgomery street* (1776);
Paradise row (1769) > *Wellington street*, ó 1845, in aice le *Dorset street, upper*.

Maidir le *Hell* (1735), tá an iontráil adhlactha seo a leanas le fáil i gclár an pharóiste 'S. Nicholas Within': 1735, May 20, 'Sarah Read, from Hell'. Dar le McCready, bhí an áit úd gar do na sean-Chúirteanna Dlí.

Bunús Polaitiúil na Sráidainmneacha
Tháinig go leor ainmneacha coimhthíocha chun cinn san ochtú céad déag, ainmneacha cosúil le *Pimlico* (1728, < *Pimlico*, Londain)[31] agus *Portobello Harbour* (1821 < Portobello, roimh 1791, tar éis don Aimiréal Vernon Portobelo Panama a ghabháil, dar le de hÓir)[32].

Cuimhnítear ar *Marino*, a tháinig i gceist mar ainm ceantair, leis.

Faoin mbliain 1892 nuair a d'fhoilsigh an tOirmhinneach McCready a leabhar ar ainmneacha sráideanna Bhaile Átha Cliath, *Dublin Street Names, Dated and Explained*, ba chomóradh é ar ainmneacha *élite* an chinsil a bhí i réim. D'áirigh McCready 24 ainm sráide a dhein comóradh ar ríthe, ar bhanríona, agus ar a gclann, leithéidí Frederick, George, agus Nassau, mar aon le 56 Ionadaí Rí (*Lord Lieutenant*). Orthu seo bhí Bolton, Camden, Capel, Harcourt, Sackville, Talbot agus Westmorland. Chomh maith leis sin bhí 96 duine uasal, úinéirí saibhre sealúis, oifigigh éagsúla agus daoine cáiliúla, leithéidí Charlemont, Earlsfort, agus Molesworth. Ba bheag duine orthu seo go léir a bhféadfaí a mhaíomh ina thaobh nach ar mhaithe le rítheaghlach Shasana agus ar leas údarás an Chaisleáin a d'fheidhmigh sé.

Tuigtear a dheacracht a bhí sé aon athrú a chur ar an nósmhaireacht seo nuair a mheabhraítear cás Dhomhnaill Uí Chonaill féin. D'ainneoin gur pholaiteoir mór parlaiminteach é, agus iar-Ardmhéara ar Bhaile Átha Cliath fiú amháin, chuir íocóirí cánach *Sackville Street* go diongbháilte i gcoinne ainm an bhealaigh mhóir seo a athrú ina onóir. Os a choinne sin, tugadh ainm Uí Chonaill ar *Carlisle Bridge* (1794), tráth ar atógadh é sa bhliain 1880. Urghaire cúirte de chuid áitritheoirí na sráide faoi deara moill 40 bliain a bheith ar athainmniú oifigiúil *Sackville Street* (1756, a fuair a ainm ó Lionel Cranfield Sackville, céad-Diúc Dorset – *Drogheda street* a bhí mar ainm air roimhe sin (1728)) mar *O'Connell Street* sa bhliain 1924. Is é sin le rá gur theastaigh rialtas dúchasach an tSaorstáit chun an méidín sin féin a bhaint amach.

Ainmchláir Dhátheangacha

Ní inné ná inniu a thosaigh Gaeil ag léiriú a spéise i logainmneacha na hÉireann. Nach raibh an dinnseanchas in airde réime mar *genre* litríochta anallód? Nach le míniú logainmneacha a chríochnaíonn *Táin Bó Cuailnge* agus ságaí eile de chuid na seanré? Ach ní mar sin a fágadh an scéal. Ba de dhlúth agus d'inneach fhorlámhas dhlí Shasana abhus sa seachtú céad déag gur cruthaíodh leaganacha Béarla d'ainmneacha baiste, de shloinnte agus d'ainmneacha áite na nGael. Ar ndóigh, de réir mar a ghéill muintir na tíre an Ghaeilge mar a dteanga dhúchais ar mhaithe leis an mBéarla, ghlac na logainmneacha faoina gcruth gallda ionad na n-ainmneacha cianársa. Ba é an toradh a lean obair na Suirbhéireachta Ordanáis sa naoú céad déag gur caighdeánaíodh agus gur buanaíodh na leaganacha Béarla seo, pé acu ar féachadh le cloí le fuaimeanna na Gaeilge nó ar aistríodh ciliminntí na Gaeilge isteach sa Bhéarla. Ach cibé acu a glacadh le *Drumcondra* in áit 'Droim Conrach', nó le *Stoneyfield* in áit 'Tamhnaigh Naomh', bhí an tionchar céanna aige: réabadh an ceangal idir an pobal agus an taobh tíre.

Bhí sé seo go léir tugtha faoi deara ag Dúbhglas de h-Íde, faoin am ar thug sé a léacht cháiliúil, 'The Necessity for De-Anglicising Ireland', i mí na Samhna 1892:

On the whole, our place names have been treated with about the same respect as if they were the names of a savage tribe which had never before been reduced to writing, and with about the same intelligence and contempt as vulgar English squatters treat the topographical nomenclature of the Red Indians. These things are now to a certain extent stereotyped, and are difficult at this hour to change, ... it would take the strength and goodwill of an united nation to put our topographical nomenclature on a rational basis like that of Wales and the Scotch Highlands, ... I hope and trust that where it may be done without any great inconvenience a native Irish government will be induced to provide for the restoration of our place-names on something like a rational basis.[33]

Agus na toghcháin áitiúla sa siúl i mBaile Átha Cliath i dtreo dheireadh na bliana 1900 d'fhoilsigh Conradh na Gaeilge liosta de na hiarrthóirí a thug geallúint ghinearálta dóibh go ndéanfaidís leas na Gaeilge. I measc nithe eile, gheall iarrthóirí go bhféachfaidís chuige, ach go dtoghfaí iad, go gcrochfaí ainmchláir dhátheangacha le leaganacha Gaeilge agus Béarla de na sráidainmneacha in áit na gclár aonteangach a bhí ann go dtí sin[34].

Is suaithinseach gur sa ghné rí-uirbeach seo de thimpeallacht logainmneacha na hÉireann a chuir Conradh na Gaeilge spéis, agus gan an eagraíocht ach seacht mbliana d'aois. Agus nuair a chuireadh an Conradh roimhe rud éigin a bhaint amach an uair úd, théadh sé i mbun an fheachtais le brí agus le fuinneamh.

Is é an chéad rún a cuireadh i láthair Chomhairle na Cathrach maidir leis na leaganacha Gaeilge de na hainmchláir ná: 'That it be an instruction to the Paving Committee to have erected and conspicuously displayed tablets bearing the names of the streets, lanes, squares, etc., of this metropolis printed in Gaelic'. Ach is amhlaidh a buadh ar an gcéad iarracht seo. Ochtar a vótáil ar son an rúin; 17 gcomhairleoir a chuir ina choinne[35]. Leanadh den bhrú, áfach. Níorbh fhada gur mhol an Comhairleoir Nannetti, 'That the Committee having charge of the name plates on our streets be instructed to have the names painted in Gaelic in future; and that immediate steps be taken to give effect to this resolution'. Ach tarraingíodh siar an dara rún seo[36]. Níor staonadh den bhrú. B'iúd Rúnaí Oinigh Chraobh Chaoimhín den Chonradh agus cóip á cur ar aghaidh aige de rún ar ghlac a chraobh leis, á mhaíomh go raibh moill mhór á déanamh sa ghnó. Tuairiscíodh éirim an rúin mar 'calling attention to the alleged long delay in affixing the names of the streets and thoroughfares in the Irish characters'. D'aontaigh an Chomhairle le moladh go gcuirfí an rún faoi bhráid an Choiste Pábhála[37].

Chun a gceart a thabhairt dóibh, níor dhein an Coiste seo aon rómhoill. D'eisigh siad a dtuairisc, Uimhir 191, i gcomhair na bliana 1900 'Relative to the Erection of Bi-Lingual Street Name-Plates' ar 13 Samhain 1900. Ba é an rud a dhein an Coiste Pábhála, dála mórán coistí rompu agus ó shin, ná aird a tharraingt ar an gcostas mór a leanfadh an moladh nua, dar leo. Seo thíos téacs iomlán na tuairisce:

> We beg to report that we have had under consideration the question of the erection of street name-plates, with the name of each street in English and Irish on the different streets within the city.
>
> The question of the erection of these name-plates has been brought prominently under our notice by various associations interested in the revival of the Irish language. The question of the cost involved being one of great importance when considering as to what action we should take in the matter, we instituted inquiries, and as will be seen from the Borough Surveyor's report, the cost of erecting bi-lingual street name-plates at 8/- each – the ascertained price – in the different streets of the city, including those within the added area, will amount to a sum of £3,400, for which of course, there is no provision in our finances.
>
> We have, therefore, thought it advisable, considering the large amount involved in the erection of such name-plates, to bring the whole question under the consideration of the Municipal Council, in order that they may determine what action we should take in reference to this matter.
>
> All of which we beg to submit as our report, this 13th day of November, 1900.
>
> Councillor PETER O'HARA,
> Chairman.
> City Hall.[38]

Nuair a tháinig an t-ábhar i gceist ag an gcéad chruinniú eile de Chomhairle na Cathrach, chuaigh an gnó chun cinn, faoi mar a bheadh súil ag an bhfochoiste leis, ar dtús. Seo cuntas na miontuairiscí féin i dtaobh ar tharla:

The report having been read, it was moved by Councillor O'Hara; and seconded by Councillor Lyons:
'That this report be adopted':
The motion was put; whereupon the following amendment was moved by Councillor Jones; and, seconded by Councillor Hutchinson:
'That the report be adopted, and that in cases where street plates are renewed or new ones put up they shall be lettered bi-lingually:'
The amendment having being carried, it was put as a substantive motion and declared carried.[39]

Is ar an gcuma thimpeallach seo a dhein Bardas Bhaile Átha Cliath an cinneadh go luath sa bhliain 1901 gur ainmchláir dhátheangacha a chuirfí in airde feasta. Dhealródh sé, áfach, nach raibh toradh soiléir ar an athrú polasaí go ceann tamaill mhaith ina dhiaidh sin. Féach an rún a theastaigh ó Alderman Cole a chur os comhair na Comhairle sa bhliain 1904:

That this Council, desiring to meet the widely-expressed wishes of so many thousands of the citizens to have the streets of the entire city named in the Irish as well as in the English Language, direct that estimates be advertised for showing at what cost, and in what Irish material the names of the streets throughout the city could be affixed to the Electric Lamp Poles, and that a Special Sub-Committee of this Council be appointed to draw up a list of names in Irish to be so placed – the present names of the streets in English to remain as they are.

Ní thugann sé seo le fios go raibh plé ar bith déanta ar an gcúram cheana, ná gníomh ar bith curtha i gcrích. Ach rialaíodh go raibh an rún as ord ar an ábhar go raibh an gnó pléite cheana féin agus go raibh an socrú déanta ag an gComhairle gur chóir go mbeadh ainmchláir nua dátheangach. Seo téacs na miontuairisce i dtaobh ar tharla dó:

This motion was ruled out of order, on the grounds that the Council had already considered this matter and decided that when any new name plates were being affixed they should be bi-lingual.[40]

Is díol suntais é eireaball an rúin ag Alderman Cole, is é sin, nach raibh aon athrú le dul ar ainmneacha reatha na sráideanna as Béarla. Tá gach cuma ar an scéal gur bhrúigh an feachtas ar mhaithe le hainmneacha dátheangacha na hiarrachtaí ar mhaithe le hathainmniú náisiúnach i leataobh. Agus ní hamhlaidh nach raibh foinsí, nádúr agus fcidhm ainmneacha shráideanna na príomhchathrach ag déanamh tinnis do chuid eile de mhuintir na linne.

Faoi mar a chonaiceamar thuas, bunús neafaiseach go leor a bhí ag na hainmneacha seo i dtosach báire, cinn thuairisciúla ar nós *New Street, Back Lane, Bridgefoot Street, Skinners Row* agus *Cook Street* mar aon le comóradh ar naoimh agus ar shéipéil na cathrach, leithéidí *Thomas Street, Francis Street*. Ach de réir a chéile dhein meán den ainmniúchán seo chun mór is fiú a dhéanamh de cheannairí Shasana agus a lucht leanúna abhus.

Go deimhin, sular thosaigh feachtas an Chonartha i dtaobh leaganacha dátheangacha na gcomharthaí, bhí dream eile ag cur ar son náisiúnaithe a chomóradh. Agus ar ndóigh, bhí an tríú dream ann, na daoine a bhraithfeadh céimíocht shóisialta a bheith ag roinnt le hainm amháin seachas a chéile, agus a bhíodh ag iarraidh buntáistí gnó nó stádais a bhaint amach le cabhair ainmneacha nua oiriúnacha.

Iarrachtaí Athainmnithe

I mí an Mhárta 1898 chuir John J. O'Mahony, Rúnaí Oinigh an 'Lucan Sarsfield '98 Club', téacs an rúin a ritheadh i Leamhcán Dé Domhnaigh, 20 Márta, chuig Cléireach na Cathrach. D'éiligh sé seo go mbogfadh baill Bhardas Bhaile Átha Cliath, príomhchathair na hÉireann, chun ar a laghad comhartha beag amháin measa ar mhairtírigh na tíre a léiriú i gcomóradh céad bliain '98 agus ainmneacha na

dtíoránach Sacsanach a thug aithis do na príomhshráid-
eanna, is é sin, Brunswick, Camden, Henry, Pitt, etc., ainm-
neacha a dhein magadh faoin náisiúntacht Éireannach, a
dhíbirt. Dar leis an rún, bhí géarghá le hainmneacha mhair-
tírigh thírghrácha na hÉireann a chur ina n-áit. Nótáladh an
comhfhreagras seo sna miontuairiscí ach ní léir go
ndearnadh gníomh ar bith dá bharr láithreach[41]. Tá a
chuma air, áfach, gur athraíodh ainm *Stafford-street* go
Wolfe Tone-street de thoradh iarratais chinnte chuig
Comhairle na Cathrach ar mholadh ón bhfochoiste cuí, an
Coiste Pábhála, an bhliain dár gcionn[42].

Ach nuair a chuir Rúnaí Oinigh Chraobh William Rooney
de Chumann na n-Gaedheal rún ar aghaidh, á éileamh go
n-athainmneofaí sráideanna áirithe sa chathair agus go
roghnófaí 'names of historic interest, associated with the
struggle for National Freedom in Ireland' nuair a bheadh
sráideanna á n-ainmniú sa todhchaí, níor deineadh ach an
litir a chur faoi bhráid an Choiste Pábhála[43].

Pé scéal é, tá macalla de na hiarrachtaí seo le brath ar an
véarsa thíos as an dán bríomhar, 'Sráideanna Naofa Áth
Cliath' leis an Athair Pádraig de Brún, a foilsíodh Samhain
1923:

> Guidhim beannacht Mhic Dé ar na Gaeil a shiúlas
> Ar shráideanna naofa Áth Cliath,
> Thar gach talamh in Éirinn an chraobh do thabharfainn
> do shráideanna naofa Áth Cliath,
> Mar ar mhinic coiscéimeanna naomh agus sua,
> Agus gile na mbéithe agus laochra gan ghruaim,
> Tiocfaidh spioraid na héigse im chléibh go buan
> Ó shráideanna naofa Áth Cliath.[44]

Ba iad Brian Bóirmhe, Lorcán Naofa Ó Tuathail, Tomás an
tSíoda agus Seán an Díomais, Wolfe Tone, an Gearaltach Óg
agus Emmet, chomh maith le 'óglaigh ghleoite na saoirse'
tráth aiséirí na Cásca 1916, ba iad sin go léir a bhronn an
naofacht seo ar shráideanna ardchathair na hÉireann, dar
leis an bhfile.

Bhí an dara sruth ar mhaithe le hathruithe ainmneacha beo beathaíoch i gcónaí, mar is léir ó thuairisc an Choiste Pábhála i gcomhair na bliana 1900. Mar shampla, bhí an Coiste seo sásta go ndéanfaí rud ar úinéirí agus ar áitritheoirí *Tyrone Place*, a mhaígh go raibh dochar á dhéanamh dóibh toisc gur mheasc an pobal *Tyrone Place* agus *Tyrone Street*. Mhol an Coiste go n-athrófaí ainm na sráide go *Cathedral Street*, á rá 'owing to the close proximity of the Pro-Cathedral, Marlborough Street, to this place, we consider "Cathedral Street" a very suitable name to indicate the nature of this thoroughfare in future'.[45] Ar an gcuma chéanna an bhliain dár gcionn, glacadh leis an iarratas ar *Killarney Street* a thabhairt ar an gcuid de *Lower Gloucester Street* a luigh idir *Buckingham Street* agus *Portland Row*[46]. Tháinig cás spéisiúil den saghas seo os comhair an Choiste Pábhála sa bhliain 1902, nuair a d'iarr Robert White, ar lcis an scalúchas ar fad in *Dispensary Lane*, go n-athrófaí an t-ainm go *Dorset Avenue*. Is é an chúis a bhí aige lena leithéid a iarraidh ná go raibh droch-cháil ar *Dispensary Lane*, sa tslí nach raibh tionóntaí measúla toilteanach cónaí ann. Bhí an Coiste Pábhála ar aon intinn leis an Uasal White go réiteodh an t-ainm nua, *Dorset Avenue*, an fhadhb[47].

Ní ghéilleadh an Coiste Pábhála go hiomlán do mhianta na n-áitritheoirí i gcónaí, áfach, mar a léiríodh níos déanaí an bhliain chéanna úd 1902, nuair a theastaigh ó mhuintir *Hutton's Lane* an t-ainm a athrú go *Mountjoy Place*. Glacadh leis an áiteamh go raibh an focal *Lane* 'wholly unsuitable and most objectionable as a name for this place, in which people of a respectable class reside, and where the houses are large and substantially built'. Tuigeadh go sásódh an t-athrú ó *Lane* na háitritheoirí, agus chaitheadar cur suas le *Hutton's Place*[48]. Theastaigh ó údaráis Ospidéal Páistí *Temple Street* go dtabharfaí *St Anthony's Place* ar lána a thriall ar *Nerney's Court*. Mhínigh údaráis an ospidéil go raibh scoil oíche le haghaidh cailíní á reáchtáil acu darbh ainm 'St Anthony's Technical Night School' agus go raibh sé thar a bheith tábhachtach dá bharr seo go mbeadh ainm éigin oiriúnach, faoi mar a bhí á mholadh, ar an lána. Tharla nach raibh aon ainm ar an lána go dtí sin, chonacthas don Choiste Pábhála gur cheart go dtabharfadh an Bardas aon chúnamh ab fhéidir leis[49]. Ar an gcuma chéanna, d'aontaigh an Coiste leis an athrú ó *Addison Street* go *Addison Road* a bhí á iarraidh i gceantar Fhionn-radhairc[50].

Éifeacht

Daingníodh nós na n-ainmchlár dátheangach sna fichidí tar éis bhunú an tSaorstáit. Chuaigh sé seo i bhfeidhm go mór ar chuairteoirí chun na cathrach. Ar na chéad scríbhneoirí a d'fhoilsigh tuairisc ar a dturas faoin réimeas nua bhí H. V. Morton, agus ina leabhar *In Search of Ireland*, a tháinig amach sa bhliain 1930, chuir sé Baile Átha Cliath i gcomparáid le cathracha móra Shasana, á rá:

> There are certain apparent superficialities, which, however, possess a deep significance. The English red has vanished from the streets; the pillarboxes are green. So are the envelopes in which telegrams are delivered. So are the mail vans. And the names of the streets are written in Gaelic, which not one in a thousand Dubliners can read! Still this proves a change in ownership and a striving to be Irish.[51]

Fear eile a thug a thuairimí i dtaobh na gcomharthaí dátheangacha sráideanna i mBaile Átha Cliath ba ea an fealsamh cáiliúil Ostarach, Ludwig Wittgenstein. Seo an cuntas a thugann a chara M. O'C. Drury ar cheann dá gcomhráite:

> Noticing the street names in Irish, we talked about the efforts being made to revive the language.
> WITTGENSTEIN: It is always a tragic thing when a language dies. But it doesn't follow that one can do anything to stop it doing so ... Though one thing is achieved by putting up these notices in Irish: it makes

one realize that one is in a foreign country. Dublin is not just another English provincial town: it has the air of a real capital city.[52]

Leanadh de chúram na gcomharthaí dátheangacha sráideanna ó shin, ceart go leor. Ach is baolach nach i gcónaí a chuirtí an bheart i gcrích go fónta. Ba é an trua nach rachfaí chun cinn go lánslachtmhar leis an ainmniú dátheangach ar na comharthaí sráideanna, agus féachaint chuige, mar shampla, go mbeadh na leaganacha Gaeilge á gcur ar taifead ag an tSuirbhéireacht Ordanáis agus á bhfoilsiú ar innéacsanna na léarscáileanna sráideanna. I láthair na huaire, mura mbíonn ach leagan Gaeilge de sheoladh ag saoránach níl aon tslí oifigiúil ann chun fáil amach cá bhfuil an tsráid suite.

Athruithe ar Shráidainmneacha san Fhichiú hAois

Chuathas chun cinn le méid teoranta athainmnithe tar éis bhunú an tSaorstáit, cuirim i gcás *Pearse Street* in ionad *Great Brunswick Street* sa bhliain 1923, *Seán Mac Dermott Street* in ionad *Gloucester Street* i 1933, *Cathal Brugha Street* in ionad *Findlater's Place* timpeall 1933. Níor athainmníodh *Rutland Square* mar *Parnell Square* go dtí 1933, bíodh is gur tugadh *Parnell Street* ar *Great Britain Street* i 1911. Ach eisceachtaí ba ea na hathruithe seo, dáiríre. Den chuid is mó, bhíothas sásta comóradh a dhéanamh ar laochra náisiúnacha agus eastáit nua á n-ainmniú (leithéidí *Collins Avenue* agus *Griffith Avenue*) agus ainmneacha naomh agus logainmneacha dúchasacha a bhaisteadh ar shráideanna nua de thithe a thóg an Bardas agus an Chomhairle Chontae. Cuirim i gcás, deineadh comóradh sna fichidí ar scoláirí Gaeilge agus ar sheandálaithe in eastát de chuid an Bhardais i nDroim Conrach, a bhfuil aon sráid déag ann. Orthu seo tá *Ferguson Road* (ó Sir Samuel Ferguson), *Fleming Road*, *Baron Road*, *Joyce Road* (ó P. W. Joyce) agus *O'Daly Road*. Is dócha gurb é an t-ainm is oiriúnaí ar fad orthu seo ná *O'Neachtain Road* in onóir Sheáin Uí Neachtain. Is léiriú breá é ar mheon thréimhse úd na bhfichidí, áfach, gur cuireadh *Walsh Road* san áireamh, leis, in ómós an Dr William J. Walsh, Ard-Easpag Caitliceach Bhaile Átha Cliath.

Ní minic a roghnaíodh bunleaganacha Gaeilge, faoi mar a deineadh i Seanbhábhún, Tamhlacht, i gcás *Cois na hAbhann, Gleann na Smól, Cúl na Gréine, Lios na Sidhe* agus *Dún an Óir*[53].

Bhí an Cairdinéal Tomás Ó Fiaich ar an mbeagán daoine a tharraing aird ar a neamhoiriúnaí a bhí cuid mhaith de na bunainmneacha ar phríomhshráideanna na cathrach, dar leis. Mheabhraigh sé in alt dá chuid gur ordaigh Essex (> *Essex Quay*) sa bhliain 1673 go ndíbreofaí idir easpaig agus abaí na hEaglaise Caitlicí. Thuairiscigh Bolton (> *Bolton Street*) gur shocraigh an Privy Council go ndéanfaí gach sagart a mbéarfaí air ón mbliain 1720 amach a choilleadh, á mhíniú nár thaitin moladh na Parlaiminte leo, ba é sin go ngreanfaí P mór ar an leiceann 'with a red-hot iron'. Ní raibh aon toradh ar an áiteamh eile a dhein Ó Fiaich ar son guth a thabhairt do phobal leathan nuair a bheadh iarracht ar bun chun sráid a athainmniú, in ionad an cinneadh ar fad a fhágáil faoi na háitritheoirí[54].

Athruithe ar Bhonn Sóisialta

Bíonn fonn leanúnach ar an meánaicme idirdhealú ar bhonn ainm a bheith idir ceantair phríobháideacha agus ceantair ina mbíonn tithe de chuid na n-údarás áitiúil. Samplaí de na hathruithe a spreag an claonadh seo ó dheas sna caogaidí is ea *Kimmage Road East > Terenure Road West, Captain's Road* (cuid de) > *Armagh Road*. Agus ó thuaidh sna seascaidí: *Harmonstown > Brookwood, Tonlegee > Glen -*, mar eilimintí. Ó na seascaidí, ó thuaidh, tá *Ballymun Avenue > Glasnevin Avenue*. Fágann sé seo nach amháin go bhfuil an deighilt aicmeach á daingniú, ach go bhfuil an tuiscint ar cheann scríbe móide *Road* ag dul i léig, faoi mar atá ag tarlú i nDún Éideann in Albain[55].

Mar sin féin, ní i gcónaí a ghéilltear don bhrú sóisialta. Mar shampla, cuireadh in aghaidh *Westmoreland Street > John F. Kennedy Street* sna seascaidí agus *Ballymun Avenue >*

Casement Avenue, sular deineadh an t-athrú eile a luaitear thuas. Le déanaí diúltaíodh do *Collins Avenue Extension > University Road*. Ar ndóigh, ní inné ná inniu a athraíodh *Cemetery > Prospect* i nGlas Naíon. Féach leis *Doody's Bottoms > Church Road* i gContae Mhuineacháin[56].

Saghas fógraíochta faoi choim a bhíonn idir lámha ag tógálaithe príobháideacha, de réir dealraimh. San áit a dtarraingíodh ainm mar *Paradise Row* aird ar an gcodarsnacht idir ainnise na timpeallachta a bhíodh ann dáiríre agus idéil na n-áitritheoirí bochta, is é *rus in urbe* mana na dtógálaithe sa lá atá inniu ann. Léirigh an tOllamh Breandán Mac Aodha é seo go binn i gcás chathair Luimnigh:

> The namers of these estates often suffered from an obsession with vegetation. In the southern suburbs of Limerick, for instance, one encounters *Linden Court, Cedar Court, Rowan Court, Maple Court, Chestnut Court, Willow Court, Hawthorn Court, Walnut Court*, and *Larch Court* – all these in a single post-war housing estate. Not far away lie *Lilac Court, Palm Court, Aster Court, Salvia Court*, and *Rose Court*. The northern suburbs of the same city yield *Whitethorn Drive, Fuchsia Avenue, Birch Avenue, Hazel Avenue, Rowan Avenue, Willow Avenue, Blackthorn Drive, Walnut Drive, Woodbine Avenue, Alderwood Avenue, Larchwood Avenue, Pinewood Avenue, Ashwood Avenue* and *Mossgrove Avenue*; while the northwestern suburb of Caherdavin contains *Cherry Avenue, Elm Drive, Hawthorn Avenue, Laurel Court, Maple Drive*, and *Ivy Close*. Would that this vegetational profusion were reflected in a municipal planting programme of equal dimension and richness, but unfortunately such is not the case![57]

Ach is é an scéal céanna é ar fud na tíre. Maidir le Baile Átha Cliath de, tá leithéidí *The Willows, The Orchards, College Manor* agus *Dalcassian Downs* iomadúil go maith.

Cur chuige eile is féidir a thabhairt faoi deara ná na grúpaí ainmneacha ar théama comónta logainmneacha a fhaightear coitianta, mar shampla i gCromghlinn, i gCabrach agus i nDroim Conrach, ach is é an t-alt atá i réim i gceantar amháin i mBaile an tSaoir:

> One developer with an intense liking for the definite article created *The Lawn, The Grove, The Walk, The Rise, The Heights, The Glen, The View, The Green, The Drive, The Hill*, and *The Avenue*. This particular nest lies in that same suburb of Ballinteer.[58]

I Láthair na hUaire

Dá fheabhas an taighde ar bhunús dúchasach Gaeilge ár logainmneacha atá ag teacht os comhair an phobail le blianta beaga anuas, is é oighear an scéil gur beag ar fad an éifeacht atá aige go fóill ar ainmniú shráideanna agus eastáit na gceantar nua uirbeach, a bhfuil céatadán an-ard de phobal na tíre ag lonnú iontu anois. Teastaíonn beartas cinnte oifigiúil chun a dheimhniú go nascfar oidhreacht logainmneacha na hÉireann leis na hainmneacha nua atá á gcruthú agus a fhágfar le huacht ag sliocht mhuintir na linne seo.

Molann ciorcláin oifigiúla ó airí chuig na húdaráis áitiúla go roghnófaí ainmneacha a bhfuil baint stairiúil acu leis an gceantar a bhfuil tithe á dtógáil ann[59]. Ach cé go ndeineadh na húdaráis áitiúla láimhseáil thuisceanach ar ainmneacha nua sna heastáit a thógaidís féin, scaoilidís cead a gcinn le tógálaithe príobháideacha. Dá bharr seo faightear *Glendale* mar ainm ar eastát atá tógtha ar bharr cnoic i Léim an Bhradáin, cuirim i gcás. Teastaíonn samplaí fíoraduaine ar nós *Aldrin Walk* nó *Tuscany Downs* sula spreagtar an pobal mór chun an gnó a phlé. Go deimhin, tá idir *Collin's Rendezvous* agus *Tranquillity Grove* le fáil i dtuaisceart na cathrach in onóir eachtraí gealaí na Meiriceánach.

Tá éirí in airde ag roinnt le míreanna aicmeacha nua atá faiseanta go maith faoi láthair, leithéidí *Downs, Dene, Copse* agus *Spinney*, míreanna nach bhfuil i mbéal mhuintir na hÉireann ar aon tslí agus nach dtuigtear a mbrí go coitianta.

Os a choinne seo, tá mionlach de na hainmneacha nua
eastát atá sásúil go maith, leithéidí *Binn Éadair View* (a
bhfuil *Radcliffe* mar ainm ar cheann dá bhlocanna árasán,
áfach!), *Duncarraig* agus *Carrickbrack*. Tá na trí cinn acu
seo le fáil i gCill Fhionntain, bruachbhaile i dtuaisceart
Bhaile Átha Cliath.

Tríd is tríd, fágtar cúram an roghnaithe faoi na tógálaithe
príobháideacha, a bhronnann *fait accompli* ar an lucht
pleanála faoi láthair. Tá toradh an tsocraithe seo le feiceáil
ar fud an bhaill. Tá bailte na tíre breac le sráideanna atá
comhdhéanta d'ainmneacha mar *Hadleigh*, *Hampton*,
Westbury is *Westminster* agus míreanna ar nós *Close*,
Copse, *Downs* agus *Mews*: tá siad ag fógairt chlaochló
cultúrtha na hÉireann go dána mínáireach.

Tá leigheas de dhíth air seo. Ar ndóigh, níor cheart féith
na cruthaitheachta a bhrú faoi chois, ná cur in aghaidh
athraithe agus athnuachana, ach tá géarghá le córas a
chinnteodh go rachfaí i gcomhairle le dreamanna éagsúla
sula gcinnfí ar ainmneacha ar leith, córas a chothódh ainm-
neacha a luífeadh le timpeallacht fhisiciúil agus shóisialta ár
n-eastát nua. Tar éis an tsaoil, is é an mhórthábhacht a
bhaineann le logainmneacha go nascann siad – nó gur chóir
go nascfaidís – an pobal lena dtimpeallacht. Ach is baolach
nach mar sin a tharlaíonn i gcás mórchuid ainmneacha
uirbeacha sa lá atá inniu ann. Is amhlaidh a chuireann na
hainmneacha aduaine le coimhthíos phobail na mbruach-
bhailte, á gcasadh óna dtimpeallacht agus á gcoimeád dall ar
an gcúlra fisiciúil agus stairiúil.

Is léir nach bhfuil de réiteach ar an staid mhíshásúil atá i
réim faoi láthair ach an logainmniú a bheith mar chuid
dhílis den phróiseas pleanála: ba chóir go bhféadfadh idir
thógálaithe, staraithe áitiúla, shaineolaithe logainmneacha
agus ionadaithe poiblí a bheith rannpháirteach i roghnú
ainmneacha nua. Tá an timpeallacht logainmneacha nua atá
á cruthú róthábhachtach dúinn go léir chun formhór an
ionchuir a fhágáil faoi dhream amháin de chuid an phobail.
Cheana féin, tá eolas i dtaobh na n-ainmneacha a bhíonn

beartaithe ag an tógálaí á iarraidh ag roinnt údarás áitiúil, tráth a dhéantar iarratas pleanála den chéad uair.

Treoirlínte faoi Ainmniú Dátheangach

San am atá caite, ba ghnách go bhfágtaí de chúram ar aon duine amháin leaganacha oiriúnacha Gaeilge a fháil chun freagairt don ainm bunaidh faoi chruth an Bhéarla. Ba mhinice ná a chéile a bhíodh sé seo ag obair leis ina aonar go logánta, gan na hacmhainní faoina réir a chuirfeadh ar a chumas cruinneas agus leanúnachas a aimsiú thar na blianta. Sa lá atá inniu ann braitear an gá atá le coiste comhairleach stiúrtha a chothódh machnamh meáite.

Tá sé tábhachtach go mbeadh na leaganacha Gaeilge a roghnófaí cruinn ó thaobh na gramadaí de, agus de réir a chéile. Tá treoirlínte curtha ar fáil ag an gCoimisiún Logainmneacha a chabhródh le húdaráis áitiúla chun na haidhmeanna seo a bhaint amach[60]. Déileálann siad go gonta leis na pointí gramadaí is coitianta a thagann i gceist. Soláthraíonn siad liostaí caighdeánacha chomh maith le leagan amháin Gaeilge de théarmaí ar nós *Court*, *Terrace*, *Downs* is *Spinney*. Féach an éagsúlacht leaganacha a bhí i gceist go dtí seo:

> Avenue: Aibhinne / *Ascaill* / Ascal;
> Drive: Cabhsa / *Céide* / Slí;
> Lawn: Báinseach / Faiche / Faithe / *Plásóg* / Réileán.
> (Tá cló iodálach ar an leagan a roghnaíodh.)

Mar sin, is é atá sna *Treoirlínte* ná leabhrán acmhainní a fhéachann le pointí achrannacha a shoiléiriú agus a thugann malairtí Gaeilge/Béarla agus Béarla/Gaeilge de na míreanna aicmeacha a thagann i gceist go rialta i sráidainmneacha.

Tagairtí

1 Dublin: James McGlashan, lch 3.
2 London 1610, lgh 58-59. Tá an t-athfhriotal le fáil ar lch 215 de J. H. Andrews, The Oldest Map of Dublin, *Proceedings of the Royal Irish Academy*, Volume 83, Section C, Number 7 (Dublin 1983), lgh 205-37.

3 Féach nóta 2.

4 Féach *Butter Lane* agus *Little Butter Lane* ar Léarscáil de Gomme (1673) in Noel Kissane, *Historic Dublin Maps* (Dublin: The National Library of Ireland, 1988).

5 Féach T. F. O'Rahilly, Notes on Middle-Irish Pronunciation, *Hermathena*, xx (1930), go háirithe lgh 167-68, 180-81 agus 192.

6 Gheofar idir léiriú agus phlé air seo in Liam Mac Mathúna, *Dúchas agus Dóchas: Scéal na Gaeilge i mBaile Átha Cliath* (Baile Átha Cliath: Glór na nGael, 1991), lgh 3-49.

7 Féach Éamonn de hÓir, Sracfhéachaint ar logainmneacha Bhaile Átha Cliath, *Studia Hibernica* 15 (1975), lgh 128-42. Chomh fada le m'eolas, níl aon mhíniú údarásach aimsithe go fóill ar bhunús na mbailte fearainn, *townlands* an Bhéarla, mar na haonaid tomhais talún is lú sa chóras riaracháin. Ach cibé ní i dtaobh a mbunúis an chéad lá, déantar amach gur faoi thionchar na Normannach a tháinig forás orthu, agus go raibh a bhformhór mór ann faoin 17ú céad.

8 Féach de hÓir, *op. cit.*, lch 138.

9 *Cf.* Liam Price, A Note on the Use of the Word *Baile* in Place-names, *Celtica* 6 (1963), lgh 117-26.

10 C. T. McCready, *Dublin Street Names, Dated and Explained.* (Co. Dublin: Carraig Books Ltd, 1987 [1892]), lch 83. Úsáideadh an t-ainm *Clarade* sa bhliain 1192 nuair a bhí teorainneacha na cathrach á leagan amach ag John (féach J. T. Gilbert, *The Calendar of Ancient Records* I (Dublin: James Dollard, 1889), lch 2). Sa bhliain 1603 faightear 'Clarade, otherwyse called the Cleare Roade, and now called Poole Begge' (*ibid.*, lch 191). Is gnách gur as saothar McCready a baineadh na dátaí is túisce tagairt d'ainmneacha sráideanna san alt seo. Tugtar iad idir lúibíní.

11 Is iad sin 'THE NAMES OF THE STREETES, BRIDGES, LANES AND OTHER NOTORIOUS PLACES IN DUBLYNE' (1577), 'DUBLINE' (1610) agus 'THE CITTY AND SVBVRBS OF DUBLIN' (1673).

12 I gcuimhne ar Sir Fras. Aungier, 'Baron of the Rolls', ar dhein Baron Aungier de i 1621; *cf.* a chliamhain Cuffe a thug a ainm do *Cuffe Street.*

13 Dublin: The Stationery Office, a chuir Charles McNeill in eagar (gan dáta). Seo samplaí spéisiúla eile den chineál fianaise a sholáthraítear ann:
    iuxta Dubliniam (lch 81);
    apud Dubliniam (lch 114);
    domino Alexandro archiepiscopo Dubliniensi (lch 114);
    ciui Dubliniensi (lch 12);
    in domo nostra de Kilmaynan (lch 12);
    de celario nostro de Kylmaynan (lch 3);

Clontarf;

Balygary, Balyogary;

ecclesie et rectorie de Balygary (lch 62);

... decimarum garbarum Baliogary (lch 114);

in domo nostra de Kilmaynan una cum custodia aqueet piscarie de Amlyffy (lch 93).

14 James Carney, eag., *A Genealogical History of the O'Reillys* (Cavan: Cumann Sheanchais Bhréifne, 1959), §16, lch 39.

15 Baile Átha Cliath: M. H. Mac an Ghuill & a Mhac, Teo., 1918. Tugtar seoladh an fhoilsitheora mar '50 Srd. Ui Chonaill' ar an leathanach teidil.

16 Nessa Ní Shéaghdha, eag., *Catalogue of Irish Manuscripts in The National Library of Ireland. Fasciculus IV. Mss. G 115 - G 160.* (Dublin: Dublin Institute for Advanced Studies, 1977), lch 75 (lch 75 sa lámhscríbhinn).

17 *ibid.*, lch 70. (lch 5 sa lámhscríbhinn).

18 Féach lámhscríbhinn G 135 ag Ní Shéaghdha, *op. cit.*

19 McCready, *op. cit.*, lch 13.

20 LS G 132.104i ag Ní Shéaghdha, *op. cit.*, lch 62.

21 Ní Shéaghdha, *op. cit.*, lch 74 = LS G 135.68*m*.

22 *ibid.*, lch 75 = LS G 135.74.

23 *ibid.*, lch 75 = LS G 135.78.

24 Is in Eg. 663, lch 6, atá siad seo le fáil. Is mar seo atá an liostáil i LS G 141, lch 19, sa Leabharlann Náisiúnta:

at ye King's Head in High Street / aige Ceann a Rígh sa tSráid Árd

at ye Black Lion in Church Street / aig an Leomhan Dubh a Sráid a Teampoill

at ye Bull's Head in Bolton Street / aige Ceann a Tairbh Sráid a Bholtunaigh.

Tugtar faoi deara go bhfuil na trí shráidainm atá comónta ag an dá lámhscríbhinn ag teacht le chéile. Tá an fhianaise seo foilsithe ag Terence P. McCaughey, Muiris Ó Gormáin's English-Irish Phrasebook, *Éigse* xii, Part iii (Earrach 1968), lgh 203-27, go háirithe lgh 208-209 agus nóta 11.

25 Colm Ó Lochlainn, *Tobar Fíorghlan Gaedhilge* (Baile Átha Cliath, 1939), lch 214.

26 Pádraig Ó Macháin, *Catalogue of Irish Manuscripts in Mount Melleray Abbey, Co. Waterford* (Dublin: Dublin Institute for Advanced Studies, 1991), lch 84.

27 Tomás de Bhaldraithe, eag., *Cín Lae Amhlaoibh* (Baile Átha Cliath: An Clóchomhar, 1970).

28 Ó Macháin, *op. cit.*, lch 67. Is sa saothar seo, leis, a fhaightear na malairtí Béarla atá idir lúibíní anseo agus sna samplaí a ghabhann le fonótaí 29 agus 30.

29 *ibid.*, lch 68.

30 *ibid.*, lch 71.

31 Ainm tábhairneora thall i Londain a bhí i gceist an chéad uair, de réir dealraimh, féach Adrian Room, *A Concise Dictionary of Modern Place-Names in Great Britain and Ireland* (Oxford agus Nua-Eabhrac: Oxford University Press, 1985), lch 92.

32 *Studia Hibernica* 15 (1975), lch 141. I 1739 a gabhadh Portobelo, féach Room, *op. cit.*, lch 96.

33 I gcló in Breandán Ó Conaire, eag., *Language, Lore and Lyrics* (Dublin: Irish Academic Press, 1986), lgh 166-67.

34 Féach Pádraig Ó Fearaíl, *The Story of Conradh na Gaeilge* (Baile Átha Cliath agus Corcaigh: Clódhanna Tta., 1975), lch 14 agus *An Claidheamh Soluis agus Fáinne an Lae*, Eanáir 19, 1901, lch 713, mar a dtugtar téacs na geallúna a lorgaíodh ar na hiarrthóirí mar aon le cuntas gonta ar a héifeacht:

   (1) To support the general propaganda of the Gaelic League.
   (2) To support the proposal to erect bi-lingual name-plates.
   Almost all the candidates signed the pledge, though some of them delayed doing so until an opponent had entered the field.

35 *Minutes of the Municipal Council of the City of Dublin, from the 1st January to 31st December, 1900.* (Dublin 1901), lgh 448-49.

36 *ibid.,* lch 537.

37 *ibid.*, lch 543.

38 Féach *Reports and Printed Documents of the Corporation of Dublin. 1900-Vol. III* (Dublin 1901), lgh 553-54.

39 Féach *Minutes of the Municipal Council of the City of Dublin, from the 1st January to 31st December, 1901.* (Dublin 1902), lch 9.

40 Féach *Minutes of the Municipal Council of the City of Dublin, from the 1st January to 31st December, 1904.* (Dublin 1905), lch 100.

41 *Minutes of the Municipal Council of the City of Dublin, from the 1st January to 31st December, 1898.* (Dublin 1899), lgh 132-33.

42 *Minutes of the Municipal Council of the City of Dublin, from the 1st January to 31st December, 1899.* (Dublin 1900), lch 147.

43 *Minutes of the Municipal Council of the City of Dublin, from the 1st January to 31st December, 1902.* (Dublin 1903), lgh 309-10.

44 Seo an chéad véarsa. Tá an dán i gcló in Pádraig Ó Canainn, eag., *Filíocht na nGael* (Baile Átha Cliath: An Preas Náisiúnta, 1958), lch 281. Tugtar seoladh an fhoilsitheora ar an leathanach teidil: '16 Sráid Fhredric Theas'.

240 *Sráidainmneacha na hÉireann*

45 *Reports and Printed Documents of the Corporation of Dublin. 1900-Vol. III* (Dublin 1901), lgh 199-200.
46 *Minutes of the Municipal Council of the City of Dublin, from the 1st January to 31st December, 1901.* (Dublin 1902), lch 410.
47 *Reports and Printed Documents of the Corporation of Dublin. 1902-Vol. I* (Dublin 1902), lgh 473-74.
48 *Reports and Printed Documents of the Corporation of Dublin. 1902-Vol. III* (Dublin 1903), lgh 7-8.
49 *ibid.*, lgh 329-30. D'aontaigh an Bardas leis an moladh i 1903, féach *Minutes of the Municipal Council of the City of Dublin, from the 1st January to 31st December, 1903.* (Dublin 1904), lch 10.
50 *Reports and Printed Documents of the Corporation of Dublin. 1902-Vol. III* (Dublin 1903), lch 331. D'aontaigh an Bardas leis an moladh i 1903, féach *Minutes of the Municipal Council of the City of Dublin, from the 1st January to 31st December, 1903.* (Dublin 1904), lgh 10-11.
51 Féach Thomas agus Valerie Pakenham, *Dublin. A Traveller's Companion* (New York: Macmillan Publishing Company, 1988), lgh 326, 328.
52 Rush Rees, eag., *Recollections of Wittgenstein* (Oxford agus Nua-Eabhrac: Oxford University Press, 1984), lgh 137-38.
53 Breandán S. Mac Aodha, The History and Nature of Irish Street Names, *Names,* Vol. 37, No. 4 (December 1989), lgh 345-65.
54 Tomás Ó Fiaich, Sagairt agus Sráideanna, *Irisleabhar Muighe Nuadhat* 1964, lgh 89-94.
55 Féach W. F. H. Nicolaisen, *Scottish Place-Names, Their Study and Significance* (London: B. T. Batsford Ltd, 1986), lch 50.
56 Is ar an gclár raidió, 'Mind your Place', ar RTÉ Radio 1, a luadh é seo, c. 1987.
57 Mac Aodha, *op. cit.*, lch 351.
58 *ibid.*, lch 352.
59 Tá cóip díobh seo le fáil in An Coimisiún Logainmneacha, *Na Leaganacha Gaeilge d'Ainmneacha Sráideanna, Bóithre agus Eastát : Treoirlínte / Irish Versions of Street, Road and Estate Names: Guidelines* (Baile Átha Cliath: An Coimisiún Logainmneacha, 1992), lgh 13-15.
60 Féach fonóta 59.

Ainmneacha na Lánaí i mBailte na hÉireann

Breandán S. Mac Aodha

Anuas go dtí céad bliain ó shin nó mar sin bhíodh coinicéir de chúlsráideanna le fáil i lár na mbailte. Thugtaí teidil éagsúla orthu – *lane, alley, court, bow, row, yard,* agus a leithéid – ach ba choitianta an chéad téarma acu ná aon teideal eile. Ba de bhunús na Meánaoise cuid acu, ach d'fhás a lán eile nuair a leath na bailte amach san ochtú agus sa naoú céad déag agus nuair a tháinig meath ar chroí na gcathracha. San alt seo déanfar scrúdú ar na gnéithe seo i gcomhthéacs na príomhchathrach ach tabharfar sracfhéachaint freisin ar Phort Láirge, Luimneach, Bhéal Átha na Sluaighe agus ar bhailte eile nach iad.

Ba iad na lánaí seo áit chónaithe na mbocht. Bhí drochbhlas amach is amach ag roinnt leis an téarma *lane* agus is iomaí cás inar athraíodh an t-ainm chun blas níos ardnósaí a thabhairt don áit, fiú amháin nuair nach raibh cúis eile leis an chlaochlú. Deineadh *Crane Street* as *Crane Lane* i 1776[1], *Beresford Street* as *Frapper Lane*[2], *St Mark's Street* as *Dermot's Lane*[3], *Lemon Street* as *Span's Lane* (via *Grafton Lane* sa bhliain 1795 agus *Little Grafton Street* sa bhliain 1837)[4], *Sycamore Street* as *Sycamore Alley* sa bhliain 1869[5], *St John's Street* as *Tennis Court Lane*[6]. Ar ndóigh níl sé doiligh a thuiscint cén fáth ar athraíodh *Dirty Lane* go *Bridgefoot Street*[7] nó *Dunghill Lane* go *Island Street*[8].

Ba chuma cén t-ainm a baisteadh orthu, bhí na lánaí seo
so-aitheanta: ar an iomlán ba iad seo na plódcheantair agus
bhí na fadhbanna céanna ag roinnt leo agus a bhíonn ag
roinnt leis na *inner cities* sa lá inniu: drochthithe, plódú
daonra, bochtanas, galair, meisce, coireanna, striapachas.
Tá an nóta seo a leanas ar léarscáil de Bhéal Feirste a
líníodh sa bhliain 1757:

> The houses named the Plantation, then betwixt it and
> the N.E. end of the lane leading from the head of N.
> (North) Street towards Carrickfergus, likewise of that
> lane, are only low thatched dwellings of a mean
> appearance. So are the houses of Mill Street, Peter's
> Hill, the avenue N.N.W. out of Peter's Hill (Old Lodge
> Road), the lane betwixt the foot of Peter's Hill and Mill
> Street (Millfield), the alleys extending N'eastwards out
> of North Street, and the alley betwixt the Linen Hall
> and the lane running up N.W. from the Plantation.[9]

Ar ndóigh ag an tráth sin bhí an ceantar seo suite ar imeall
an bhaile.

Thug taistealaí amháin cuntas ar an radharc ghránna a
chonaic sé agus é ar a bhealach isteach go Béal Feirste sa
bhliain 1780:

> I was vastly surprised and hurt to see a string of falling
> cabins and tattered houses all tumbling down with
> horrid aspect.[10]

D'fhás a leithéid de phlódcheantar ar an bhealach isteach
chuig a lán de na bailte in Éirinn san ochtú céad déag.
Leanadh den drochfhorbairt sin sa chéad leath den naoú
céad déag, agus tháinig borradh faoi in aimsir an Ghorta
nuair a thréig na bochtáin, iad stiúgtha leis an ocras, an
tuath ar mhaithe le deiseanna na mbailte. Bhíodh iarsmaí
beaga den fhorbairt thruamhéalach sin le feiceáil fós faoi
bhruacha na mbailte in iarthar na hÉireann anuas go dtí
1950 nó mar sin. Nuair a tharla fás uirbeach níos moille

fágadh na hoileáin bhochtanais seo in aice le croí na mbailte.

Ach bhí bunús eile le cuid de na lánaí, go háirithe sna bailte móra ar nós Bhaile Átha Cliath agus Chorcaí. Tógadh na lánaí seo chomh fada siar leis an Mheánaois, agus le himeacht aimsire, de réir mar a d'imigh a gcuid foirgneamh chun raice, fágadh mar thearmann ag na bochta iad. Bhí an plódú agus an salachar, an t-ocras agus an fiabhras chuile áit. Seo an méid a bhí le rá ag breathnadóir amháin:

> When I attempted in the summer of 1798 to take the population of a ruinous house in Joseph's Lane near Castle market I was interrupted in my progress by an inundation of putrid blood, alive with maggots, which had from an adjacent slaughter yard burst the back door, and filled the hall to the depth of several inches ... The sallow looks and filth of the wretches who crowded around me indicated their situation, though they seemed insensible to the stench, which I could scarce sustain for a few minutes. In the garret I found the entire family of a poor working shoemaker, seven in number, lying in a fever, without a human being to administer to their wants ... I counted in this style 37 persons; and computed that its human proprietor received out of an absolute ruin which should be taken down by the magistrate as a public nuisance, a profit rent of above £30 per annum, which he exacted, every Saturday night, with unfeeling severity.[11]

In áit eile scríobhann sé:

> Why brothels, soap manufactories, slaughterhouses, glass houses, lime kilns, distilleries, etc. are suffered to exist in the midst of a crowded population I shall not presume to enquire. Their deleterious effects are abundantly known, and, I trust, will be remedied.[12]

Léirítear an plódú sna samplaí seo a leanas. Bhí 105 duine ina gcónaí in 11 teach 9 in *Echlins Lane*, 103 duine i 5 theach in *Cherrytree Lane*, 935 duine i 63 teach in *Bow Lane*[13]. Bhí 171 duine brúite isteach in 8 dteach in *Croaker's Alley, or Meeting House Lane*, 634 duine i 36 teach in *Elbow Lane*, 1,404 duine i 90 teach in *Marybonne Lane*[14]. Bhí an scéal chomh dona céanna sa *Coomb*, áit a raibh 47 duine i 4 theach in *Atkinson's Alley*, 898 duine i 53 teach in *Fordham's Alley*, 813 duine i 52 teach in *Skinner's Alley*[15]. I bparóiste San Nioclás bhí a leithéid chéanna le sonrú. Mar shampla, in *Hanover Lane* bhí 438 duine ina gcónaí i 35 teach, bhí 148 duine i 9 dteach in *Swift's Alley*, agus 652 duine i 39 teach in *Garden Lane*[16]. Ar an mheán bhí 13 dhuine i ngach aon teach de na 34 teach in *Back Lane*[17]. Ar an taobh thoir de *Schoolhouse Lane* áiríodh 224 duine d'ainneoin nach raibh ach 9 dteach ar an taobh sin den lána, is é sin meán de bheagnach 25 cónaitheoir in aghaidh gach tí[18].

Is leor cúpla sampla eile chun an pointe a dheimhniú. In *Patrick's Close* bhí 307 duine i 24 teach, 128 duine i 11 teach in *Mitre Alley*, 155 duine in 8 dteach in *Edge's Court*[19]. Bhí na 29 teach in *Hammond Lane* mar dhídean ag 388 duine bocht, bhí 86 daoine faoi 4 dhíon in *Cole's Court* agus 219 duine gan ach 14 theach eatarthu in *Bow Lane*[20]. I bparóiste Naomh Muire bhí meándaonra gach tí mar leanas i roinnt de na cúlsráideanna: *Cole's Lane* 15, *Cherry Lane* 14, *Chapel Lane* 14, *McCann's Lane* 13, *Loftus Lane* 13, *Wheeler's Alley* 11[21].

I ndaonáireamh Whitelaw luaitear 149 lána, 88 cúlán (*court*), 62 caolsráid (*alley*), 39 rae (*row*), 36 cúláit (*yard*), agus 24 gné eile – ina measc siúd 2 chlós agus a lán ainmneacha neamhshainiúla ar nós *Spittlefields, Temple Bar, Rope Walk, Ward's Hill, Sweeney's Gate* agus a leithéid[22]. Ar ndóigh scuabadh a lán de na cúlsráideanna seo chun siúil le linn an chéid seo caite, agus athraíodh na hainmneacha ar chuid eile acu, go háirithe orthu siúd a raibh drochbhlas ag roinnt leo, leithéid *Dirty Lane* agus *Love Lane*. Tuairim is an séú cuid (24) de na lánaí a d'ainmnigh Whitelaw níl siad le fáil i saothar McCready a foilsíodh 87 bliain níos faide anonn. Bhí ainmneacha úra ar chuid acu, m.sh. *Shoe Lane* ar *Stocking Lane*, ach an chuid is mo acu – leithéid *Hatter's Lane* ina raibh cónaí ar 36 duine in dhá theach i 1805 – níl tásc ná tuairisc orthu sa bhliain 1892.

Is dócha gur ainmníodh a lán de na cúlsráideanna as na daoine ar leo iad nó as na daoine a thóg iad. Tá leid ann gurbh amhlaidh an cás san fhonóta a chuir Whitelaw isteach sa leathanach samplach den daonáireamh: 'The letters P.T. annexed to the name of a proprietor in the last column imply that he has set it in tenements to the poor, the shop and perhaps one room excepted, which he occupies himself'.[23] Ach in éagmais bhileoga an daonáirimh ní féidir ach buille faoi thuairim a thabhairt ar an cheist sin – níl aon eolas againn i leith Connoly nó Lee nó Price nó Quinn nó na scórtha eile a roinn a gcuid sloinnte leis na cúlsráideanna. Ach i 25 cás tá sé cinnte gurb ainmneacha cuimhneacháin atá i gceist. Orthu sin tá *Balls's Lane, Banfield's Lane, Cole's Lane, Cook's Lane, Digges Lane, Ducker's Lane, Drury Lane, Echlin's Lane, Hendrick Lane, Jervis Lane, Joseph's Lane, Keyser Lane, Loftus Lane, Longford Lane, Mabbot Lane, May Lane, Mecklenburgh Lane, Moore Lane, Sackville Lane, Sampson's Lane, Span Lane, Stephen's Lane, Stirrup Lane* agus *Temple Lane*. An té a bhfuil spéis aige ann mar ábhar gheobhaidh sé sonraí i dtaobh na ndaoine úd i leabhar McCready agus freisin sa leabhar tagartha úd *A Dictionary of National Biography*[24].

I gcásanna eile ainmníodh na lánaí as foirgneamh éigin sa chomharsanacht. Fuair *Andrew's Lane* a ainm ó St Andrew's Church a tógadh sa bhliain 1670[25], *Cathedral Lane* ó Ardeaglais Phádraig taobh leis[26], *Chapel Lane* ón séipéal a bhí suite ansin fadó[27]. Thug na heaglaisí éagsúla i ngiorracht do *Townsend Street, College Green*, agus *South Kevin Street* (*St Mark's, St Andrew's* agus *St Kevin's*) an t-ainm *Church Lane* do thrí chúlsráid ar leith. Ainmníodh lánaí eile as an *Bridewell*, an *Crane*, an *Meeting House*, an *School House* agus a leithéid. Baisteadh *John's Lane* as St John's Church a luadh an chéad uair sa bhliain 1178, gí nár luadh an lána féin go dtí 1577[28]. Mar an gcéanna thóg *Michael's Lane* a ainm ó St Michael's Church, seaneaglais eile a bhí ina sheasamh sa bhliain chéanna sin, 1178, san áit a bhfuil an Synod Hall anois[29]. Ba thruailliú ar *Bumbailiff's Lane* an leagan *Fumbally's Lane*[30]. Tugadh *Golden Lane* ar chúlsráid in aice leis an Goldsmith's Hall[31], foirgneamh atá imithe le fada. Bhí ainmneacha tuairisciúla ar a thuilleadh de na lánaí, m.sh. *Dirty Lane*, *Elbow Lane* (tharla é a bheith cam), agus *Long Lane*. Tá an chuma ar an scéal gurbh ainm den *genre* seo é an *Bow Lane* i gceantar *Church Street* agus gur truailliú an *bow* úd ar an fhocal *buí*, tharla gur bhain an logainm *Lough-buoy* leis an áit[32]. I gcásanna eile fós tharraing an chúlsráid a hainm as a suíomh. Is cás den chineál sin *Back Lane*, ainm a théann siar go dtí an bhliain 1610 ar a laghad, agus a tugadh ar an lána seo de bhrí go raibh sé suite ar chúl *High Street*. Mar an gcéanna tugadh *Pill Lane* ar lána a raibh a aghaidh ar *pill* nó inbhirín a shín isteach ón Life ag an bhall seo. Is dócha gur leagan truaillithe den fhocal *poll* atá i gceist anseo[33].

Corruair ghlac na lánaí an t-ainm ó chomhartha óstáin nó tí tábhairne. Baineann *Boot Lane*[34] leis an aicme seo, agus *Elephant Lane* agus *Whitehorse Lane* freisin, b'fhéidir. Ach is líonmhaire i bhfad iad na lánaí a fuair an t-ainm ó fheidhm éigin nó ó fheidhmeanna éigin. I ndaonáireamh Whitelaw (1805) bhí *Stable Lane* ar naoi gcúlsráid ar leith. Le himeacht aimsire tugadh ainmneacha níos sainiúla ar an mhórchuid acu (m.sh. *Cuffe Lane*, *Frederick Lane South*, *Henrietta Place*, *Tyrone Place*) agus faoi 1849 ní raibh fágtha ach sampla amháin den ainm – an lána úd in aice le *Jervis Street*[35]. Is den aicme chéanna seo *Washerwoman's Lane* agus *Spring-garden Lane*. Is truailliú ar *Hangman Lane* an t-ainm *Hammond Lane*[36].

Sa dara háit i ndiaidh *lane* bhí an téarma *court*. Bhí 88 ceann acu sin ann in aimsir Whitelaw ach cailleadh 25 ceann acu le linn an naoú céad déag. Leagadh cuid acu, ar nós *Buckridge's Court* a dúnadh sa bhliain 1803 nuair a tógadh teach an Ard-Cheathrúnaigh ar an láithreán[37], nó *Silver Court* a slogadh isteach sa Chaisleán sa bhliain 1804[38]. Athraíodh an t-ainm i gcásanna eile. Tá an patrún céanna ag roinnt le hainmneacha cúlán agus a roinn le hainmneacha lánaí. Ainmníodh a lán acu as a gcuid úinéirí nó as a gcuid tógálaithe, leithéid *Byrne's Court, Daly's Court, Grogan's Court, Stewart's Court*. Fuair roinnt eile acu a n-ainm ó áitritheoirí ar nós na bpluiméirí Richard Brazill (1763)[39] agus William Clarke[40], an ghruagaire John Metcalf (1710)[41], agus an óstóra Thomas Johnson (1721)[42] nó an órcheardaí William Wilme (1751)[43].

Ach is cinnte gurb ainmneacha tiomnaithe cuid acu. Orthu sin tá *Bor's Court*[44] (ba dhuine de shliocht Gearmánach é John Bor: sa bhliain 1674 ghlac sé léas ón Bhardas ar Shaorscoil na Cathrach a bhí suite in *School-house Lane*, ar chúinne an chúláin seo); *Coghill's Court* (ó Sir John Coghill a raibh talamh aige sa chomharsanacht seo sa seachtú haois déag)[45], *Hoey's Court* (ó Sir John Hoey a tháinig ó Shasana sa bhliain 1599, a thóg na tithe sa chúlán seo – tithe a d'fhan i seilbh a shleachta go ceann céad go leith bliain)[46]; *Kane's Court* (ó Nathaniel Kane, Ardmhéara na cathrach, 1734)[47], *Pembroke Court* (ó Thomas Herbert, ochtú hIarla Pembroke, a bhí mar Fhear Ionaid an Rí idir 1707 agus 1709)[48], *Usher's Court* (ó theaghlach Usher a raibh seilbh acu ar thailte in aice leis an Life – *Usher's Island*, srl. – ón séú haois déag ar aghaidh)[49]; agus *Temple Court* (ó theaghlach Temple, dream eile a fuair talamh san aois sin agus a raibh idir theach mór agus thailte acu san áit a bhfuil *Temple Bar* an lae inniu).[50]

Is dócha gur thóg *Garter Court* agus *King's Head Court* a n-ainmneacha ó chomharthaí óstán sa chomharsanacht; *Red Lion Court* mar an gcéanna[51] gí nach luann Whitelaw an chúlsráid áirithe sin. Thóg cúláin eile a n-ainm ó fhoirgnimh eaglasta nó eile sa chomharsanacht, m.sh. *Chapter Court* (ó sheomra caibidle Ardeaglais Chríost), *Dame Court* (ó eaglais del Dame (1385)), *Deanery Court* (ó dhéanacht Ardeaglais Chríost), *Exchange Court* (ón mhalartán a tógadh idir 1769 agus 1779 agus ar deineadh Halla na Cathrach as sa bhliain 1852) agus *Michael-a-Pole Court* (ó sheaneaglais S. Michael de palude)[52].

Bhain an patrún céanna le hainmneacha na gcaolsráideanna (*alleys*). Ainmníodh céatadán mór de na 62 gné den *genre* seo as a gcuid úinéirí nó tógálaithe, leithéid *Chester's Alley* (ó theaghlach den sloinne Chaytor)[53], *Jackson's Alley*, *Walker's Alley* (ó William Walker a bhí ina Ardmhéara ar an chathair i 1737 agus 1747 nó ó John Walker a bhí sa phost chéanna i 1744)[54]; *Robinson's Alley*, *Johnson's Alley*, *McCracken's Alley* agus a leithéid. Mar an gcéanna thóg *Fisher's Alley* a ainm ó Charles Fisher a bhí ina chónaí ansin sa bhliain 1732[55], agus baisteadh *Wolfe's Alley* as Marcus Wolfe, lámhainneoir, a fuair bás sa bhliain 1678[56].

Ós ar lámhainneoirí a tarraingíodh an scéal níor mhiste a shonrú gurbh é an seanainm (1728) ar *Glover's Alley* ná *Rapparee Alley*[57]. Is minic a tháinig athrú ar ainm caolsráide, amanna le cáil níos fearr a tharraingt ar an áit, m.sh. deineadh *Sycamore Street* as *Sycamore Alley* sa bhliain 1869[58], nó mar gheall ar chomhcheangal nua éigin. Féach, mar shampla, *Stable Alley* (1646) ar tugadh *Cadogan's Alley* air ar ball (1659), ansin *Smock Alley* (1661), ansin *Orange Street* (1724) agus sa deireadh thiar *Essex Street West*[59]. Fuair roinnt mhaith eile de na cúlsráideanna seo a n-ainm ó chomharthaí na dtithe tábhairne a bhí suite iontu: orthu siúd is dócha go n-áirítear *Crown Alley*, *Fleece Alley*, *Lamb Alley, Ram Alley*, *Rose Alley,* agus *Swan Alley*[60]. Tá blas eaglasta ag roinnt le *Bride's Alley*, *Chapel Alley* (bhí séipéal Doiminiceach suite ansin sa bhliain 1776), *Mark's Alley* (Eaglais Naomh Marcas sa chomharsanacht?) *Minor's Alley* (ó mhionchanónaigh na hArdeaglaise taobh leis?) agus *Mitre Alley* (*cf. Bishop Street, Dean Street, Vicar Street*, srl)[61]. I gcásanna áirithe truaillíodh an t-ainm: is dócha gur gineadh *Engine Alley* as *Indian Alley*, ach ní fios cad ba bhun leis an chéad leagan úd[62]. Mar an gcéanna ceaptar gur truailliú ar *Freestone Alley* an leagan úd *Three Stone Alley*[63].

Chuaigh dornán de na hainmneacha caolsráide i léig idir aimsir Whitelaw (1798) agus aimsir McCready (1892): orthu sin bhí *Bryner's Alley*, *Cain's Alley*, *Damsel's Alley*, *Green's Alley* agus *Johnston's Alley*. D'ainneoin gur mhair a lán eile acu níor phléigh McCready an bonn a bhí leo agus mar sin de, is doiligh a thomhas cad is bun le leithéid *Handkerchief Alley* agus *Three Nun Alley* (comhartha tábhairne?). Ach is léir gur bhain an t-ainm *Bradogue Alley* leis an chraobhabhainn de chuid na Life, a éiríonn i gCabrach Uachtair agus a shníonn isteach sa phríomh-abhainn ag Sráid Arran Thoir[64]. Is dócha freisin gurb ainm tuairisciúil é *Flag Alley* (tagairt do na leaca?) agus go bhfuil *Skipper's Alley* bunaithe ar an ghairm[65]. Ní fios an mbaineann *Fatal Alley* le *genre* úd na droch-cháile (*Murdering Lane*, *Cutthroat Lane*, *Rapparee Alley*, *Cuckold's Row*, *Dirty Lane*, srl) nó an amhlaidh gur truailliú ar *Faddle Alley* é? Míníonn McCready gur tugadh *Copper Alley* ar an chaolsráid úd in aice le *Fishamble Street* de bhrí gur bhuail Lady Alice Fenton mona copair anseo sa bhliain 1608[66].

Ainmníodh roinnt de na 39 rac as na daoine a thóg iad nó a chuir an bunairgead ar fáil don tógáil, m.sh. *Hamilton's Row* ó Andrew Hamilton, cléireach Eaglais Naomh Caitríona, a thóg na tithe anseo, nó *Westland Row*, ó William Westland, úinéir sealúchais anseo timpeall na bliana 1773[67]. Ach is ainmneacha cuimhneacháin a lán eile acu, fiú amháin nuair a bhíonn dealramh áitainm i gceist. Mar shampla ainmníodh raenna as ceathrú Diúc Bedford, as Sir Thomas Blackhall, as an Bhanríon Caroline, as céad-Iarla Charlemont (James Caulfield), as William Pitt, mac le céad-Iarla Chatham, as Robert Coppinger ó Shráid William, as Luke Gardiner (Bíocunta Mountjoy) – an tiarna mór a leag amach stiall mhór de thuaisceart na cathrach agus a maraíodh ag cath Ros Mhic Thriúin – as Marcas Granby, as John Holles (Iarla Clare), as Iarla Meath, as Thomas Swift (nia leis an Déan Swift), as George Tucker (sirriam na cathrach sa bhliain 1731) agus as George Washington (céaduachtarán na Stát Aontaithe)[68].

Thóg cúpla rae a n-ainm ó fhoirgneamh, mar shampla *Palace Row* (ón teach maorga úd Charlemont House a thóg James Caulfield, céad-Iarla Charlemont), *Parliament Row* (de bhrí go raibh sé suite gar do sheantithe na Parlaiminte, agus *Peter's Row* (taobh le hEaglais Naomh Peadar)[69]. Tá ainm tuairisciúil ar chorr-rae acu ar nós *New Row* (1610), agus ainm tarcaisneach ar rae amháin ar a laghad, i.e. *Paradise Row* – ainm atá imithe le gaoth le fada: baisteadh *Wellington Street* ar an áit seo sa bhliain 1845[70]. Is díol spéise ar leith é an t-ainm úd *Skinners Row* – ainm a théann siar go dtí an bhliain 1367 (ar a laghad) faoin chruth *Vicus pellionariorum* agus a dhéanann tagairt do ghairm ar leith[71].

Is teirce na tagairtí do shloinnte i gcás na 36 cúláit (clós), gí go bhfuil a leithéid ina measc, mar shampla, *Dawson's Yard*, *Hope's Yard*, *Molyneaux Yard*[72]. Is líonmhaire i bhfad iad na tagairtí d'fhoirgnimh, go háirithe d'óstáin. San aicme sin tá na samplaí seo a leanas: *Black Horse Yard*, *Dog and Duck Yard*, *New Sun Inn Yard*, *Red Cow Gate Yard*, *Sun Inn Yard*, *Talbot Inn Yard*, *White Horse Yard* agus *Yellow Lion Inn Yard*[73]. Bhíodh na háiteanna seo go léir plódaithe in aimsir Whitelaw, m.sh. bhí 28 duine ina gcónaí in *New Inn Yard* agus 46 duine in *Black Horse Yard*[74]. Roinnt bheag eile de na hainmneacha san aicme seo tagraíonn siad d'fheidhmeanna eile seachas óstóireacht, m.sh. *Ball-court Yard* (*Ball Yard*), *Gunpowder Office Yard* agus *Limekiln Yard*[75].

Luann Whitelaw 24 gné eile, dhá chlós (*close*) ina measc. Bhí drochbhlas ag roinnt le cuid acu ar nós *Pig Town* agus *Hell*[76]. Ní fios cén fáth ar glacadh an t-ainm *Pimlico* ar iasacht ó Londain i 1728, ná cén fáth ar baisteadh *Gibraltar* ar cheantar áirithe. Ach ainmníodh na *Tenter-fields* as na hinnill úd chun éadach a shíneadh de chrúcaí: thóg Thomas Pleasants an Stove Tenter House anseo sa bhliain 1815 chun deis a thabhairt do na fíodóirí a gcuid fíocháin a thriomú le linn drochaimsire[77]. Caomhnaíonn ainm amháin acu, i.e. *Stoneybatter*, an focal Gaeilge 'bóthar' faoi chruth truaillithe[78].

Ar ndóigh níor phlódcheantar é gach lána nó cúirt, faoi mar is léir ón sliocht seo a leanas: 'The term "court" applied to a Dublin by-way usually suggests a squalid slum, but Hoey's Court was far removed from that reproach when Jonathan Swift was born at no. 9 on 30th November 1667'[79]. Lena chois sin níor mhór cuimhneamh air go mbíodh foirgnimh phoiblí, chomh maith le plódtithe, le fáil ina lán de na cúlsráideanna. Mar shampla, le linn aimsir na bPéindlíthe bhíodh an pobal ag tarraingt ar na séipéil rúnda sna lánaí seo. Is leor cúpla sampla chun an pointe sin a léiriú. Bhí foirgneamh mór taobh thiar de *Rosemary Lane* á úsáid mar shéipéal sa chéad leath den seachtú haois déag[80]. Thóg Fr. Neary *mass house* ar chúinne thiar thuaidh *Bull Lane* thart faoi bhliain 1730[81]. In áit eile sa saothar céanna léimid:

> On the accession of George I the religious orders set about erecting 'mass houses' in back lanes, far from the public eye ... Father Mc Egan converted one of the houses ... into a chapel. Though it was designated Bridge Street Chapel it was not in that street itself, but in a court at the end of a lane leading from Bridge Street[82].

Mar an gcéanna bhíodh scoileanna le fáil ina lán de na cúlsráideanna, go háirithe le linn an ochtú céad déag: ainmníodh *Schoolhouse Lane* as an scoil a thóg an tAth. Austin agus an tAth. Betagh, agus bhí scoileanna eile faoina gcúram siúd in *Skinners Row* agus in *Smock Alley*, gan trácht ar chliarscoil in *Saul's Court*[83]. Ba sna cúlsráideanna freisin a bhíodh na clochair suite. Mar shampla, nuair a ruaigeadh na siúracha Doiminiceacha as Gaillimh tháinig siad go Baile Átha Cliath, áit a bhfuair siad dídean i dteach in *Fisher's Lane* i mí an Mhárta 1717. D'aistrigh siad go *Channel Row* níos moille[84].

Bhíodh go leor cúlsráideanna den dealramh chéanna le fáil sna bailte beaga ar fud na hÉireann go dtí gur daoradh na drochthithe agus gur leagadh iad chun spás a dhéanamh le haghaidh na hathfhorbartha. I mBéal Átha na Sluaighe bhí 105 teaghlach ina gcónaí sna seanlánaí atá leagtha anois – *Rutledge's Lane, Bowes Lane, Pipers Lane, Reeve's Lane, Hobsans Lane, Bulgers Lane, Duane's Well Lane, Woodslip Lane, Ivers Lane, Agricultural Lane, Brewery Lane, Kennels,* agus *Paradise Row.* Cumadh mórchuid na n-ainmneacha seo as sloinnte na ndaoine a thóg iad nó a bhí ina gcónaí iontu, nó as foirgnimh nó struchtúir a bhí suite iontu (grúdlann, conchrónna, srl). Bronnadh ardú céime ar an lána ba thábhachtaí, *Tae Row* (bhí stór tae ansin ag muintir Boden i lár an naoú céad déag); tugtar *Jubilee Street* anois air in onóir na maisiúchán a thógadh muintir an cheantair d'fhéile Chorp Chríost[85].

I gCluain Meala bhí dlúthghréasán de lánaí caola. Ó thaobh ainmneacha de is féidir iad a rangú ina gceithre ghrúpa: (a) ainmneacha bunaithe ar shloinnte, (b) ainmneacha tuairisciúla, (c) ainmneacha bunaithe ar fheidhm nó ar fhoirgneamh, (d) ainmneacha eile. Is líonmhaire i bhfad iad na hainmneacha bunaithe ar shloinnte ná aon aicme eile. Ina measc siúd tá *Grubb's Lane, Cassin's Lane, Collet's Lane, Conney's Lane, Hopkin's Lane, Dowd's Lane.* Ar na hainmneacha tuairisciúla tá *Dirty Lane, Elbow's Lane* agus b'fhéidir *Flag Lane.* Ní áirítear i measc na n-ainmneacha feidhme agus foirgnimh ach *Shambles Lane* agus *Bank Lane.* In aicme (d) tá leithéid *Constitution Lane, Featherbed Lane,* agus *Blue Anchor Lane* (comhartha tábhairne?)[86]. Is beag rian de na lánaí seo go léir atá fágtha sa lá inniu.

B'ionann an scéal sna bailte móra ar nós chathair Luimnigh. Bhí a lán de na hainmneacha ansin bunaithe ar shloinnte, leithéid *Carney's Lane, Lee's Lane, Roche's Lane, Sparling's Lane, Richardson's Lane, Pigot's Lane, Barry's Lane, Browne's Lane* agus *Stoke's Lane.* Ach bhí grúpa mór eile caolsráideanna a thóg a n-ainm ó na foirgnimh a bhí suite iontu nó i ngar dóibh. Orthu siúd bhí *Market House Lane, Playhouse Lane, Exchange Lane, Court House Lane, Lime Kiln Lane* agus *Ball Alley Lane.* Bhí ainmneacha feidhme le fáil i gceantar amháin soir ó dheas ón phríomhshráid – *Fish Lane, Fish House Lane,*

Shambles Lane. Is beag ainm tuairisciúil a bhí le sonrú i gcathair Luimnigh seachas *Broad Lane* agus b'fhéidir *Flag Lane.*

Bhí tréith speisialta ag baint le cuid de na lánaí sa chathair seo ag deireadh an ochtú céad déag, i.e. go raibh an bealach isteach chucu ar nós stua nó áirse, iad ar cóimhéid le doras. Thugtaí *bow* ar a leithéid. I gceantar *Irishtown* seo mar leanas roinnt de na *bows* a bhí le fáil an tráth úd: *Clampett's Bow, Halls's Bow, Pike's Bow, O Sullivan's Bow, Wilkinson's Bow.* (Bhí an téarma céanna le fáil i roinnt bailte eile san iardheisceart, m.sh. *Quinn's Bow* in Inis i gContae an Chláir).

Ach ba chuma cén téarma a mbaintí úsáid as chun cur síos a dhéanamh ar na caolsráideanna seo bhí an saghas céanna comharsanachta i gceist beagnach i gcónaí. Faoi mar a scríobh údar amháin:

> while some of the lanes ... were cobbled the majority, at least prior to 1786, had earthen surfaces. All had channels, or to be more precise, open sewers, running down their centres. In wintry conditions the earthen surfaces were churned into a gooey mess of pig manure and household slops.[87]

Maidir leis na tithe, ba bhotháin shuaracha iad a tógadh cúl le cúl. Ní hamháin go raibh siad plódaithe le daoine, ach bhí siad lán go doras le beostoc freisin – muca, beithígh, asail agus éanlaith chlóis. Le himeacht aimsire, áfach, tréigeadh a lán de na ceantair bhochta seo. Nuair a thug Bulfin cuairt ar an chathair sa bhliain 1907 bhí an méid seo le rá aige i dtaobh *Englishtown*:

> I strolled along the southern fringe of the city furthest from the river, struck out from a remnant of the old wall in Clare Street and reeled westward through a labyrinthine jungle of back lanes, alleys and roofless houses ... I pursued my way uphill and made short cuts over wastes of stone heaps. It was the loneliest

ramble I have ever taken in any city ... Empty
fireplaces and cut-stone lintels stared out upon the
grey desolation around them ... Most of the roofless
gables were of smaller houses. There seemed to be
whole streets of battered-down cottages. Apparently it
was a residential quarter of the working classes in
former years. It is the home of bats, cats and dogs
now.[88]

Diaidh ar ndiaidh, leagadh an fiántas dearóil seo agus
fágadh a lán bearnaí neamhfhorbartha i sráid-dreach na
cathrach, bearnaí nár líonadh cuid acu go dtí le deireanas.

Is fiú breathnú ar na hainmneacha caolsráide i nDún
Garbhán tharla go léiríonn siad saintréith de chuid na
n-ainmneacha lána i gcoitinne, i.e. a neamhbhuaine is a
bhíonn siad. D'athraigh *River Lane* go *Cox's Lane,* agus
ansin go *Carbery's Lane.* Tugtar *Dirty Lane* anois ar
Poore's (Power's) Lane. Deineadh *Galway's Lane* as *Fox's
Lane.* I dtréimhsí éagsúla bheirtí *Kennedy's Lane, Short
Hair Lane* agus *Thompson Lane* ar an chaolsráid chéanna.
Is minic freisin a truaillíodh ainm. Is ionann *Scramey's
Lane, Stramey Lane* agus *Strameen Lane* – tá siad go léir
bunaithe ar an fhocal 'stram' (= píopa uisce)[89].

Go minic bhíodh dhá ainm ar an áit chéanna ag an am
chéanna, m.sh. *Arundel Lane* agus *Crubeen Lane* i
gcathair Phort Láirge[90]: tháinig an t-ainm 'oifigiúil' ón
chaisleán agus an 'leasainm' ó dhíol na sólaistí úd. Is
giorrúcháin roinnt de na hainmneacha lána freisin: *John's
Lane* (ó Eaglais Naomh Eoin láimh leis) agus *Lady Lane* (ó
shéipéal a bhí tíolactha don Mhaighdean Mhuire). Bhí an
patrún céanna le sonrú i bPort Láirge agus i mbailte nach é,
i.e. béim ar na hainmneacha bunaithe ar na sloinnte, ar nós
Pierce's Lane, Kemson Lane, Cox's Lane agus a leithéid[91].
Ach bhí corrainm spéisiúil ann freisin *Rampart Lane* (in
aice le balla na cathrach), *Mendicity Lane* (ó theach na
mbocht), *Bakehouse Lane, Conduit Lane* agus *Milk Lane.*
Lena gcois siúd bhí corrainm bunaithe ar an Ghaeilge –
Carrigeen Lane mar shampla[92]. I mbailte eile, Gaillimh mar

shampla, bhí rian na Gaeilge níos láidre fós[93], go háirithe ar na 'bóithríní' mar a bheirtí ar na lánaí ansin.

Is léir mar sin go bhfuil saibhreas mór ag roinnt le hainmneacha na lánaí agus na n-iarlánaí i mbailte na hÉireann. Ní hamháin go bhfuil cuid mhór de ghnáthstair na tíre faoi cheilt iontu ach coinníonn siad beo blúirí áirithe den dúchas. Ar an chúis sin amháin b'fhiú iad a chaomhnú. Ach tá luach níos doimhne fós ag roinnt leo. Ba sna caolsráideanna a mhair Gaeil na mbailte ón Mheánaois ar aghaidh. An té ar mian leis saol uirbeach na nGael a ríomh caithfidh sé na ceantair phlódaithe dhearóile seo a iniúchadh, rud nach bhfuil indéanta ina iomlán in éagmais na n-ainmneacha.

Tagairtí

1 McCready, C.T. *Dublin Street Names, Dated and Explained*. Dublin, 1892. Athchló (Carraig Books), 1987, lch 26.
2 *ibid.*, lch 39.
3 *ibid.*, lch 30.
4 *ibid.*, lch 120.
5 *ibid.*, lch 131.
6 *ibid.*, lch 133.
7 *ibid.*, lch 31.
8 *ibid.*, lch 33.
9 Camblin, Gilbert. *The Town in Ulster*, Belfast, 1951, lgh 90-91.
10 Young, Arthur. Sliocht leis i gcló ag Camblin, *op.cit.,* lch 91.
11 Whitelaw, Rev. J. *An Essay on the Population of Dublin*, 1798. Baile Átha Cliath, 1805, lgh 53-54.
12 *ibid.*, lch 62.
13 *ibid.*, *Population Tables No. I*, Parish of Saint James.
14 *ibid.*, *Population Tables No. II*, Parish of Saint Catherine.
15 *ibid.*, *Population Tables No. III*, Parish of Saint Luke.
16 *ibid.*, *Population Tables No. IV*, Parish of Saint Nicholas Without.
17 *ibid.*, *Population Tables No. V*, Parish of Saint Nicholas Within.
18 *ibid.*, *Population Tables No. VII*, Parish of Saint Michael.
19 *ibid.*, *Population Tables No. XI*, Deanery of Saint Patrick.
20 *ibid.*, *Population Tables No. XVIII*, Parish of Saint Michan.
21 *ibid.*, *Population Tables No. XIX*, Parish of Saint Mary.
22 *ibid.*, *Population Tables No. I-XXI*.
23 *ibid.*, Leathanach samplach i ndiaidh na *Population Tables*.
24 *Dictionary of National Biography*.

25 McCready, C. T. *op. cit.*, lch 102.
26 *ibid.*, lch 19.
27 *ibid.*, lch 20.
28 *ibid.*, lch 108.
29 *ibid.*, lch 110.
30 *ibid.*, lch 39.
31 *ibid.*, lch 44.
32 *ibid.*, lgh 11 agus 61.
33 *ibid.*, lch 81.
34 *ibid.*, lch 10.
35 *ibid.*, lch 121.
36 *ibid.*, lch 47.
37 *ibid.*, lch 17.
38 *ibid.*, lch 118.
39 *ibid.*, lch 11.
40 *ibid.*, lch 23.
41 *ibid.*, lch 67.
42 *ibid.*, lch 53.
43 *ibid.*, lch 144.
44 *ibid.*, lch 10.
45 *ibid.*, lch 24.
46 *ibid.*, lch 51.
47 *ibid.*, lch 54.
48 *ibid.*, lch 79.
49 *ibid.*, lch 137.
50 *ibid.*, lch 132.
51 *ibid.*, lgh 40, 55, 94.
52 *ibid.*, lgh 20, 29, 30, 36, 110.
53 *ibid.*, lch 21.
54 *ibid.*, lch 138.
55 *ibid.*, lch 37.
56 *ibid.*, lch 145.
57 *ibid.*, lch 44.
58 *ibid.*, lch 131.
59 *ibid.*, lch 119.
60 *ibid.*, lgh 28, 37, 56, 93, 100, 130.
61 *ibid.*, lgh 12, 20, 63, 68.
62 *ibid.*, lch 35.
63 *ibid.*, lch 134.
64 *ibid.*, lch 11.
65 *ibid.*, lch 119.
66 *ibid.*, lch 25.
67 *ibid.*, lgh 47, 141.
68 *ibid.*, lgh 7, 9, 18, 20, 21, 25, 40, 45, 51, 65, 131, 136, 139.
69 *ibid.*, lgh 77, 78, 112.

70 *ibid.*, lgh 73, 77.
71 *ibid.*, lch 119.
72 *ibid.*, lgh 29, 52, 69.
73 *ibid.*, lgh 9, 31, 73, 94, 129, 131, 143, 145.
74 Whitelaw, *op. cit., Population Tables No. II,* Parish of St. Catherine.
75 McCready, *op. cit.,* lgh 5, 58.
76 *ibid.*, lgh 81, 49.
77 *ibid.*, lch 133.
78 Joyce, P.W. *Irish Names of Places*, 1883, Iml.2, lch 48.
79 *The Irish Times,* 25 Meitheamh, 1934.
80 Collins, James. *Life in Old Dublin*, 1913, lch 149.
81 *ibid.*, lch 47.
82 *ibid.*, lch 128.
83 *ibid.*, lgh 150, 151.
84 Hardiman, James. *The History of the Town and the County of the Town of Galway*, 1820. Athchló, 1958, lch 286.
85 Mac Lochlainn, Tadhg. *Ballinasloe Inniu agus Indhé,* 1971, lch 21.
86 Plean de chuid an S.O. (1841) ar scála 5":1 mhíle, a rianadh ag T. M. Foy agus a líníodh ag A. Linesdale.
87 Synnott, Fionnuala. *A Study of Limerick City*. Tráchtas neamhfhoilsithe M.A. in U.C.G., 1979, lch 115.
88 Bulfin, W. *Rambles in Ireland*, 1907, lch 236.
89 Power, P. *The Placenames of Decies,* 1907. Athchló, 1952, lch 129.
90 *ibid.*, lch 232.
91 *ibid.*, lgh 228, 229.
92 *ibid.*, lgh 223, 231, 232, 230.
93 de Bhaldraithe, T. *Seanchas Thomáis Laighléis*, 1977, lgh 288-91.

Na hÚdair

de Vál, Séamas S. Rugadh i mBun Clóidí é sa bhliain 1926. Fuair sé a chuid oideachais ar an mbaile sin agus i Loch Garman, i Maigh Nuad agus i mBaile Átha Cliath. Oirníodh ina shagart é i Maigh Nuad i 1950. Chaith sé breis is scór bliain ina oide Gaeilge i gColáiste Pheadair i Loch Garman, agus bhí sé ina Uachtarán ar an gColáiste ó 1973 go dtí 1976. Bhí sé ina shagart paróiste san Abhallort, Co. Loch Garman, ó 1976 go dtí 1997. Ceapadh ina chartlannaí deoiseach é i 1997.

Mac Aodha, Breandán S. Rugadh i mBéal Feirste é i 1934. Ina léachtóir le Tíreolaíocht in Ollscoil na hÉireann, Gaillimh ó 1962 agus ina Ollamh ansin ó 1969 i leith. Dianspéis aige sa chultúr ábhartha, sa lonnaíocht, sa domhan Ibéarach agus san áitainmníocht. A lán alt foilsithe aige ar irisí léinn. Ball den Choimisiún Logainmneacha. Bhí sé ar Fhochoiste Sráidainmneacha an Choimisiúin a d'ullmhaigh an leabhrán *Sráidainmneacha: Treoirlínte* (1992), córas caighdeánach chun ainmneacha Gaeilge sráideanna, bóithre agus eastát a shocrú.

Mac Mathúna, Liam. Ball den Choimisiún Logainmneacha. Cláraitheoir Choláiste Phádraig, Droim Conrach, Baile Átha Cliath. Tá cuid mhór alt foilsithe aige ar stór focal na Gaeilge. Chur sé atheagar ar *Séadna* an Athar Peadar Ó Laoghaire (Carbad 1987, 1995) agus d'fhoilsigh *Dúchas agus Dóchas: Scéal na Gaeilge i mBaile Átha Cliath* (Glór na nGael, 1991).

Ó Coigligh, Séamus. Rugadh i gCorcaigh é sa bhliain 1916. Chaith sé tamall de bhlianta (1934–65) i Halla na Cathrach ansin, áit ar chur sé aithne ar Sheán Ó Ríordáin. Ina choimeádaí i Músaem Poiblí Chorcaí ó 1965 go dtí 1981. Sraith cainteanna tugtha aige ar Raidió Éireann i dtaobh nuafhilíocht na Spáinne. Ina cholúnaí leis an *Irish Times* ó 1959 go dtí 1972. Bhain sé duaiseanna Oireachtais ar a chuid leabhar i 1956 agus i 1974.

Ó Dubhthaigh, Bearnárd. I mBealach Caorthainn i gCo. na hIarmhí a rugadh é. Iar-Chigire Sinsearach, Brainse an Iarbhunoideachais, an Roinn Oideachais. Bhí sé ina chathaoirleach ar an gCoiste Téarmaíochta agus chaith sé na blianta fada mar bhall den Choimisiún Logainmneacha.

Ó Maolfabhail, Art. Chaith tréimhse fhada ina Phríomhoifigeach Logainmneacha sa tSuirbhéireacht Ordanáis. Le linn na tréimhse céanna bhí sé ina Rúnaí ar an gCoimisiún Logainmneacha, ar coimisiún comhairleach é atá ainmnithe ag an Aire Airgeadais.

Seoighe, Mainchín. Ó cheantar Bhrú Rí i gCo. Luimnigh dó. Iarbhall d'fhoireann Chomhairle Cho. Luimnigh. Spéis ar leith aige sa stair áitiúil. Deich leabhar scríofa aige – dhá cheann díobh sa Ghaeilge – chomh maith le mórán aistí i bhfoilseacháin éagsúla. Colún seachtainiúil sa *Limerick Leader* aige ó 1944 i leith. Ina choimeádaí oinigh ar Mhúsaem de Valera i mBrú Rí. Bhronn Ollscoil na hÉireann Dochtúireacht air i 1990.